EIICHIRO ODA

WANTED!

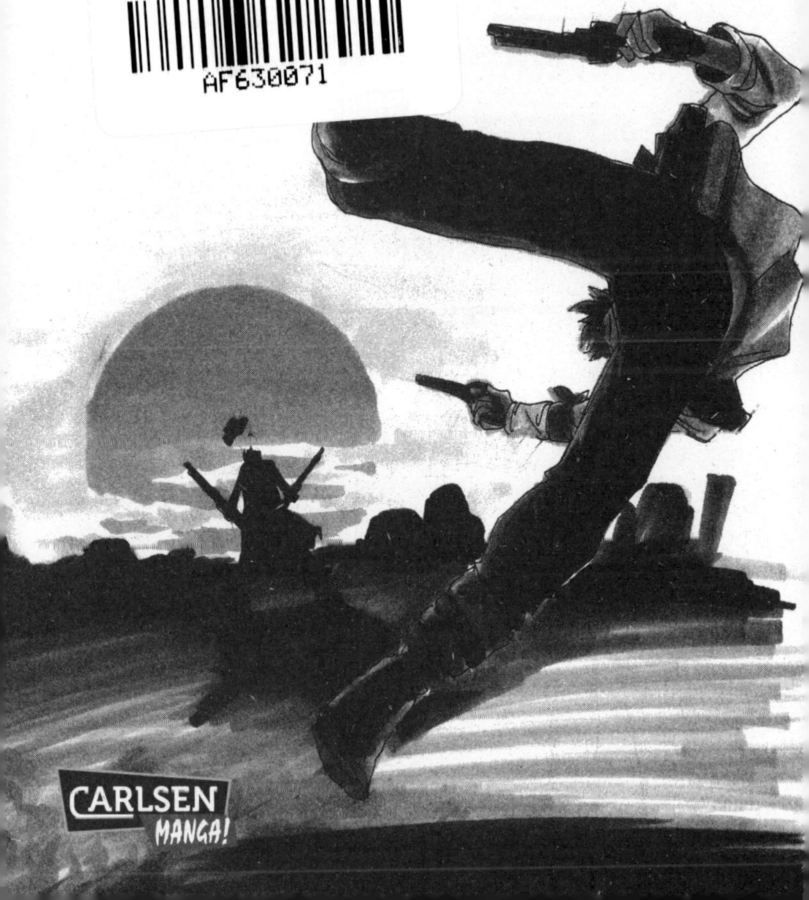

CARLSEN MANGA!

WANTED!

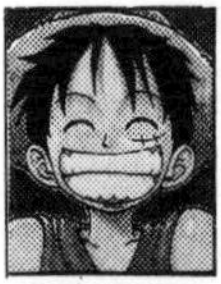

INHALT

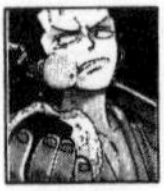 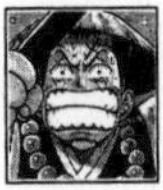 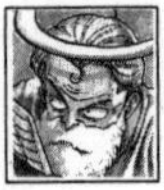 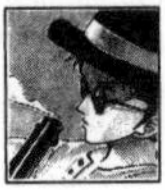

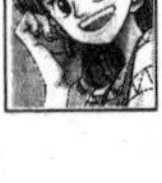 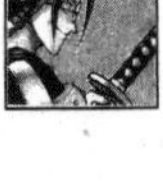 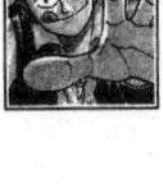 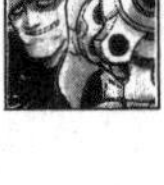

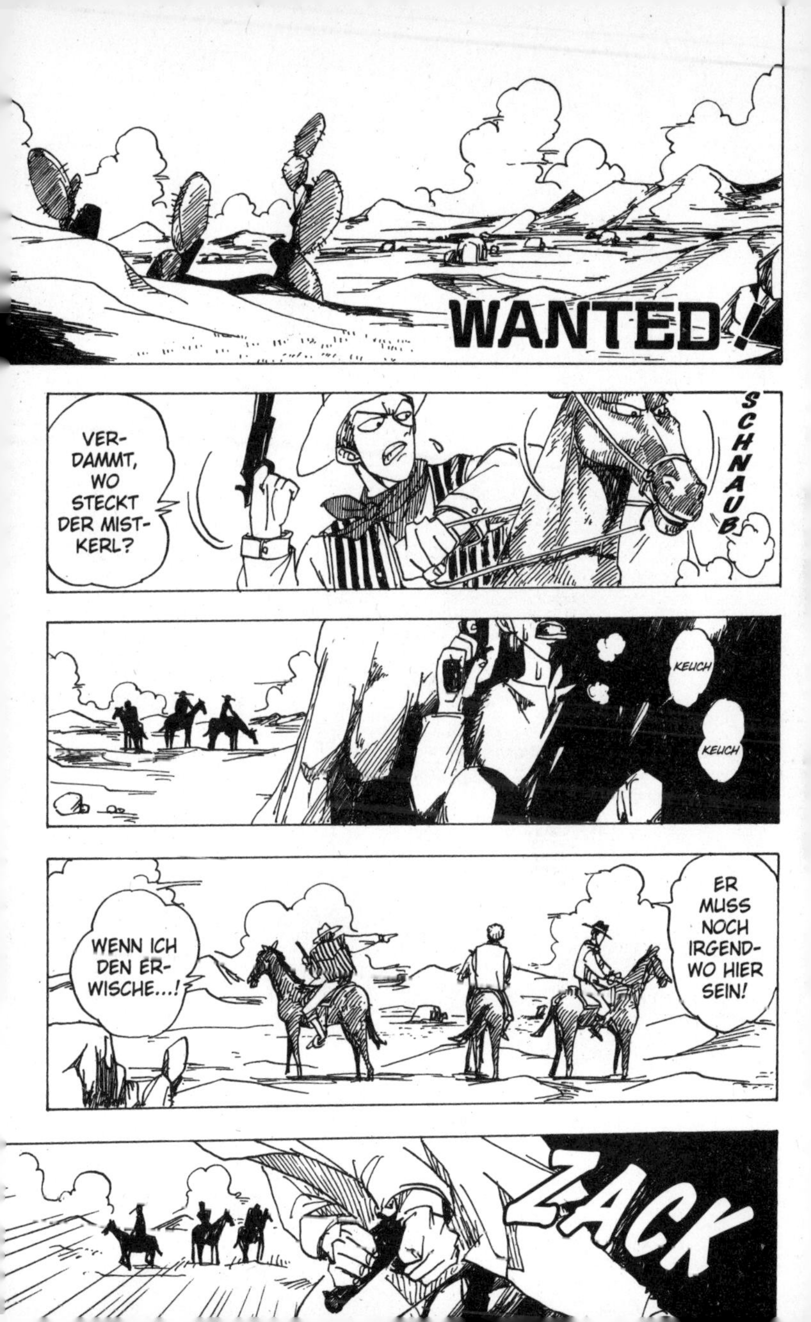

WANTED!
VER-DAMMT, WO STECKT DER MIST-KERL?
SCHNAUB
KEUCH
KEUCH
WENN ICH DEN ER-WISCHE...!
ER MUSS NOCH IRGEND-WO HIER SEIN!
ZACK

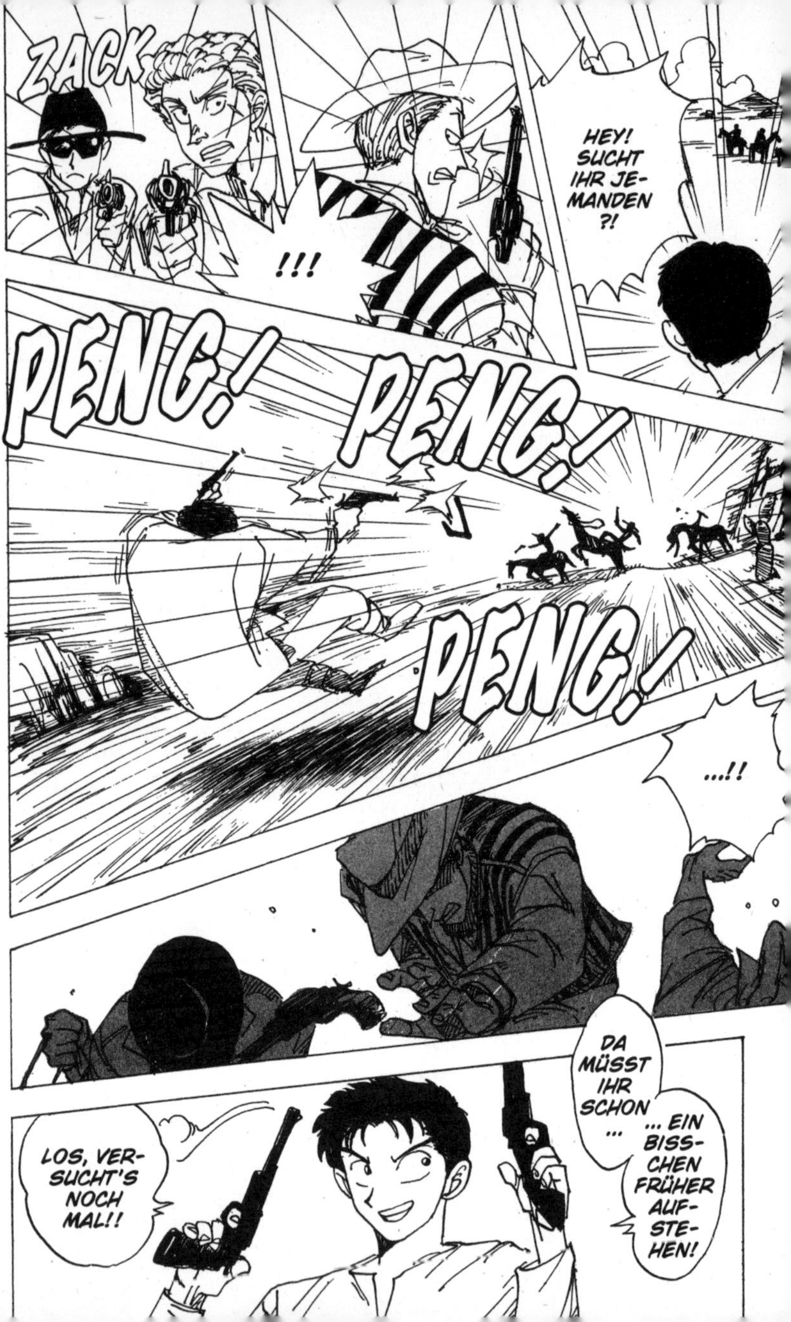
HEY! SUCHT IHR JE- MANDEN ?!
ZACK
!!!
PENG.! PENG.! PENG.!
...!!
DA MÜSST IHR SCHON ...
... EIN BISS- CHEN FRÜHER AUF- STE- HEN!
LOS, VER- SUCHT'S NOCH MAL!!

EIICHIRO ODA

WANTED!

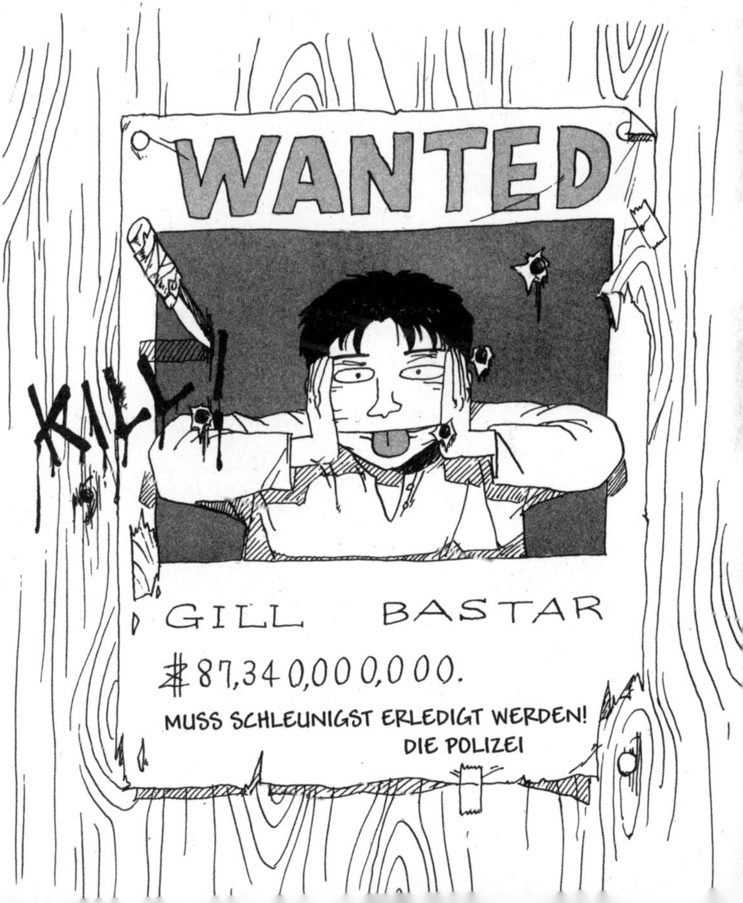

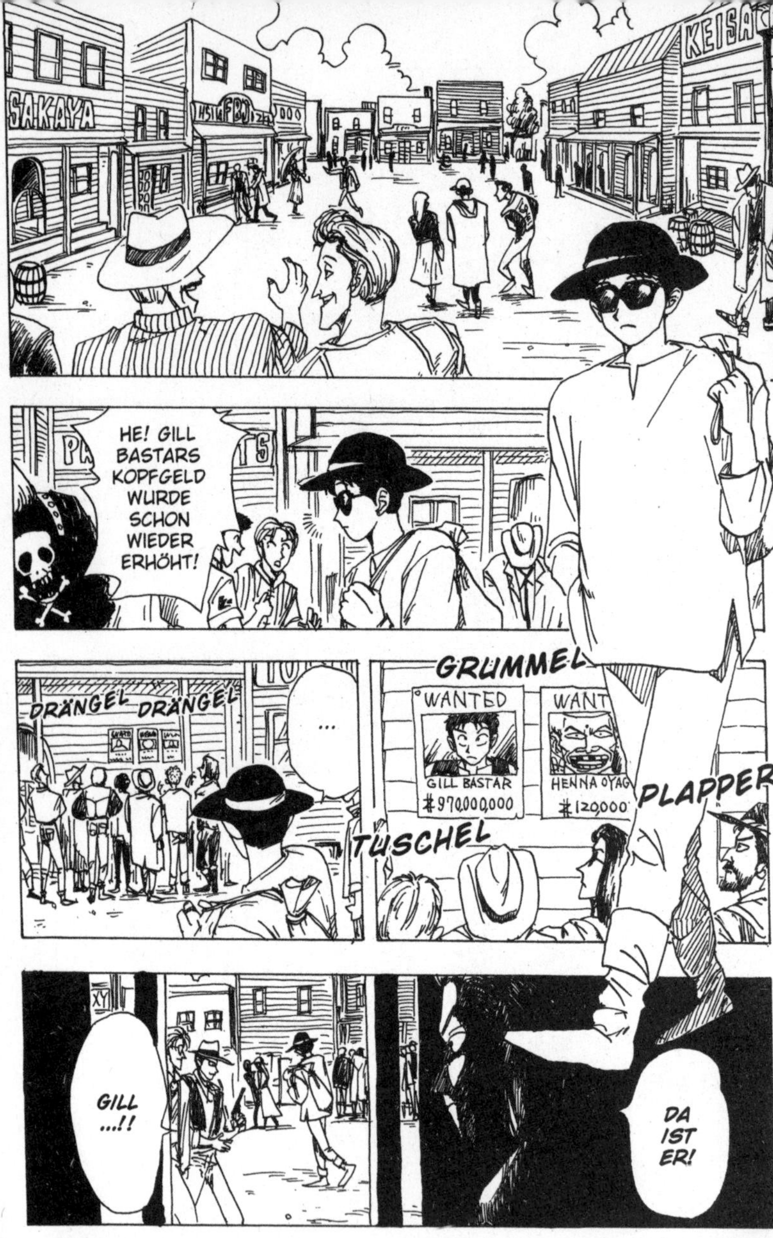
KEISA
SAKAYA
FBI
HE! GILL BASTARS KOPFGELD WURDE SCHON WIEDER ERHÖHT!
GRUMMEL
WANTED
GILL BASTAR
970,000,000
WANT
HENNA OYAG
120,000
PLAPPER
TUSCHEL
...
DRÄNGEL DRÄNGEL
DA IST ER!
GILL ...!!

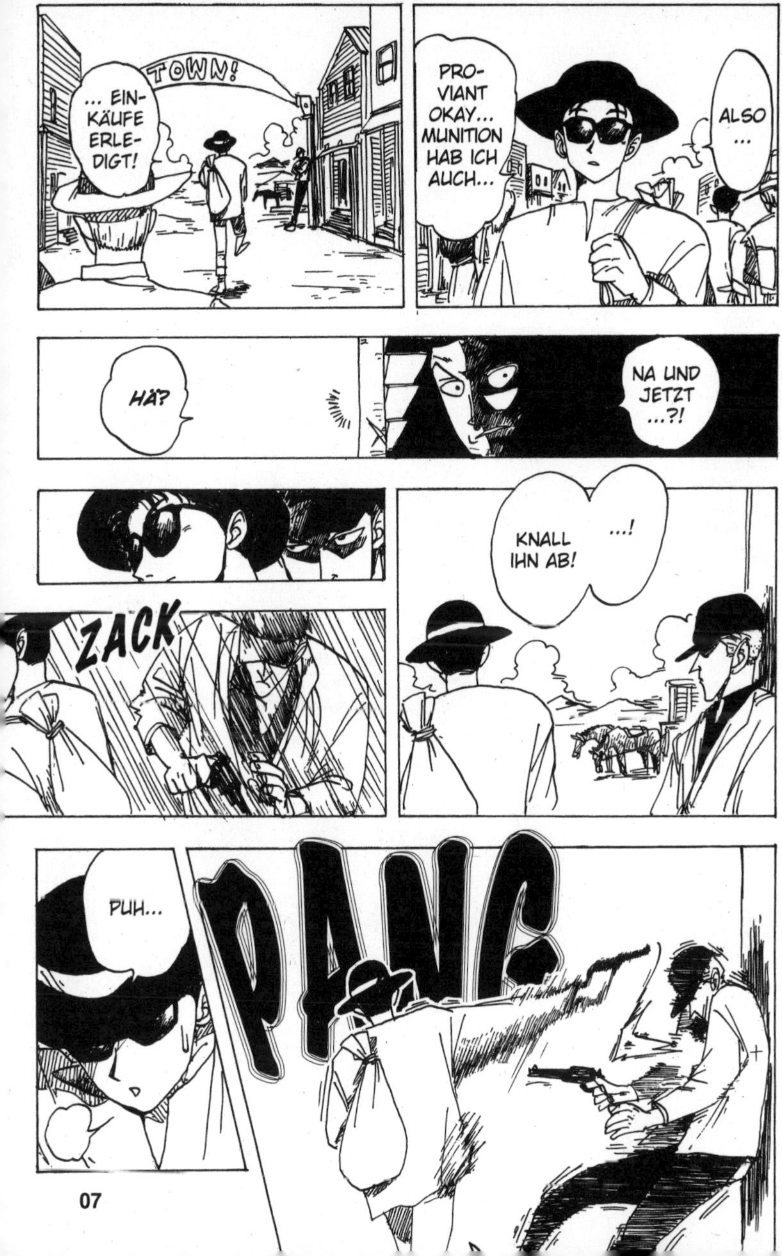
ALSO ...
PROVIANT OKAY... MUNITION HAB ICH AUCH...
... EINKÄUFE ERLEDIGT!
TOWN!
NA UND JETZT ...?!
HÄ?
...!
KNALL IHN AB!
ZACK
PANG
PUH...

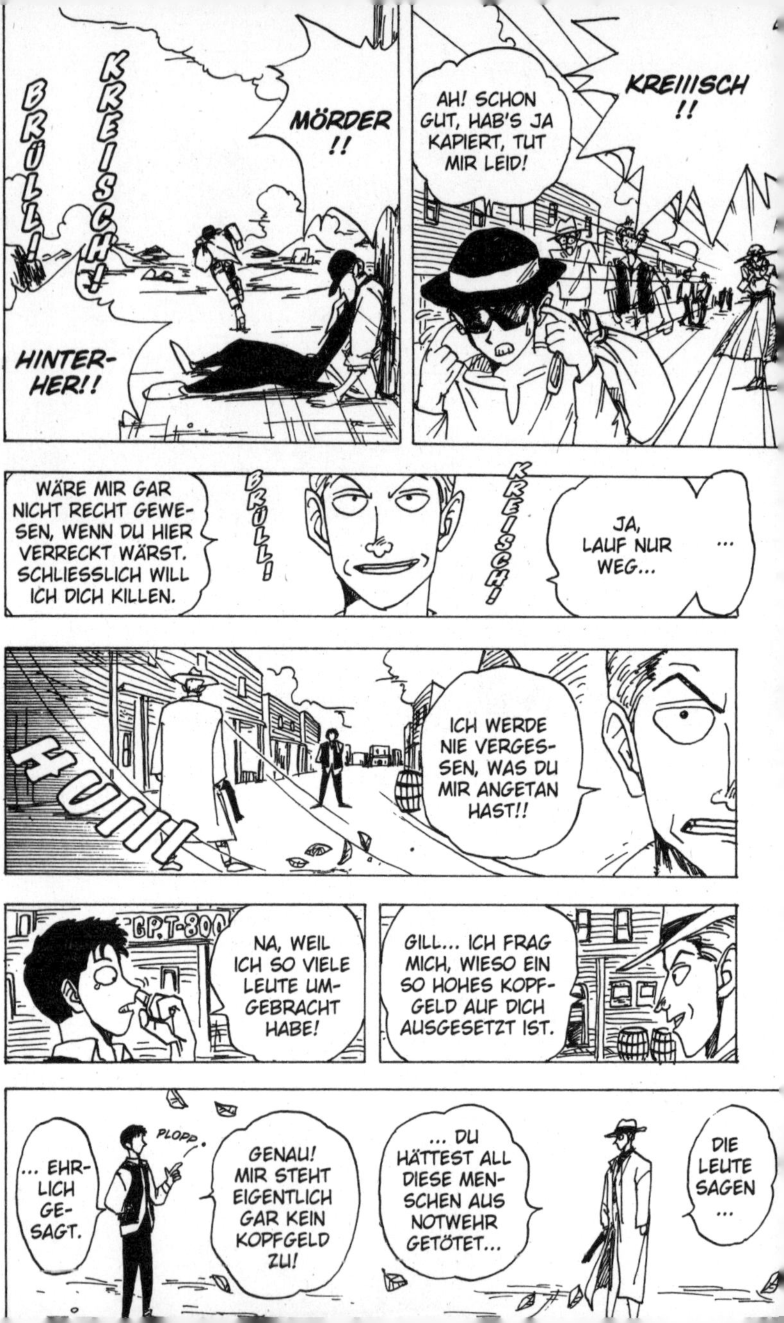
KREIIISCH!!
AH! SCHON GUT, HAB'S JA KAPIERT, TUT MIR LEID!
MÖRDER!!
KREISCH!
BRÜLL!
HINTERHER!!
...
JA, LAUF NUR WEG...
KREISCH!
BRÜLL!
WÄRE MIR GAR NICHT RECHT GEWESEN, WENN DU HIER VERRECKT WÄRST. SCHLIESSLICH WILL ICH DICH KILLEN.
ICH WERDE NIE VERGESSEN, WAS DU MIR ANGETAN HAST!!
HUIII
GILL... ICH FRAG MICH, WIESO EIN SO HOHES KOPFGELD AUF DICH AUSGESETZT IST.
NA, WEIL ICH SO VIELE LEUTE UMGEBRACHT HABE!
DIE LEUTE SAGEN...
... DU HÄTTEST ALL DIESE MENSCHEN AUS NOTWEHR GETÖTET...
GENAU! MIR STEHT EIGENTLICH GAR KEIN KOPFGELD ZU!
PLOPP
... EHRLICH GESAGT.

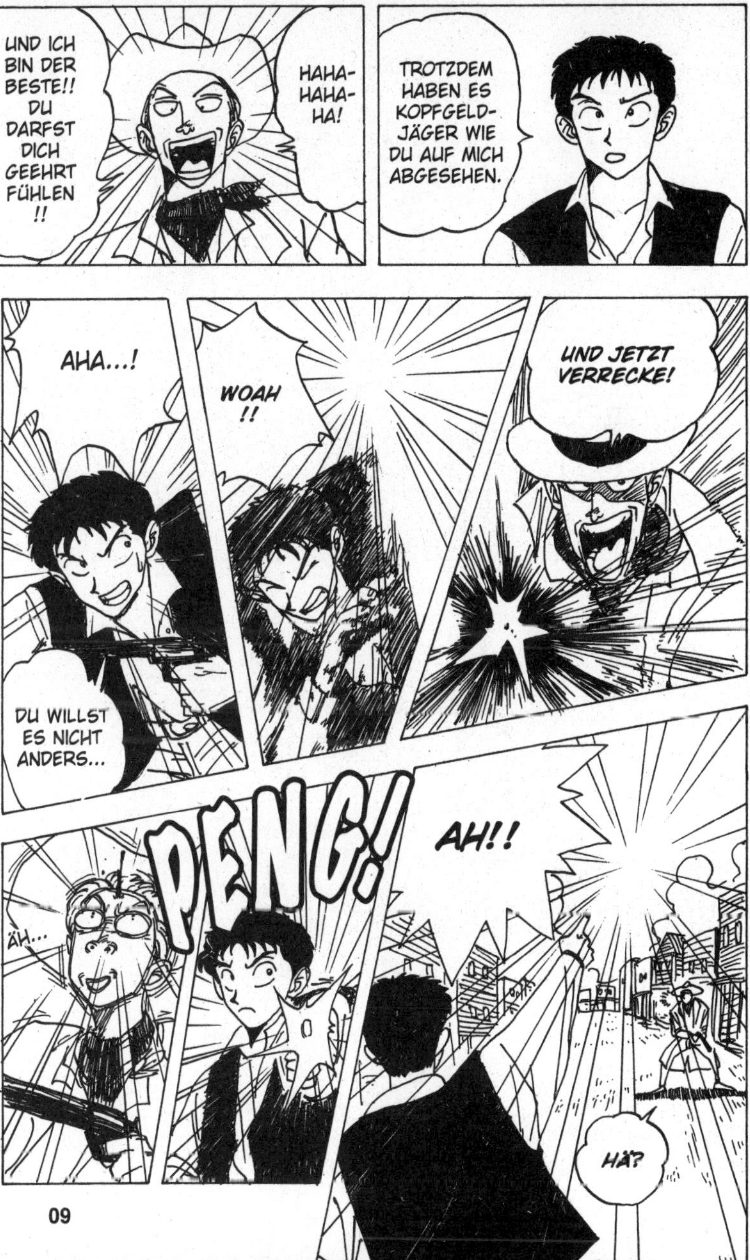
TROTZDEM HABEN ES KOPFGELD-JÄGER WIE DU AUF MICH ABGESEHEN.
HAHA-HAHA-HA!
UND ICH BIN DER BESTE!! DU DARFST DICH GEEHRT FÜHLEN !!
UND JETZT VERRECKE!
WOAH !!
AHA...!
DU WILLST ES NICHT ANDERS...
AH!!
PENG!
ÄH...
HÄ?

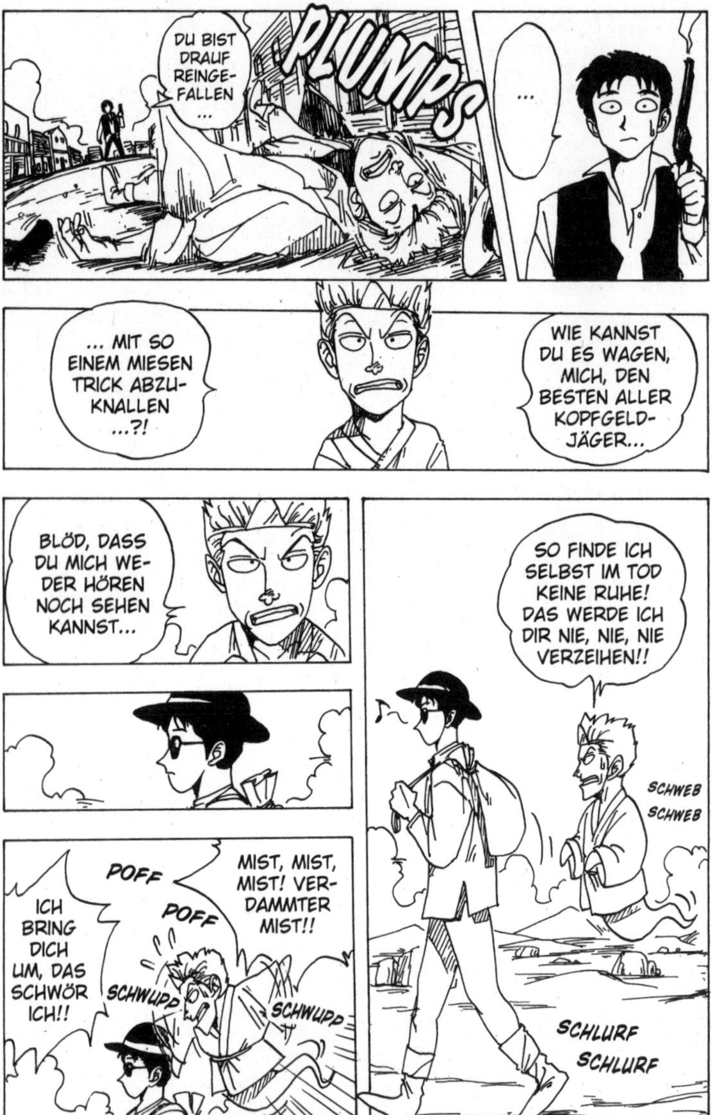
...
PLUMPS
DU BIST DRAUF REINGEFALLEN ...
WIE KANNST DU ES WAGEN, MICH, DEN BESTEN ALLER KOPFGELDJÄGER...
... MIT SO EINEM MIESEN TRICK ABZUKNALLEN ...?!
BLÖD, DASS DU MICH WEDER HÖREN NOCH SEHEN KANNST...
SO FINDE ICH SELBST IM TOD KEINE RUHE! DAS WERDE ICH DIR NIE, NIE, NIE VERZEIHEN!!
SCHWEB SCHWEB
SCHLURF SCHLURF
MIST, MIST, MIST! VERDAMMTER MIST!!
POFF
POFF
ICH BRING DICH UM, DAS SCHWÖR ICH!!
SCHWUPP
SCHWUPP

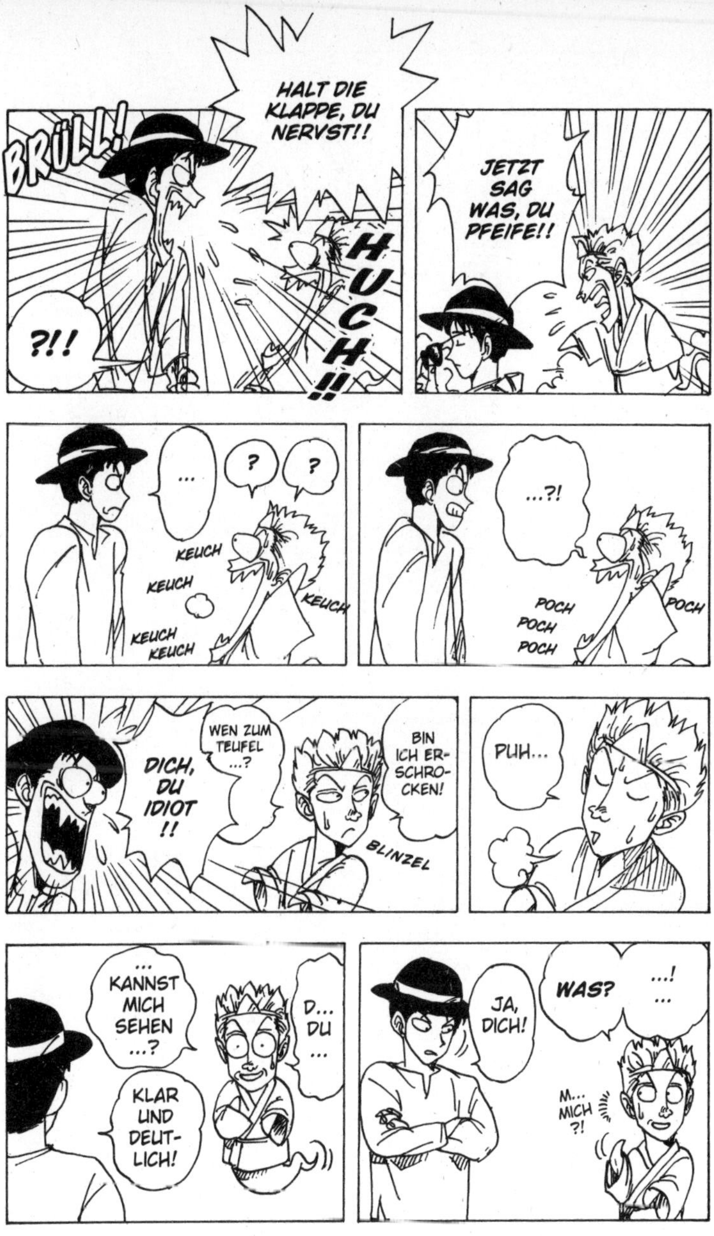
BRÜLL!
HALT DIE KLAPPE, DU NERVST!!
?!!
HUCH!!
JETZT SAG WAS, DU PFEIFE!!
...
?
?
KEUCH
KEUCH
KEUCH
KEUCH KEUCH
...?!
POCH
POCH
POCH
POCH
DICH, DU IDIOT!!
WEN ZUM TEUFEL ...?
BIN ICH ERSCHROCKEN!
BLINZEL
PUH...
... KANNST MICH SEHEN ...?
D... DU ...
KLAR UND DEUTLICH!
JA, DICH!
WAS?
...! ...
M... MICH ?!

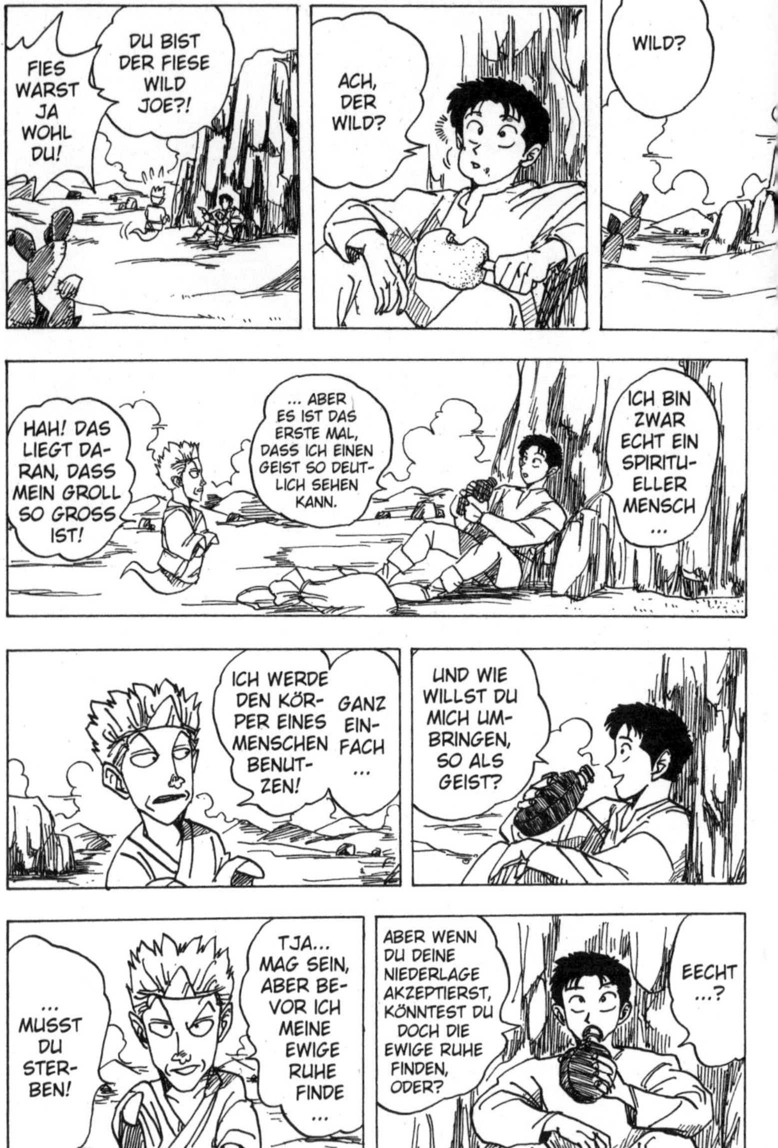
WILD?
ACH, DER WILD?
DU BIST DER FIESE WILD JOE?!
FIES WARST JA WOHL DU!
ICH BIN ZWAR ECHT EIN SPIRITU-ELLER MENSCH ...
... ABER ES IST DAS ERSTE MAL, DASS ICH EINEN GEIST SO DEUT-LICH SEHEN KANN.
HAH! DAS LIEGT DA-RAN, DASS MEIN GROLL SO GROSS IST!
UND WIE WILLST DU MICH UM-BRINGEN, SO ALS GEIST?
GANZ EIN-FACH ...
ICH WERDE DEN KÖR-PER EINES MENSCHEN BENUT-ZEN!
EECHT ...?
ABER WENN DU DEINE NIEDERLAGE AKZEPTIERST, KÖNNTEST DU DOCH DIE EWIGE RUHE FINDEN, ODER?
TJA... MAG SEIN, ABER BE-VOR ICH MEINE EWIGE RUHE FINDE ...
... MUSST DU STER-BEN!

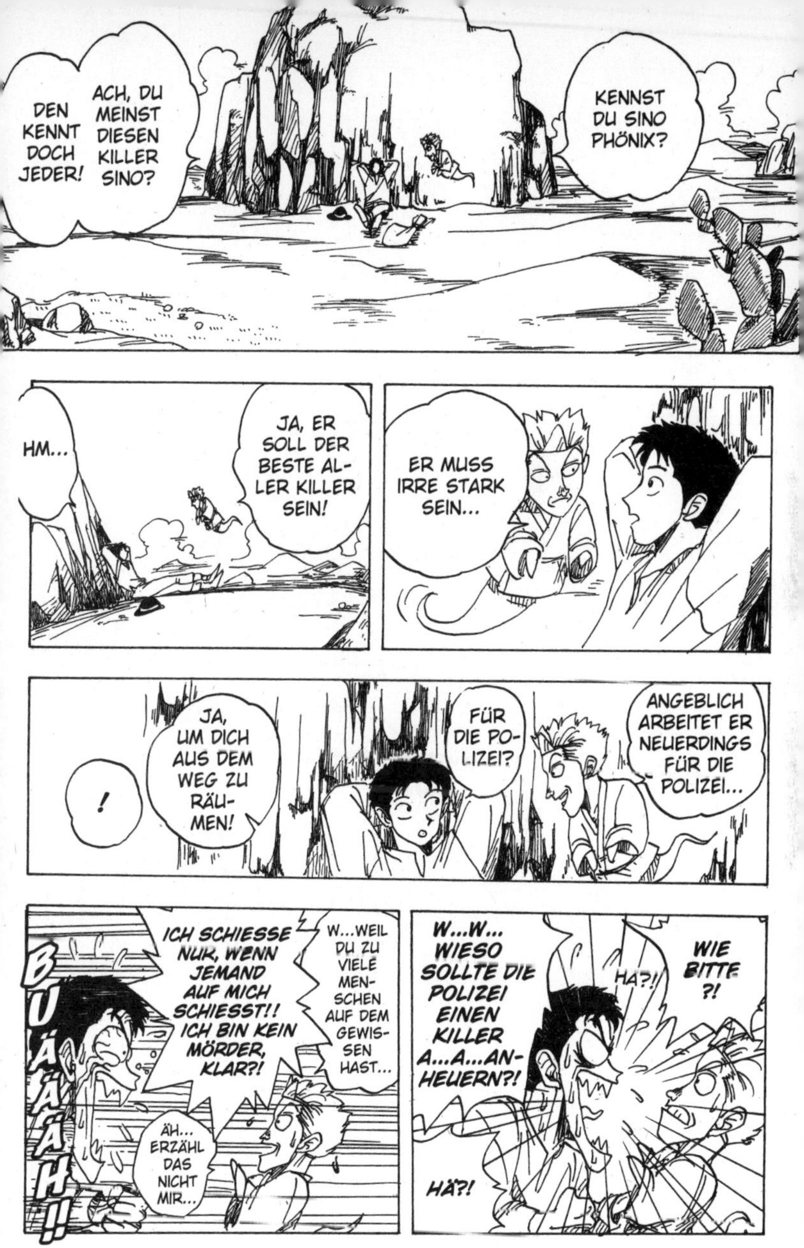
KENNST DU SINO PHÖNIX?
ACH, DU MEINST DIESEN KILLER SINO?
DEN KENNT DOCH JEDER!
ER MUSS IRRE STARK SEIN...
JA, ER SOLL DER BESTE AL-LER KILLER SEIN!
HM...
ANGEBLICH ARBEITET ER NEUERDINGS FÜR DIE POLIZEI...
FÜR DIE PO-LIZEI?
JA, UM DICH AUS DEM WEG ZU RÄU-MEN!
!
WIE BITTE ?!
HA?!
W...W... WIESO SOLLTE DIE POLIZEI EINEN KILLER A...A...AN-HEUERN?!
HÄ?!
W...WEIL DU ZU VIELE MEN-SCHEN AUF DEM GEWIS-SEN HAST...
ICH SCHIESSE NUR, WENN JEMAND AUF MICH SCHIESST!! ICH BIN KEIN MÖRDER, KLAR?!
ÄH... ERZÄHL DAS NICHT MIR...
BUÄÄÄH!!

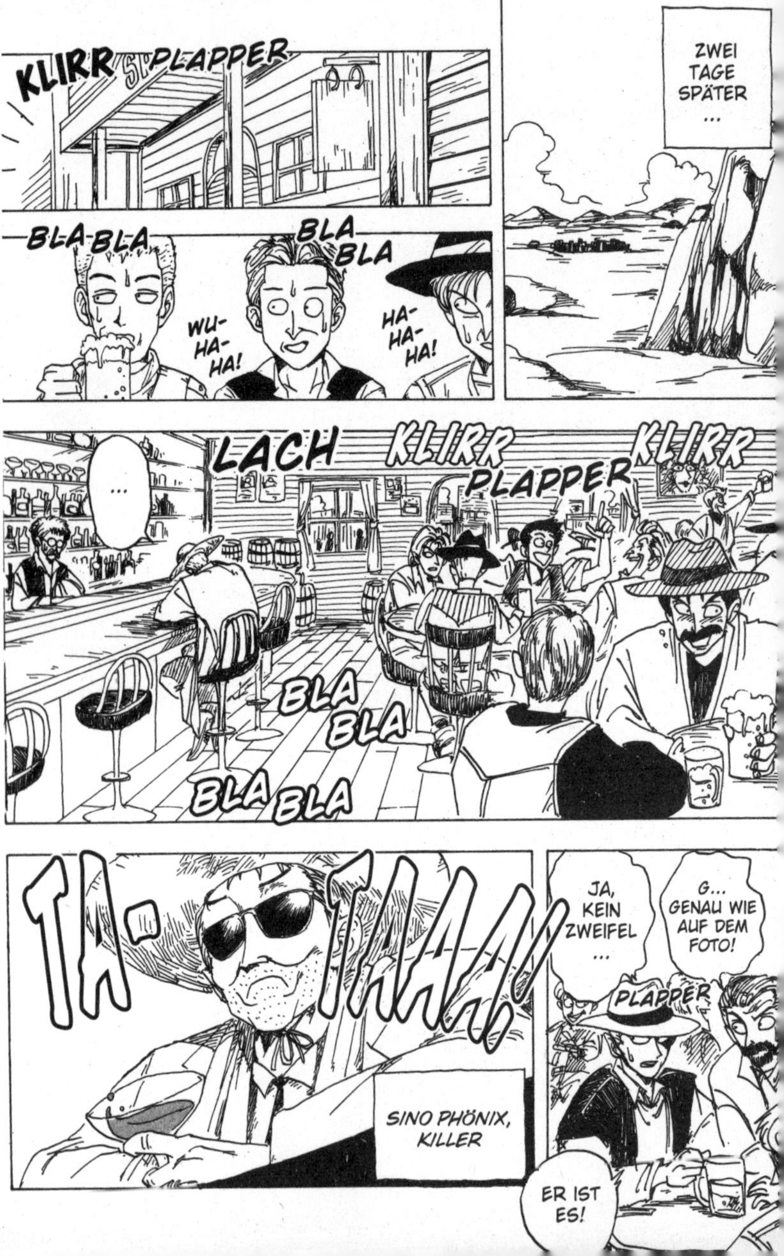
ZWEI TAGE SPÄTER ...
KLIRR
PLAPPER
BLA BLA
WU-HA-HA!
BLA BLA
HA-HA-HA!
KLIRR
KLIRR
PLAPPER
LACH
...
BLA BLA
BLA BLA
G... GENAU WIE AUF DEM FOTO!
JA, KEIN ZWEIFEL ...
PLAPPER
ER IST ES!
TA-TAAA!
SINO PHÖNIX, KILLER

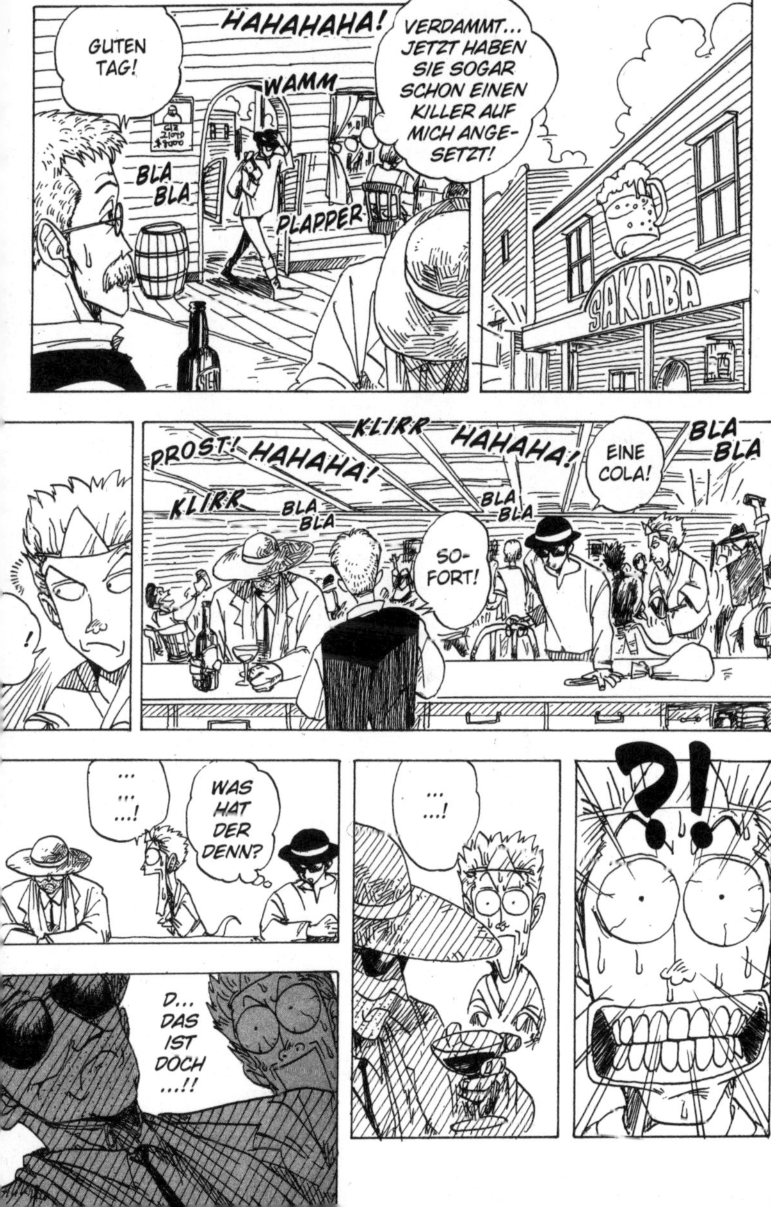
SAKABA
VERDAMMT... JETZT HABEN SIE SOGAR SCHON EINEN KILLER AUF MICH ANGE-SETZT!
HAHAHAHA!
WAMM
PLAPPER
BLA BLA
GUTEN TAG!
BLA BLA
EINE COLA!
HAHAHA!
KLIRR
BLA BLA
SOFORT!
HAHAHA!
PROST!
KLIRR
BLA BLA
!
?!
... ...!
WAS HAT DER DENN?
... ...!
D... DAS IST DOCH ...!!

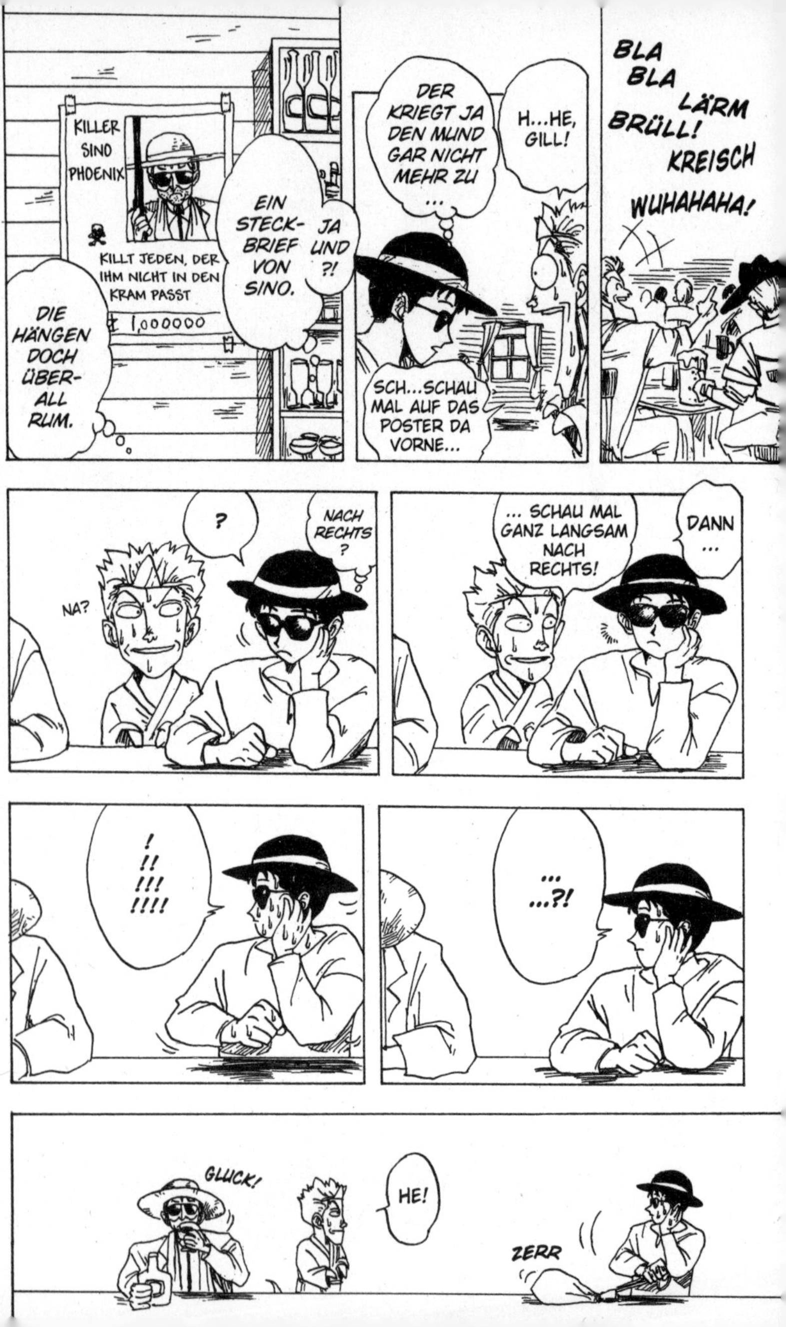
BLA BLA LÄRM BRÜLL! KREISCH
WUHAHAHA!
H...HE, GILL!
DER KRIEGT JA DEN MUND GAR NICHT MEHR ZU ...
SCH...SCHAU MAL AUF DAS POSTER DA VORNE...
JA UND ?!
EIN STECK-BRIEF VON SINO.
KILLER SINO PHOENIX
KILLT JEDEN, DER IHM NICHT IN DEN KRAM PASST
1,000000
DIE HÄNGEN DOCH ÜBER-ALL RUM.
DANN ...
... SCHAU MAL GANZ LANGSAM NACH RECHTS!
NACH RECHTS ?
?
NA?
... ...?!
! !! !!! !!!!
ZERR
HE!
GLUCK!

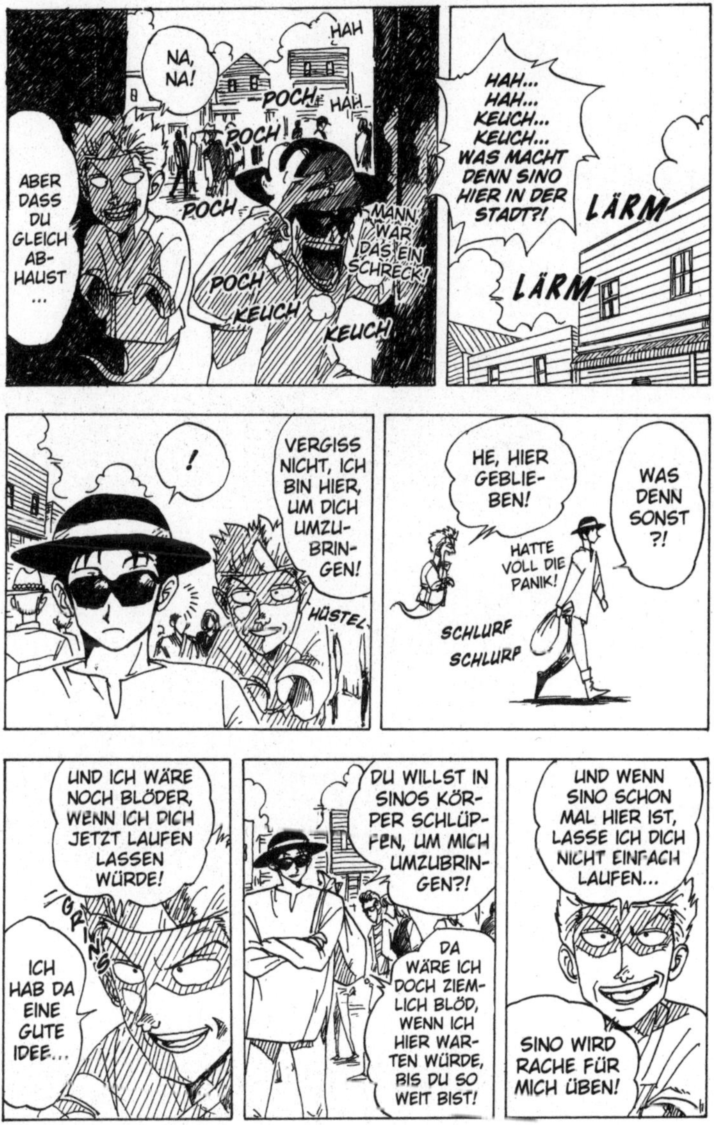
HAH... HAH... KEUCH... KEUCH... WAS MACHT DENN SINO HIER IN DER STADT?!
LÄRM
LÄRM
HAH
HAH
NA, NA!
POCH
POCH
POCH
POCH
MANN WAR DAS EIN SCHRECK!
ABER DASS DU GLEICH ABHAUST ...
KEUCH
KEUCH
WAS DENN SONST ?!
HATTE VOLL DIE PANIK!
HE, HIER GEBLIEBEN!
SCHLURF
SCHLURF
VERGISS NICHT, ICH BIN HIER, UM DICH UMZUBRINGEN!
!
HÜSTEL
UND WENN SINO SCHON MAL HIER IST, LASSE ICH DICH NICHT EINFACH LAUFEN...
SINO WIRD RACHE FÜR MICH ÜBEN!
DU WILLST IN SINOS KÖRPER SCHLÜPFEN, UM MICH UMZUBRINGEN?!
DA WÄRE ICH DOCH ZIEMLICH BLÖD, WENN ICH HIER WARTEN WÜRDE, BIS DU SO WEIT BIST!
UND ICH WÄRE NOCH BLÖDER, WENN ICH DICH JETZT LAUFEN LASSEN WÜRDE!
GRINS
ICH HAB DA EINE GUTE IDEE...

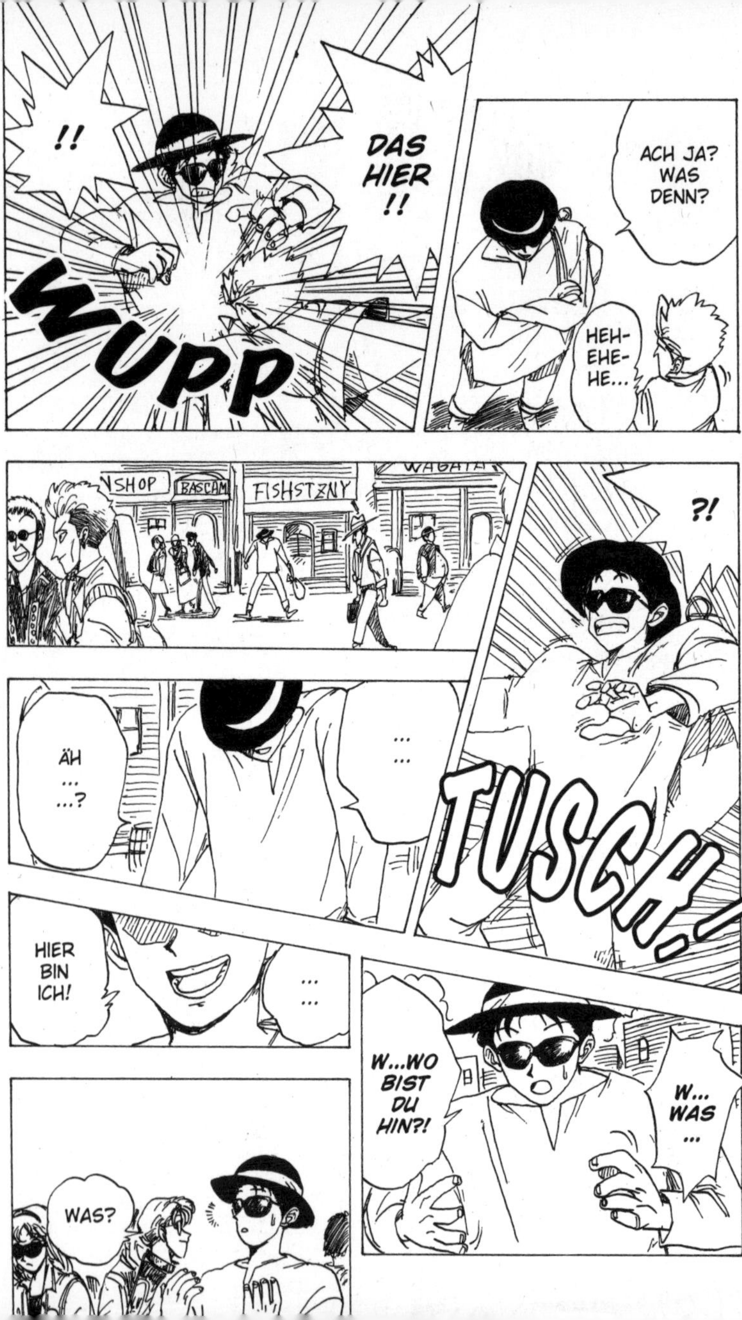
ACH JA? WAS DENN?
HEH-EHE-HE...
DAS HIER !!
!!
WUPP
SHOP
BASCAM
FISHSTZNY
WAGATA
?!
TUSCH..!
...
...
ÄH ... ...?
W... WAS ...
W...WO BIST DU HIN?!
...
...
HIER BIN ICH!
WAS?

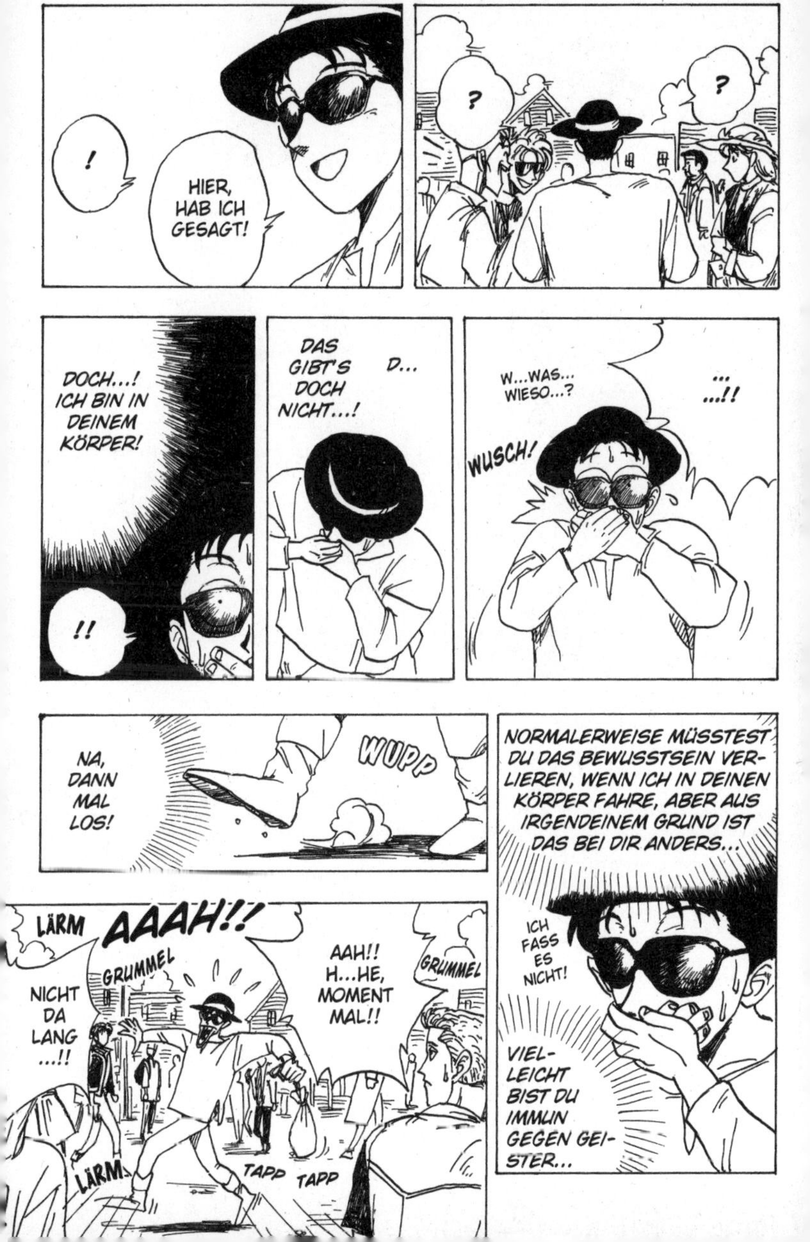
!
HIER, HAB ICH GESAGT!
?
?
DOCH...! ICH BIN IN DEINEM KÖRPER!
!!
DAS GIBT'S DOCH NICHT...!
D...
W...WAS... WIESO...?
WUSCH!
... ...!!
NA, DANN MAL LOS!
WUPP
NORMALERWEISE MÜSSTEST DU DAS BEWUSSTSEIN VER-LIEREN, WENN ICH IN DEINEN KÖRPER FAHRE, ABER AUS IRGENDEINEM GRUND IST DAS BEI DIR ANDERS...
ICH FASS ES NICHT!
VIEL-LEICHT BIST DU IMMUN GEGEN GEI-STER...
LÄRM
AAAH!!
GRUMMEL
NICHT DA LANG ...!!
AAH!! H...HE, MOMENT MAL!!
GRUMMEL
LÄRM
TAPP TAPP

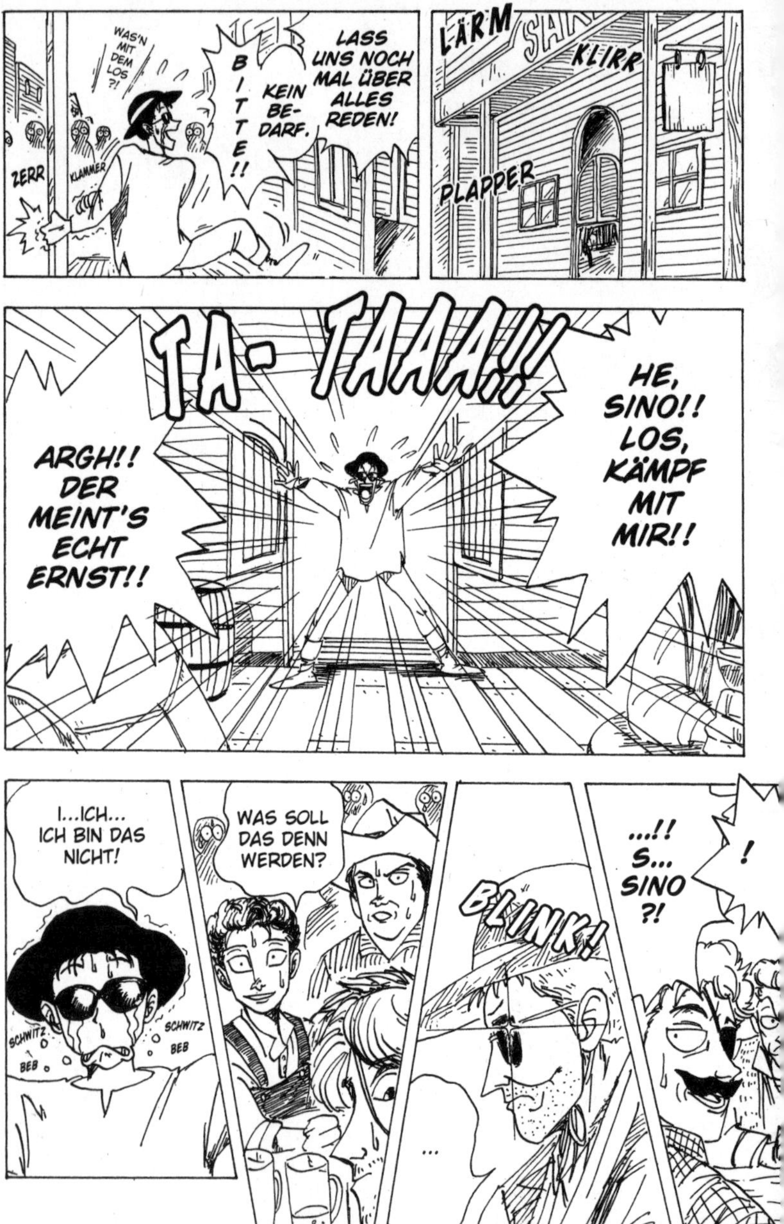
LÄRM
KLIRR
PLAPPER
LASS UNS NOCH MAL ÜBER ALLES REDEN!
KEIN BE-DARF.
BITTE!!
WAS'N MIT DEM LOS?!
ZERR
KLAMMER
TA-TAAAA!!!
HE, SINO!! LOS, KÄMPF MIT MIR!!
ARGH!! DER MEINT'S ECHT ERNST!!
...!! S... SINO?!
!
BLINK!
...
WAS SOLL DAS DENN WERDEN?
I...ICH... ICH BIN DAS NICHT!
SCHWITZ
BEB
SCHWITZ
BEB

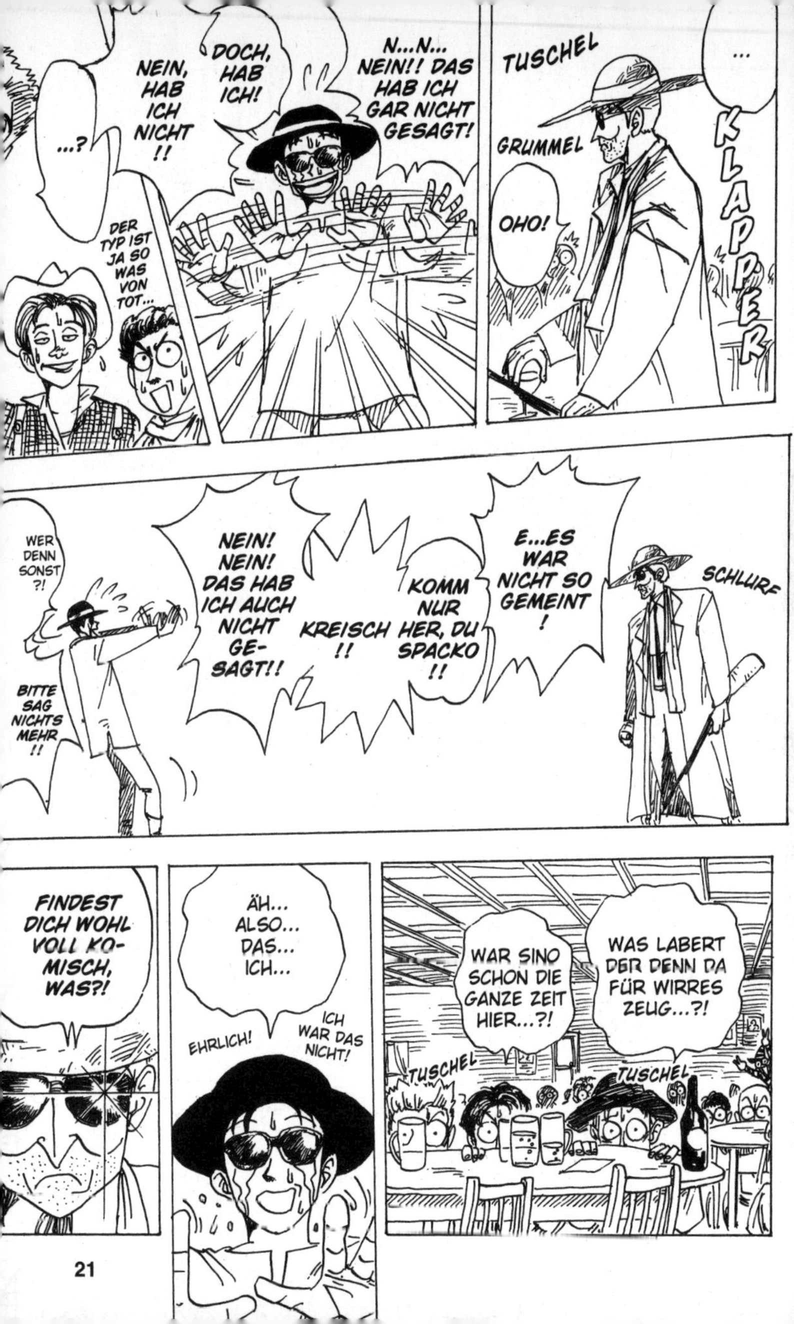

...
KLAPPER
TUSCHEL
GRUMMEL
OHO!
N...N... NEIN!! DAS HAB ICH GAR NICHT GESAGT!
DOCH, HAB ICH!
NEIN, HAB ICH NICHT !!
...?
DER TYP IST JA SO WAS VON TOT...
SCHLURF
E...ES WAR NICHT SO GEMEINT!
KOMM NUR HER, DU SPACKO!!
KREISCH!!
NEIN! NEIN! DAS HAB ICH AUCH NICHT GE-SAGT!!
WER DENN SONST?!
BITTE SAG NICHTS MEHR!!
WAS LABERT DER DENN DA FÜR WIRRES ZEUG...?!
WAR SINO SCHON DIE GANZE ZEIT HIER...?!
TUSCHEL
TUSCHEL
ÄH... ALSO... DAS... ICH...
ICH WAR DAS NICHT!
EHRLICH!
FINDEST DICH WOHL VOLL KO-MISCH, WAS?!

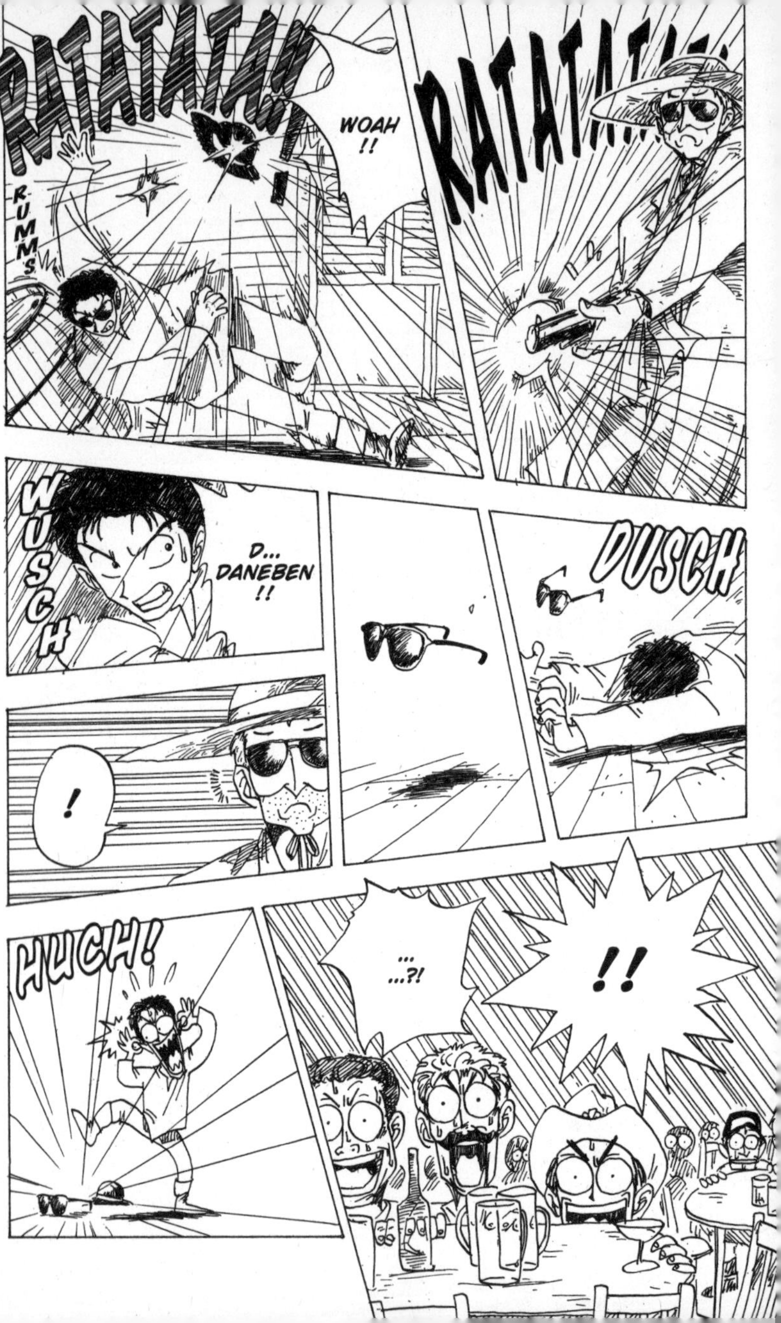
RATATATA!!
RATATATA!!
WOAH !!
RUMMS
DUSCH
D... DANEBEN !!
WUSCH
!
!!
... ...?!
HUCH!

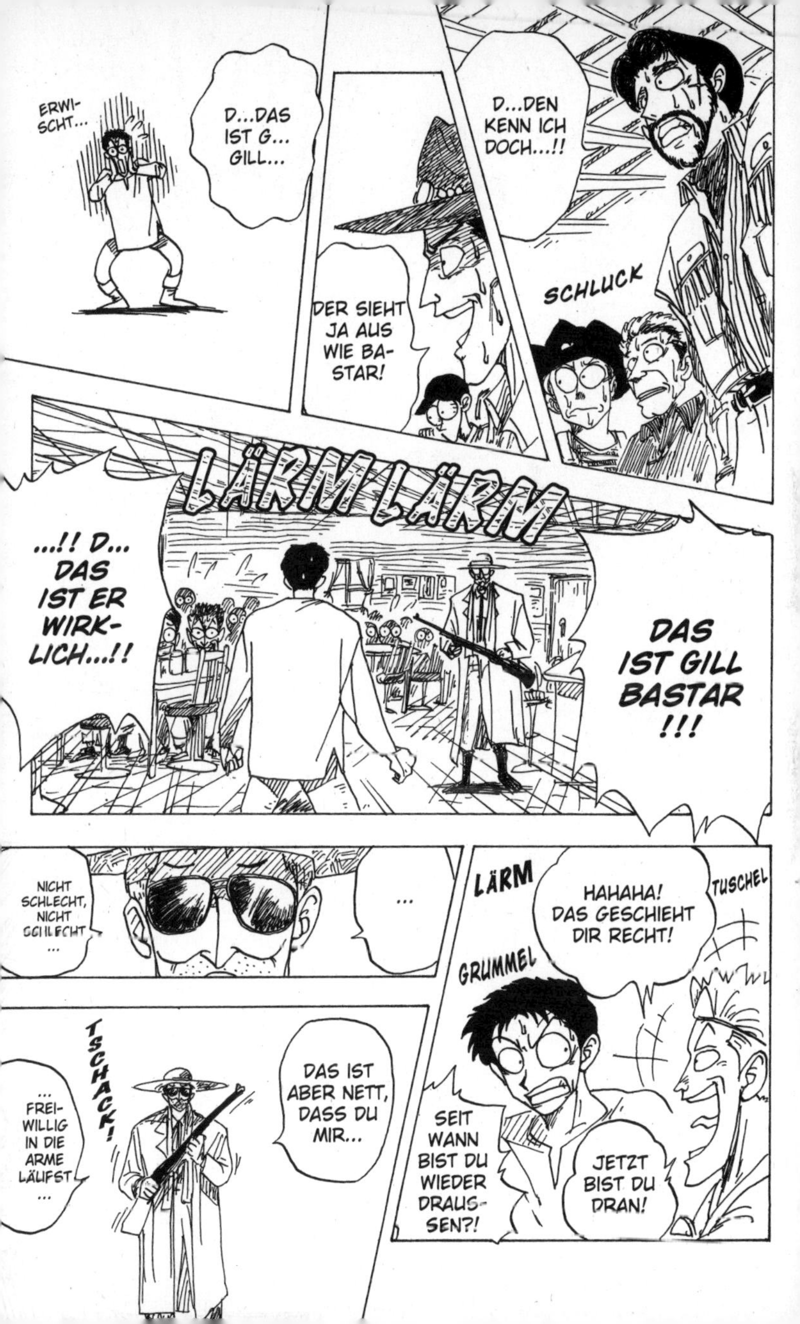

D...DEN KENN ICH DOCH...!!
SCHLUCK
DER SIEHT JA AUS WIE BA-STAR!
D...DAS IST G... GILL...
ERWISCHT...
LÄRM LÄRM
DAS IST GILL BASTAR !!!
...!! D... DAS IST ER WIRKLICH...!!
TUSCHEL
HAHAHA! DAS GESCHIEHT DIR RECHT!
LÄRM
GRUMMEL
JETZT BIST DU DRAN!
SEIT WANN BIST DU WIEDER DRAUSSEN?!
...
NICHT SCHLECHT, NICHT SCHLECHT ...
DAS IST ABER NETT, DASS DU MIR...
TSCHACK!
... FREIWILLIG IN DIE ARME LÄUFST ...

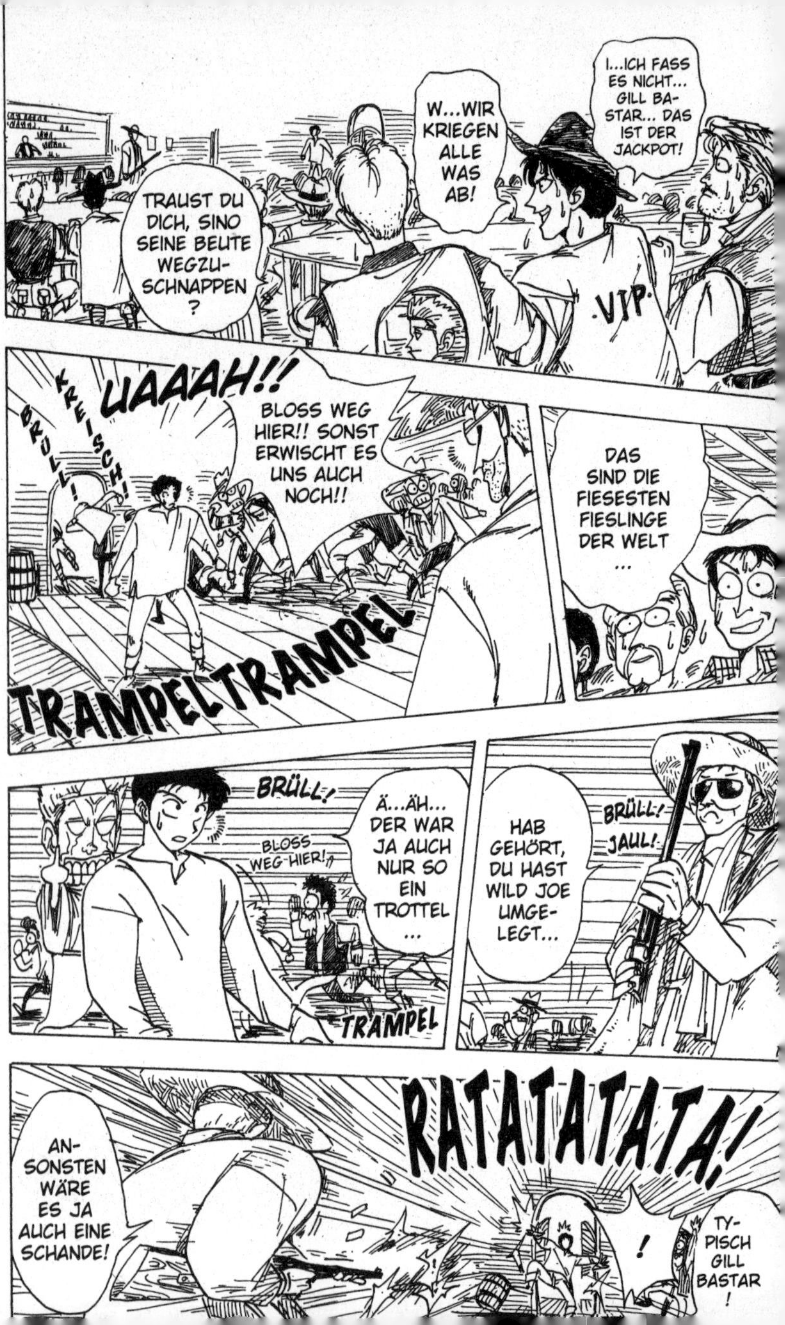
I...ICH FASS ES NICHT... GILL BASTAR... DAS IST DER JACKPOT!
W...WIR KRIEGEN ALLE WAS AB!
TRAUST DU DICH, SINO SEINE BEUTE WEGZUSCHNAPPEN?
DAS SIND DIE FIESESTEN FIESLINGE DER WELT...
BLOSS WEG HIER!! SONST ERWISCHT ES UNS AUCH NOCH!!
UAAAH!!
KREISCH!
BRÜLL!
TRAMPELTRAMPEL
HAB GEHÖRT, DU HAST WILD JOE UMGELEGT...
BRÜLL!
JAUL!
Ä...ÄH... DER WAR JA AUCH NUR SO EIN TROTTEL...
BRÜLL!
BLOSS WEG HIER!
TRAMPEL
TYPISCH GILL BASTAR!
RATATATATA!
ANSONSTEN WÄRE ES JA AUCH EINE SCHANDE!

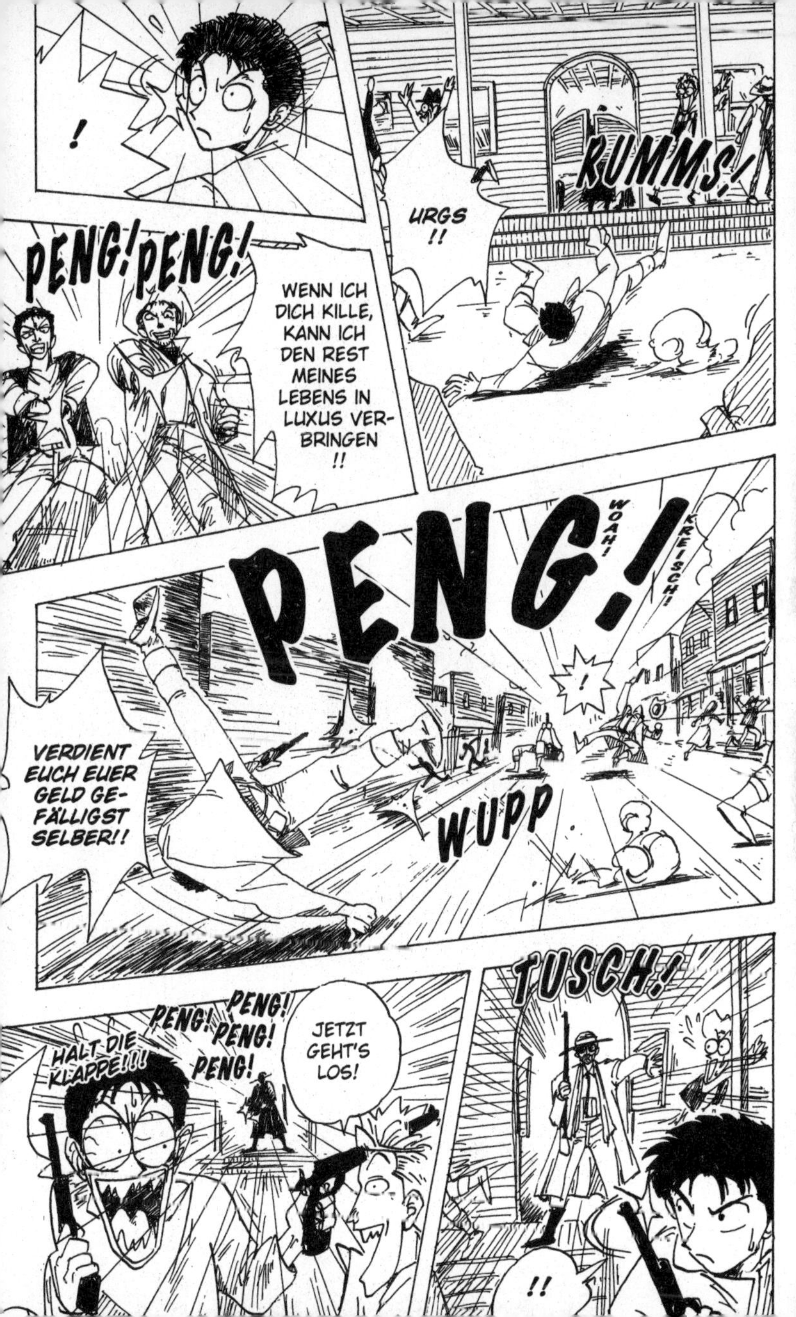
RUMMS!
URGS !!
!
PENG! PENG!
WENN ICH DICH KILLE, KANN ICH DEN REST MEINES LEBENS IN LUXUS VER-BRINGEN !!
KREISCH!
WOAH!
PENG!
!
VERDIENT EUCH EUER GELD GE-FÄLLIGST SELBER!!
WUPP
TUSCH!
!!
JETZT GEHT'S LOS!
PENG! PENG! PENG! PENG!
HALT DIE KLAPPE!!!

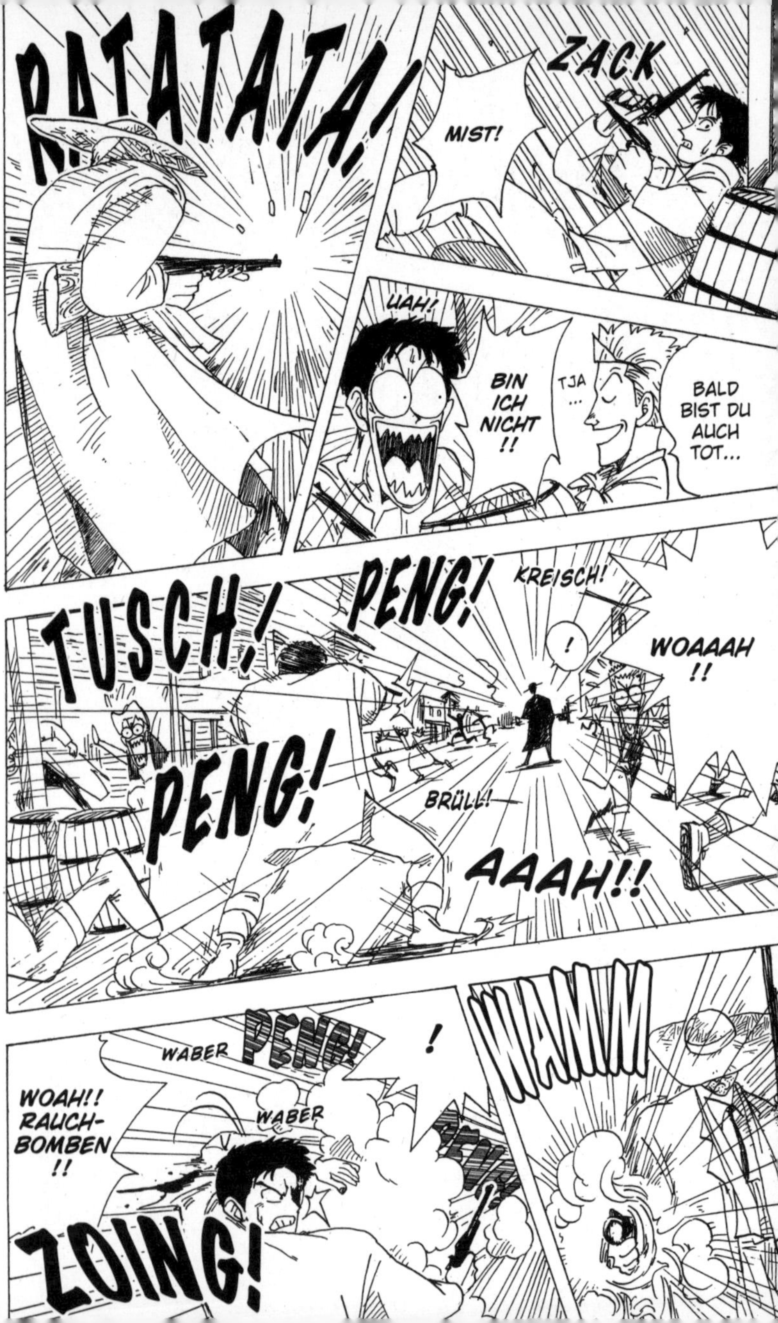
ZACK
MIST!
RATATATA!
TJA ...
BALD BIST DU AUCH TOT...
BIN ICH NICHT !!
UAH!
KREISCH!
WOAAAH !!
!
PENG!
TUSCH!
PENG!
BRÜLL!
AAAH!!
WAMM
!
PENG!
WABER
WOAH!! RAUCH-BOMBEN !!
WABER
ZOING!

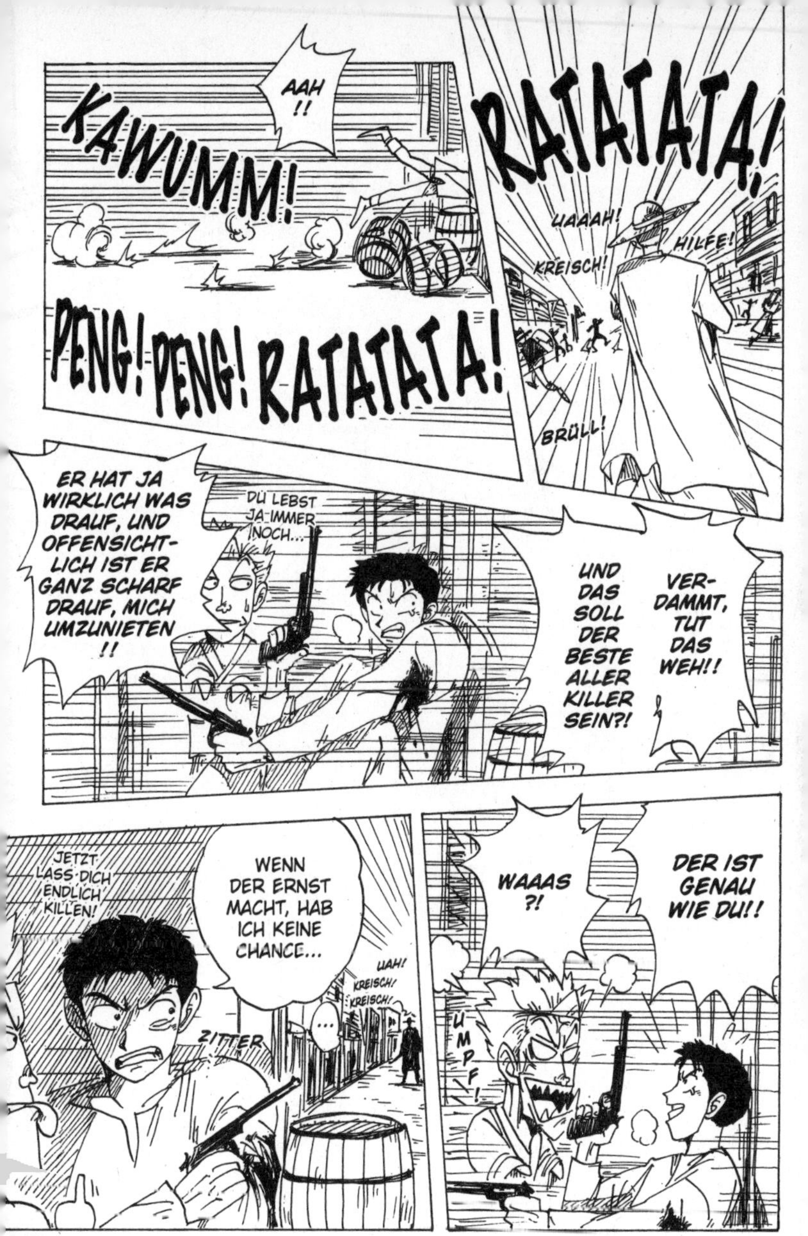
AAH !!
KAWUMM!
PENG! PENG! RATATATA!
RATATATA!
UAAAH!
KREISCH!
HILFE!
BRÜLL!
VER-DAMMT, TUT DAS WEH!!
UND DAS SOLL DER BESTE ALLER KILLER SEIN?!
DU LEBST JA IMMER NOCH...
ER HAT JA WIRKLICH WAS DRAUF, UND OFFENSICHTLICH IST ER GANZ SCHARF DRAUF, MICH UMZUNIETEN !!
DER IST GENAU WIE DU!!
WAAAS ?!
UMPF!
WENN DER ERNST MACHT, HAB ICH KEINE CHANCE...
JETZT LASS DICH ENDLICH KILLEN!
ZITTER
UAH!
KREISCH!
KREISCH!
...

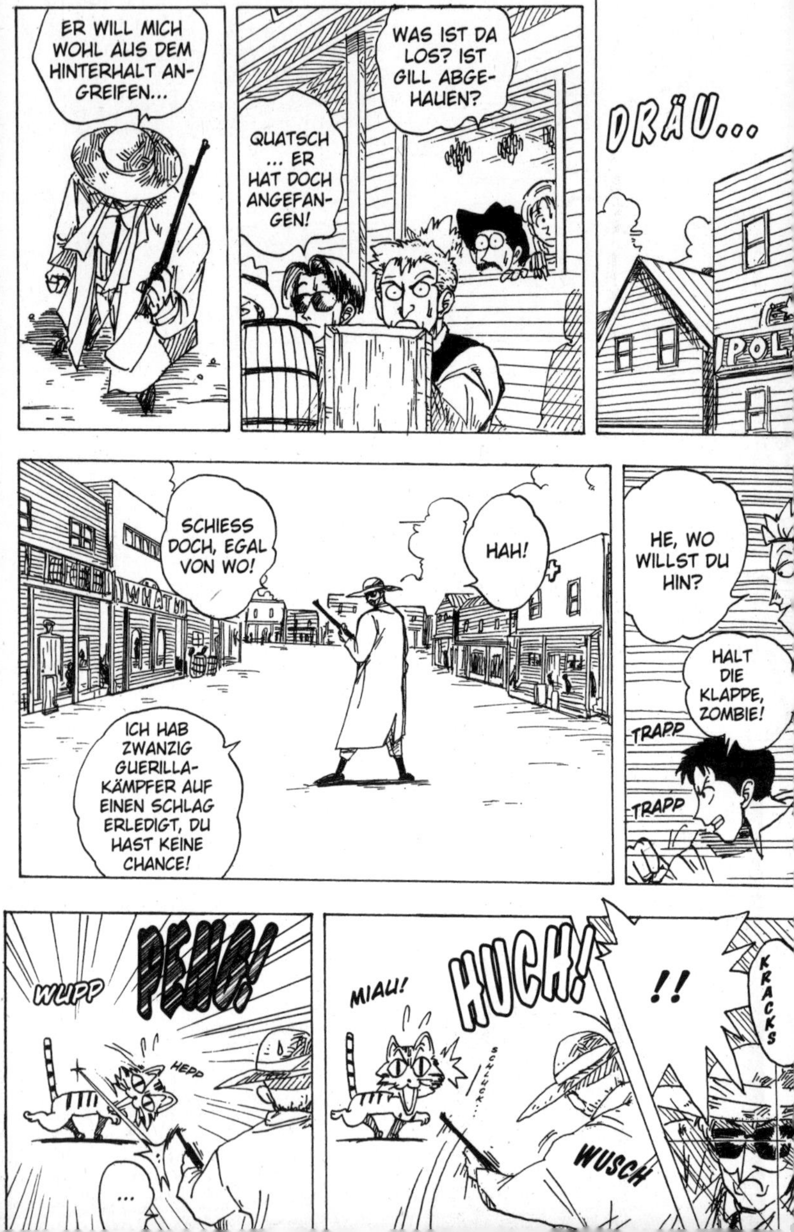
DRÄU...
WAS IST DA LOS? IST GILL ABGEHAUEN?
QUATSCH ... ER HAT DOCH ANGEFANGEN!
ER WILL MICH WOHL AUS DEM HINTERHALT ANGREIFEN...
HE, WO WILLST DU HIN?
HALT DIE KLAPPE, ZOMBIE!
TRAPP
TRAPP
HAH!
SCHIESS DOCH, EGAL VON WO!
ICH HAB ZWANZIG GUERILLAKÄMPFER AUF EINEN SCHLAG ERLEDIGT, DU HAST KEINE CHANCE!
KRACKS
!!
HUCH!
MIAU!
SCHLUCK...
WUSCH
PENG!
WUPP
HEPP
...

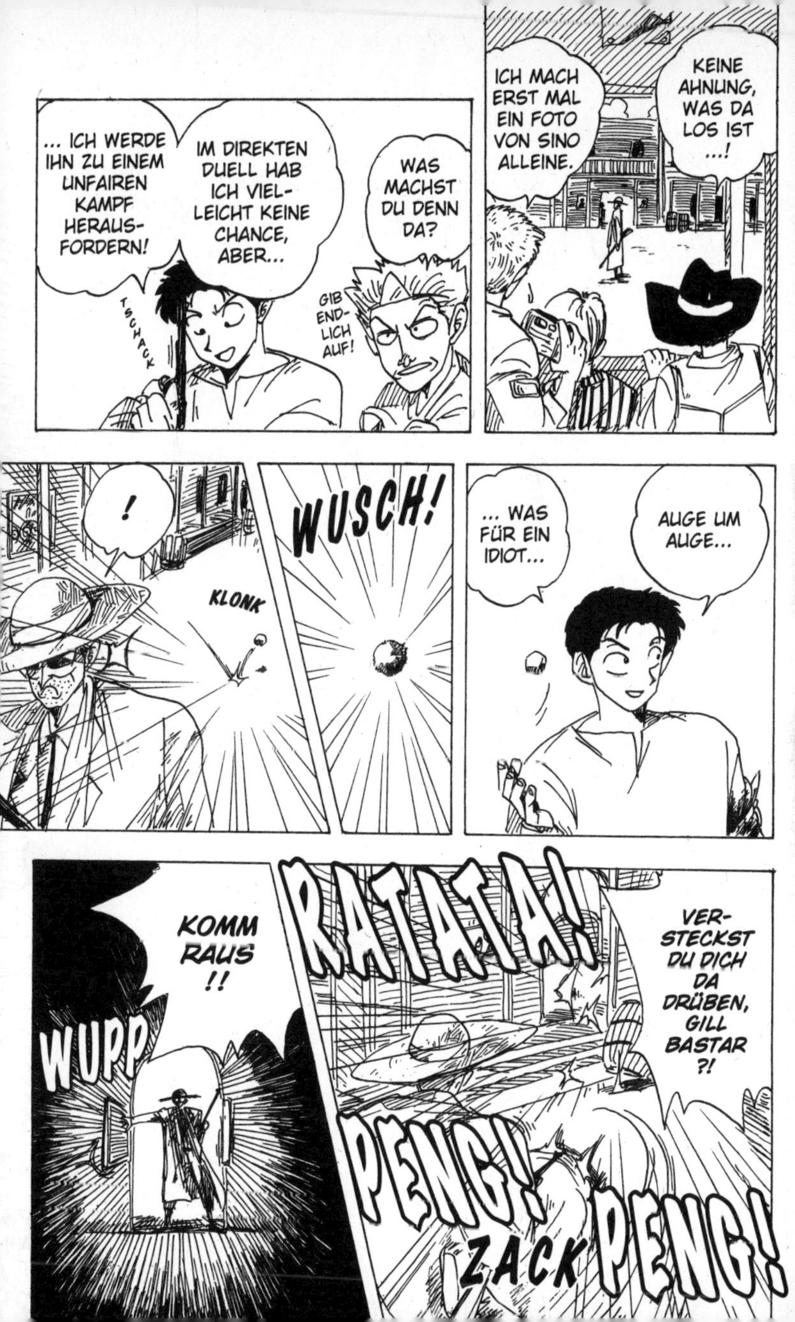
KEINE AHNUNG, WAS DA LOS IST ...!
ICH MACH ERST MAL EIN FOTO VON SINO ALLEINE.
WAS MACHST DU DENN DA?
GIB END-LICH AUF!
IM DIREKTEN DUELL HAB ICH VIEL-LEICHT KEINE CHANCE, ABER...
... ICH WERDE IHN ZU EINEM UNFAIREN KAMPF HERAUS-FORDERN!
TSCHACK
AUGE UM AUGE...
... WAS FÜR EIN IDIOT...
WUSCH!
!
KLONK
VER-STECKST DU DICH DA DRÜBEN, GILL BASTAR ?!
RATATA!!
PENG!
ZACK
PENG!
KOMM RAUS !!
WUPP

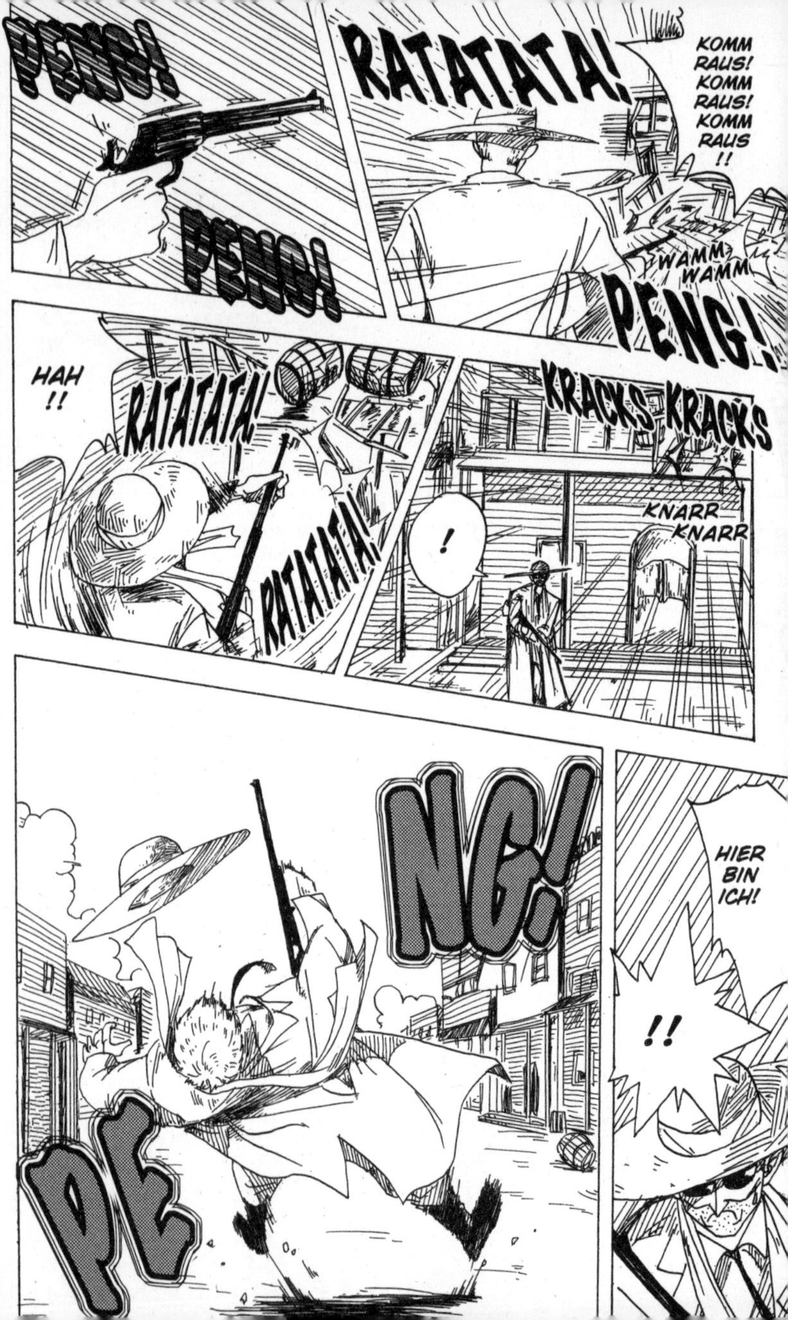
RATATATA!
KOMM RAUS! KOMM RAUS! KOMM RAUS !!
WAMM WAMM
PENG!
PENG!
PENG!
KRACKS KRACKS
KNARR KNARR
!
HAH !!
RATATATA!
RATATATA!
HIER BIN ICH!
!!
PE
NG!

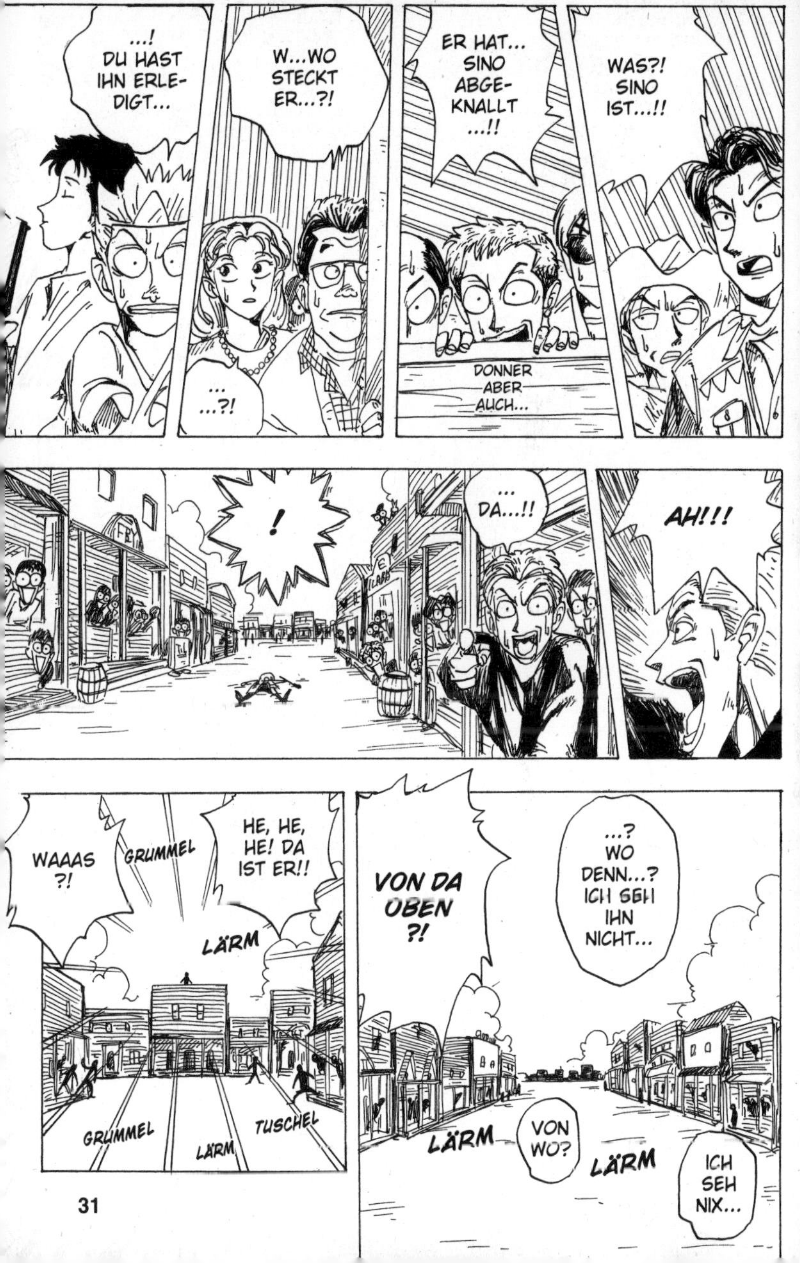
W...WO STECKT ER...?!
...! DU HAST IHN ERLEDIGT...
... ...?!
WAS?! SINO IST...!!
ER HAT... SINO ABGEKNALLT ...!!
DONNER ABER AUCH...
AH!!!
... DA...!!
!
HE, HE, HE! DA IST ER!!
GRUMMEL
WAAAS ?!
LÄRM
GRUMMEL
LÄRM
TUSCHEL
...? WO DENN...? ICH SEH IHN NICHT...
VON DA OBEN ?!
LÄRM
VON WO?
LÄRM
ICH SEH NIX...

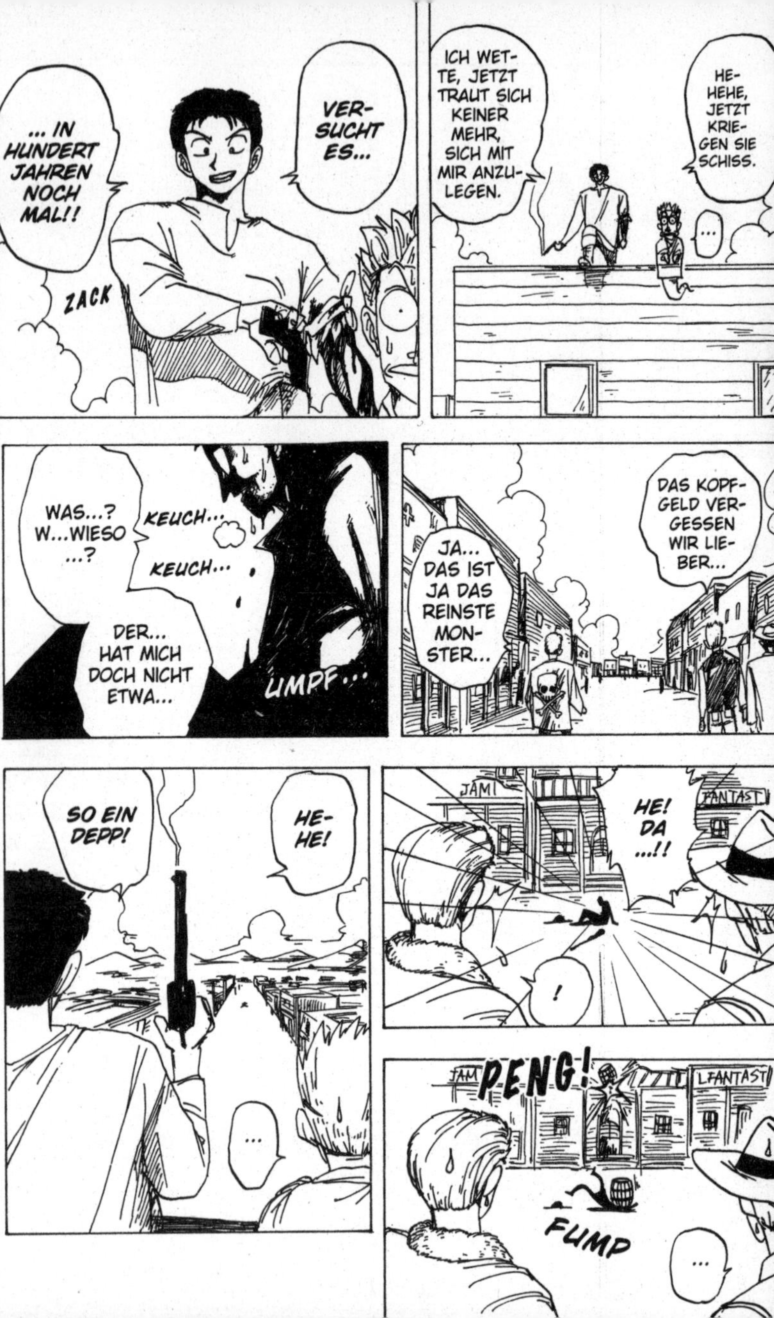

HE-HEHE, JETZT KRIE-GEN SIE SCHISS.
...
ICH WET-TE, JETZT TRAUT SICH KEINER MEHR, SICH MIT MIR ANZU-LEGEN.
VER-SUCHT ES...
... IN HUNDERT JAHREN NOCH MAL!!
ZACK
DAS KOPF-GELD VER-GESSEN WIR LIE-BER...
JA... DAS IST JA DAS REINSTE MON-STER...
KEUCH...
KEUCH...
WAS...? W...WIESO ...?
DER... HAT MICH DOCH NICHT ETWA...
UMPF...
JAM
FANTAST
HE! DA ...!!
!
HE-HE!
SO EIN DEPP!
...
JAM
PENG!
LFANTAST
FUMP
...

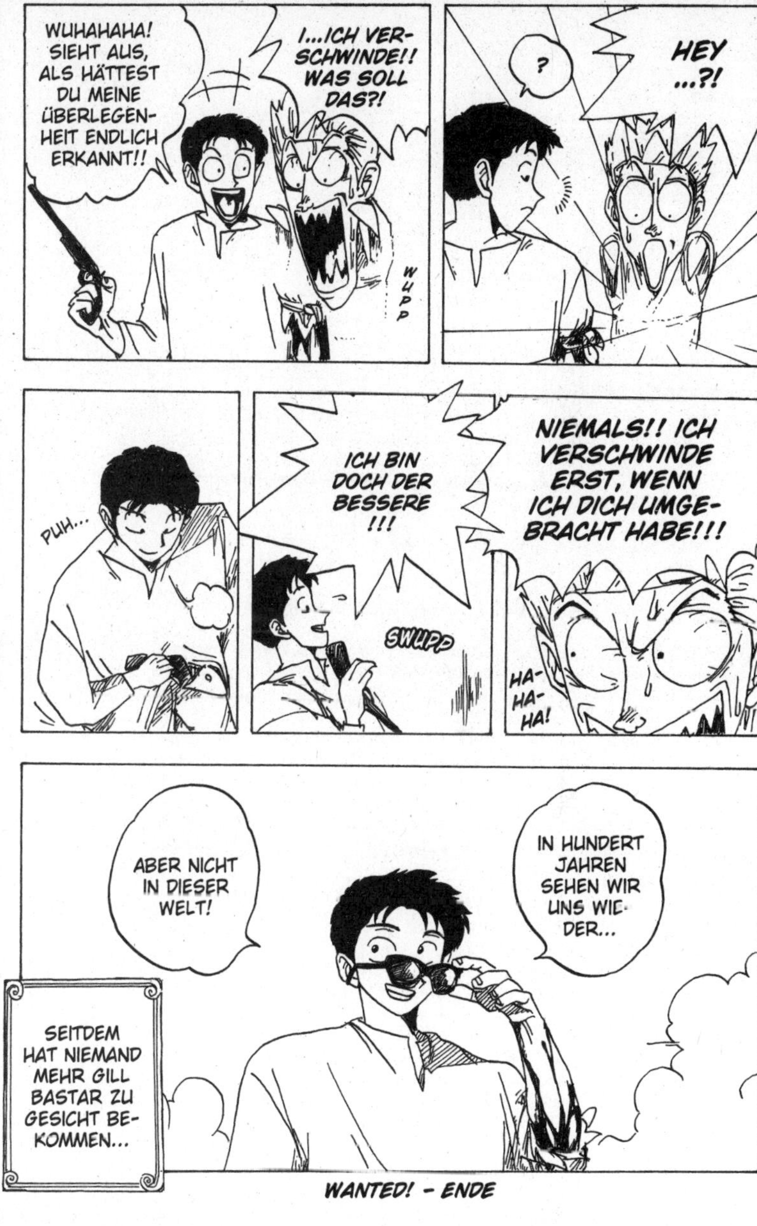
WUHAHAHA! SIEHT AUS, ALS HÄTTEST DU MEINE ÜBERLEGENHEIT ENDLICH ERKANNT!!
I...ICH VERSCHWINDE!! WAS SOLL DAS?!
WUPP
?
HEY ...?!
PUH...
ICH BIN DOCH DER BESSERE !!!
SWUPP
NIEMALS!! ICH VERSCHWINDE ERST, WENN ICH DICH UMGEBRACHT HABE!!!
HA-HA-HA!
ABER NICHT IN DIESER WELT!
IN HUNDERT JAHREN SEHEN WIR UNS WIEDER...
SEITDEM HAT NIEMAND MEHR GILL BASTAR ZU GESICHT BEKOMMEN...

WANTED! - ENDE

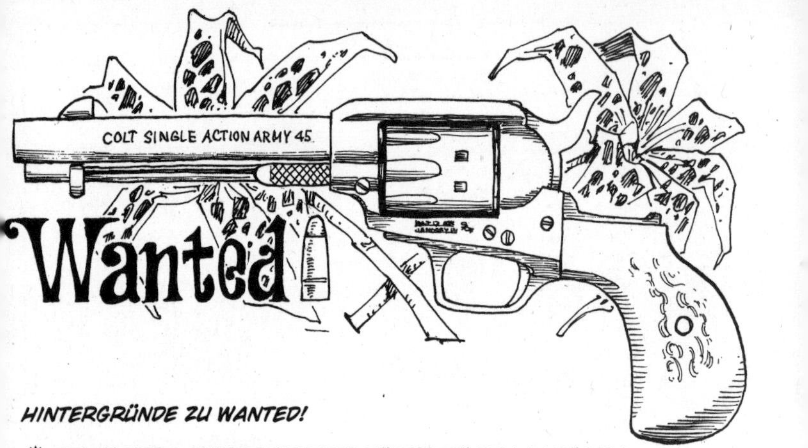

HINTERGRÜNDE ZU WANTED!

- EIN WESTERN. ZWEI BEWAFFNETE MÄNNER RÜCKEN AN RÜCKEN. "OKAY... WIR GEHEN DREI SCHRITTE, DANN WIRD GESCHOSSEN" "EINS..." "ZWEI... PENG!!" "UUH... DU MIESES SCHWEIN!" PLUMPS... SO FUNKTIONIERT EIN WESTERN!

- FÜR DIESEN MANGA HABE ICH DEN WUNDERVOLLEN TEZUKA AWARD ERHALTEN. DAMALS LEBTE ICH EIN BESCHAULICHES LEBEN ALS OBERSCHÜLER IN KUMAMOTO UND ICH KONNTE DAS MANUSKRIPT ERST IN LETZTER MINUTE EINSCHICKEN. DAZU GIBT ES EINE GESCHICHTE...

- DREI TAGE VOR ABGABETERMIN HATTE ICH NOCH SIEBEN SEITEN ZU ZEICHNEN. ICH WAR SICHER, ES IN ZWEI TAGEN SCHAFFEN ZU KÖNNEN, ABER DANN HATTE ICH AUF DEM WEG ZUR SCHULE EINEN UNFALL. ODER BESSER GESAGT, ICH HATTE ECHTES PECH! ES WAR EIN ZUSAMMENSTOSS MIT EINEM ANDEREN AUTO, DEN DER ANDERE FAHRER VERSCHULDET HATTE. ICH HABE AUF DEM BEIFAHRERSITZ GESESSEN UND BIN GEGEN DEN SPIEGEL GEKNALLT, MEIN GESICHT UND MEIN T-SHIRT WAREN BLUTÜBERSTRÖMT. DAS GANZE GESCHAH IN SEKUNDENSCHNELLE UND DAS ERSTE, WAS ICH DACHTE, WAR: "OH NEIN, ICH MUSS DOCH HEUTE DIE VIDEOS ZURÜCKBRINGEN." GANZ SCHÖN COOL.

- ICH DURFTE ZUM ERSTEN MAL IN MEINEM LEBEN MIT DEM KRANKENWAGEN FAHREN UND WAR ETWAS AUFGEREGT. ICH SOLLTE EINEN TAG IM KRANKENHAUS BLEIBEN. ZWEI TAGE SPÄTER MUSSTE DAS MANUSKRIPT BEI DER POST SEIN, ALSO HÄTTE ICH NUR NOCH EINEN TAG GEHABT, UM SIEBEN SEITEN ZU ZEICHNEN. ICH BAT DIE ÄRZTE, MICH HEIMGEHEN ZU LASSEN, ABER SIE LIESSEN MICH NICHT.

- AM NÄCHSTEN TAG HABE ICH DAS MANUSKRIPT SOFORT FERTIG GESTELLT UND ES NOCH RECHTZEITIG ABGESCHICKT. WÄHREND DES ZEICHNENS TAT MIR MEINE NASE SO FIES WEH, DASS ICH AM TAG DARAUF NOCH MAL INS KRANKENHAUS BIN, UND TATSÄCHLICH WAR MEINE NASE MEHRFACH GEBROCHEN. DANN HABE ICH DEN PREIS GEWONNEN.

- SEIT DIESEM EREIGNIS FRAGE ICH MICH, OB ES EINE UNIVERSELLE WAHRHEIT GIBT.

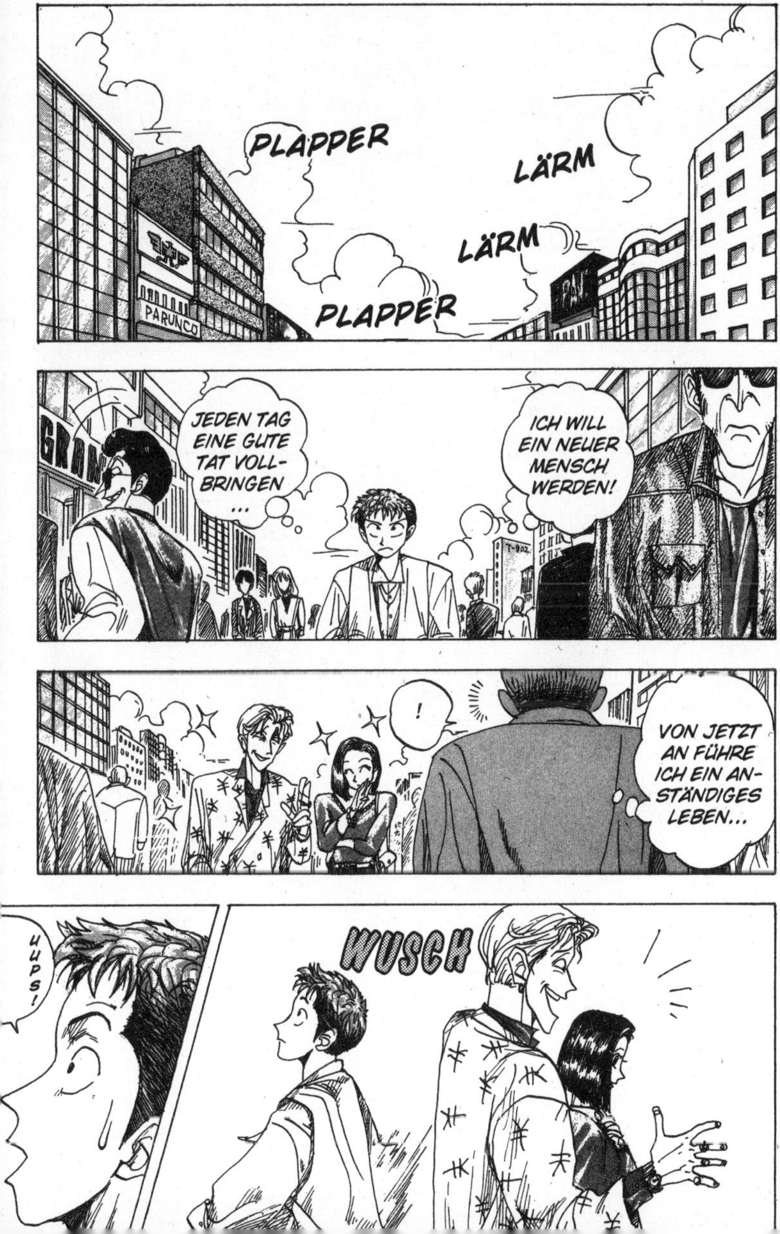
PLAPPER
LÄRM
LÄRM
PLAPPER
JEDEN TAG EINE GUTE TAT VOLL-BRINGEN ...
ICH WILL EIN NEUER MENSCH WERDEN!
PARUNCO
!
VON JETZT AN FÜHRE ICH EIN AN-STÄNDIGES LEBEN...
UUPS!
WUSCH

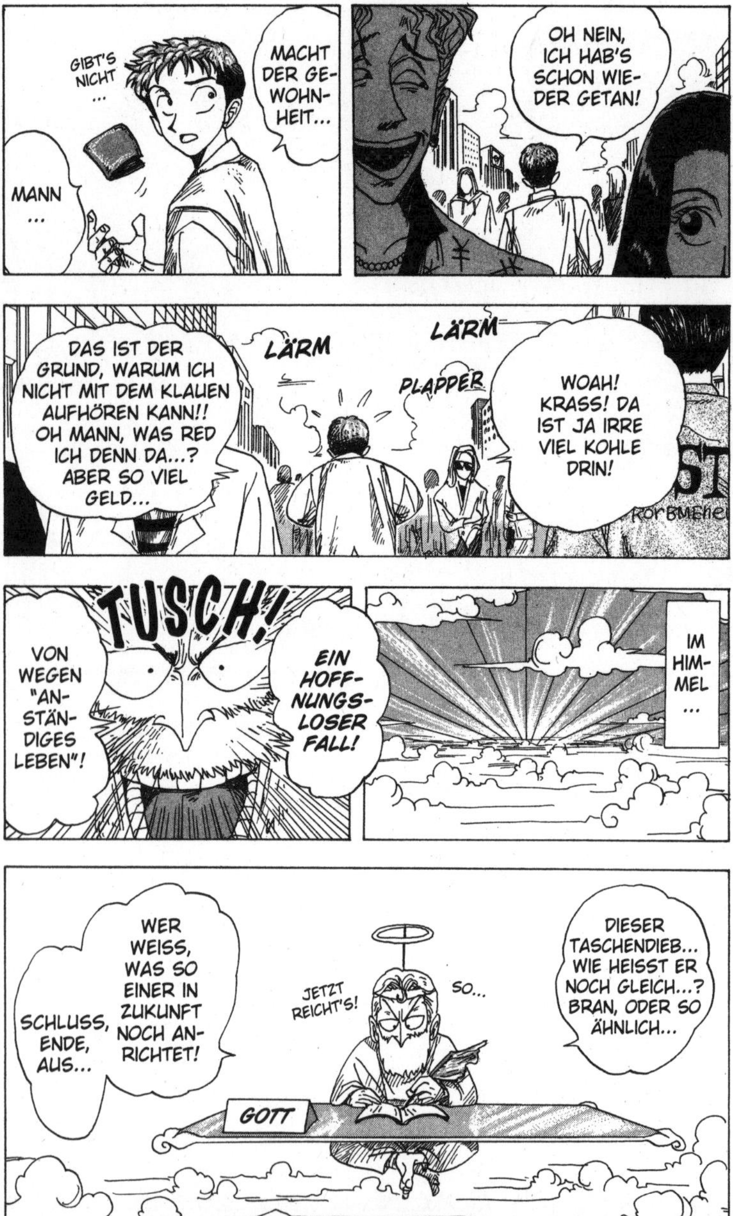
OH NEIN, ICH HAB'S SCHON WIEDER GETAN!
MACHT DER GEWOHNHEIT...
GIBT'S NICHT ...
MANN ...
LÄRM
LÄRM
PLAPPER
WOAH! KRASS! DA IST JA IRRE VIEL KOHLE DRIN!
DAS IST DER GRUND, WARUM ICH NICHT MIT DEM KLAUEN AUFHÖREN KANN!! OH MANN, WAS RED ICH DENN DA...? ABER SO VIEL GELD...
IM HIMMEL ...
TUSCH!
EIN HOFFNUNGSLOSER FALL!
VON WEGEN "ANSTÄNDIGES LEBEN"!
DIESER TASCHENDIEB... WIE HEISST ER NOCH GLEICH...? BRAN, ODER SO ÄHNLICH...
SO...
JETZT REICHT'S!
WER WEISS, WAS SO EINER IN ZUKUNFT NOCH ANRICHTET!
SCHLUSS, ENDE, AUS...
GOTT

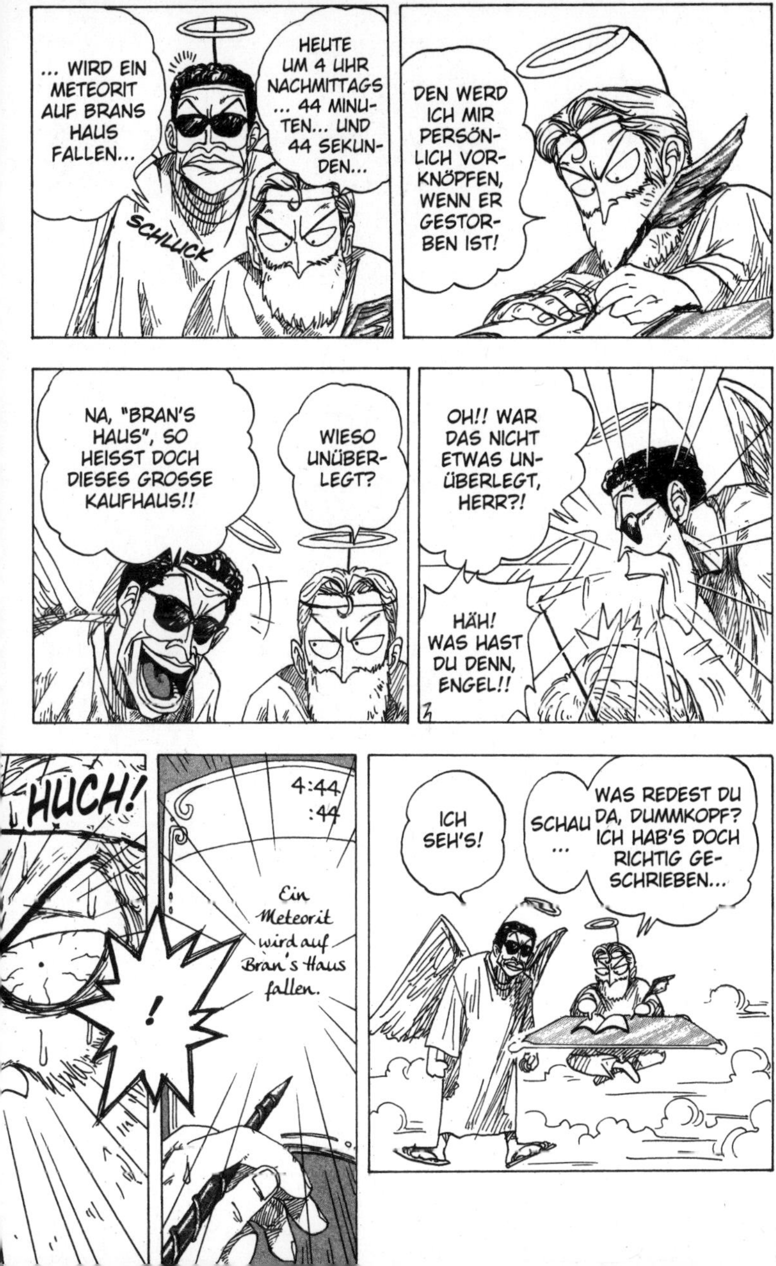
DEN WERD ICH MIR PERSÖNLICH VORKNÖPFEN, WENN ER GESTORBEN IST!
HEUTE UM 4 UHR NACHMITTAGS ... 44 MINUTEN... UND 44 SEKUNDEN...
... WIRD EIN METEORIT AUF BRANS HAUS FALLEN...
SCHLUCK
OH!! WAR DAS NICHT ETWAS UNÜBERLEGT, HERR?!
HÄH! WAS HAST DU DENN, ENGEL!!
WIESO UNÜBERLEGT?
NA, "BRAN'S HAUS", SO HEISST DOCH DIESES GROSSE KAUFHAUS!!
WAS REDEST DU DA, DUMMKOPF? ICH HAB'S DOCH RICHTIG GESCHRIEBEN...
SCHAU ...
ICH SEH'S!
4:44 :44
Ein Meteorit wird auf Bran's Haus fallen.
HUCH!
!

Das Schicksalsbuch GOTTES

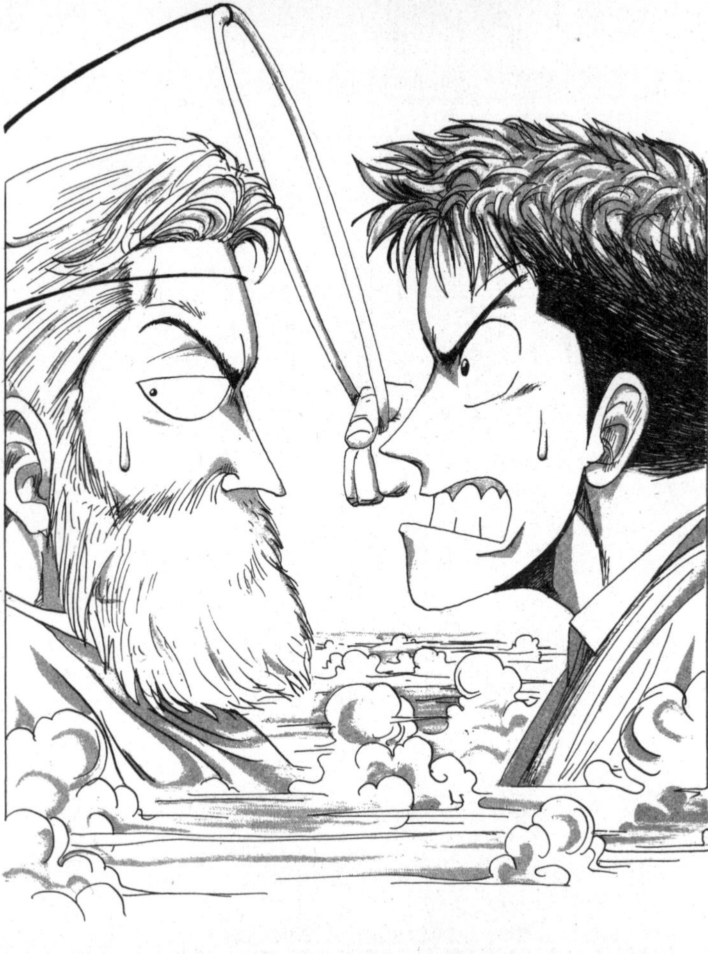

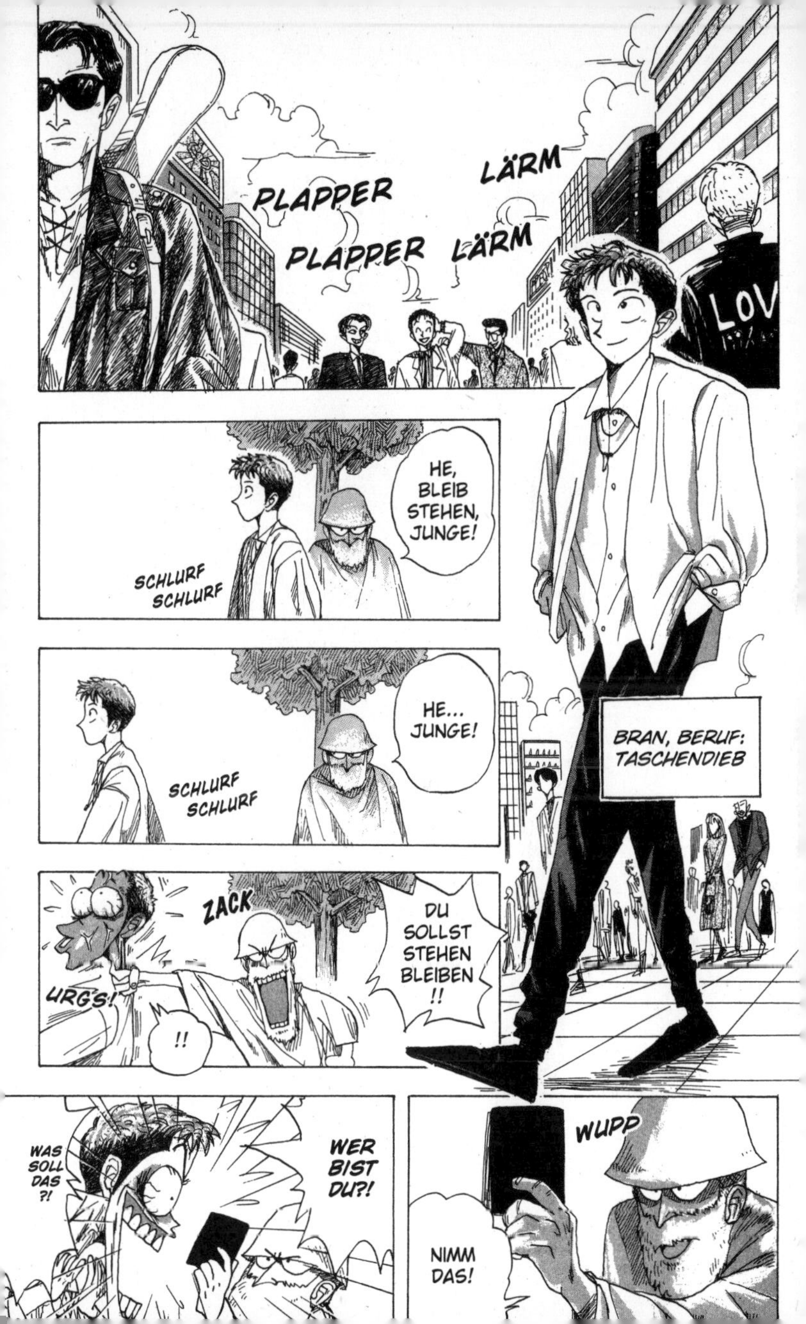
PLAPPER
PLAPPER
LÄRM
LÄRM
LOV
HE, BLEIB STEHEN, JUNGE!
SCHLURF SCHLURF
HE... JUNGE!
SCHLURF SCHLURF
BRAN, BERUF: TASCHENDIEB
ZACK
DU SOLLST STEHEN BLEIBEN !!
URGS!
!!
WAS SOLL DAS ?!
WER BIST DU?!
WUPP
NIMM DAS!

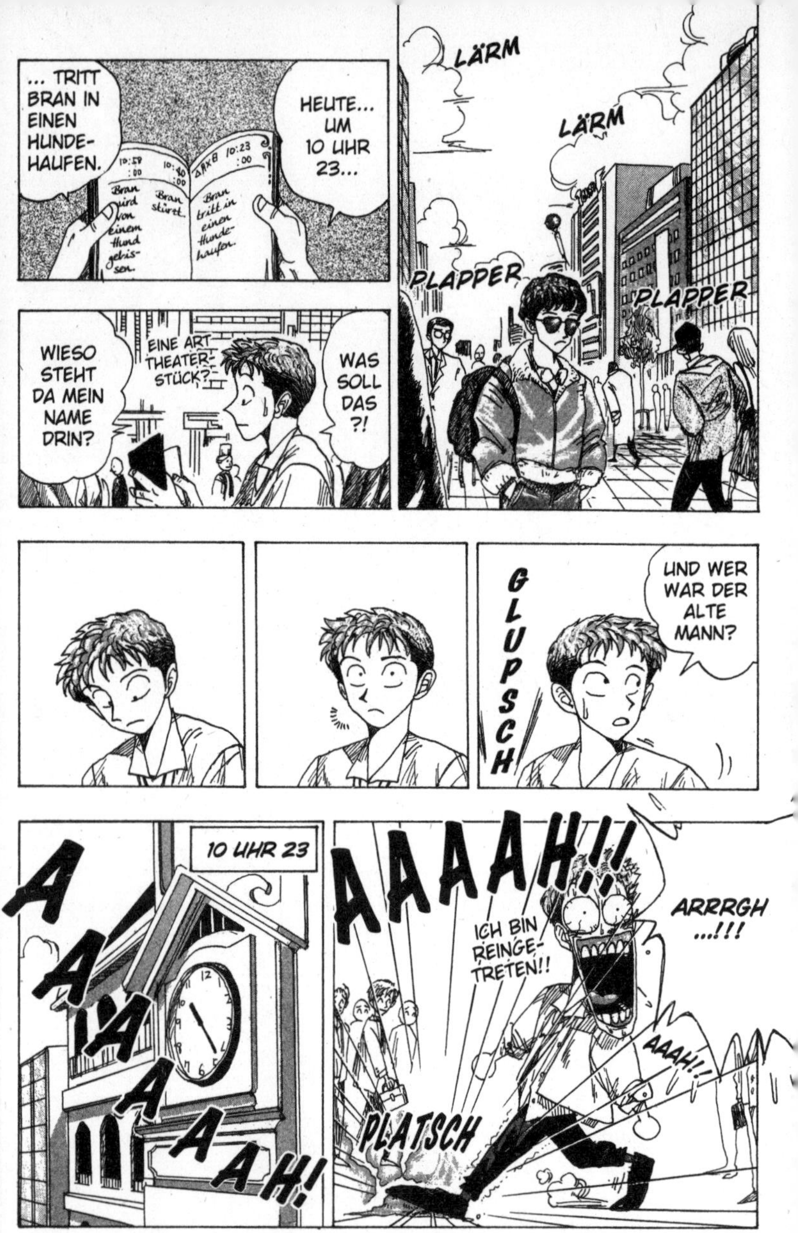

... TRITT BRAN IN EINEN HUNDE-HAUFEN.
HEUTE... UM 10 UHR 23...
10:58 :00
10:40 :00
10:23 :00
Bran wird von einem Hund gebissen.
Bran stürzt.
Bran tritt in einen Hundehaufen.
LÄRM
LÄRM
PLAPPER
PLAPPER
WIESO STEHT DA MEIN NAME DRIN?
EINE ART THEATER-STÜCK?
WAS SOLL DAS ?!
GLUPSCH
UND WER WAR DER ALTE MANN?
10 UHR 23
AAAAAAAAH!
AAAAAH!!!
ICH BIN REINGE-TRETEN!!
ARRRGH ...!!!
AAAH!!
PLATSCH

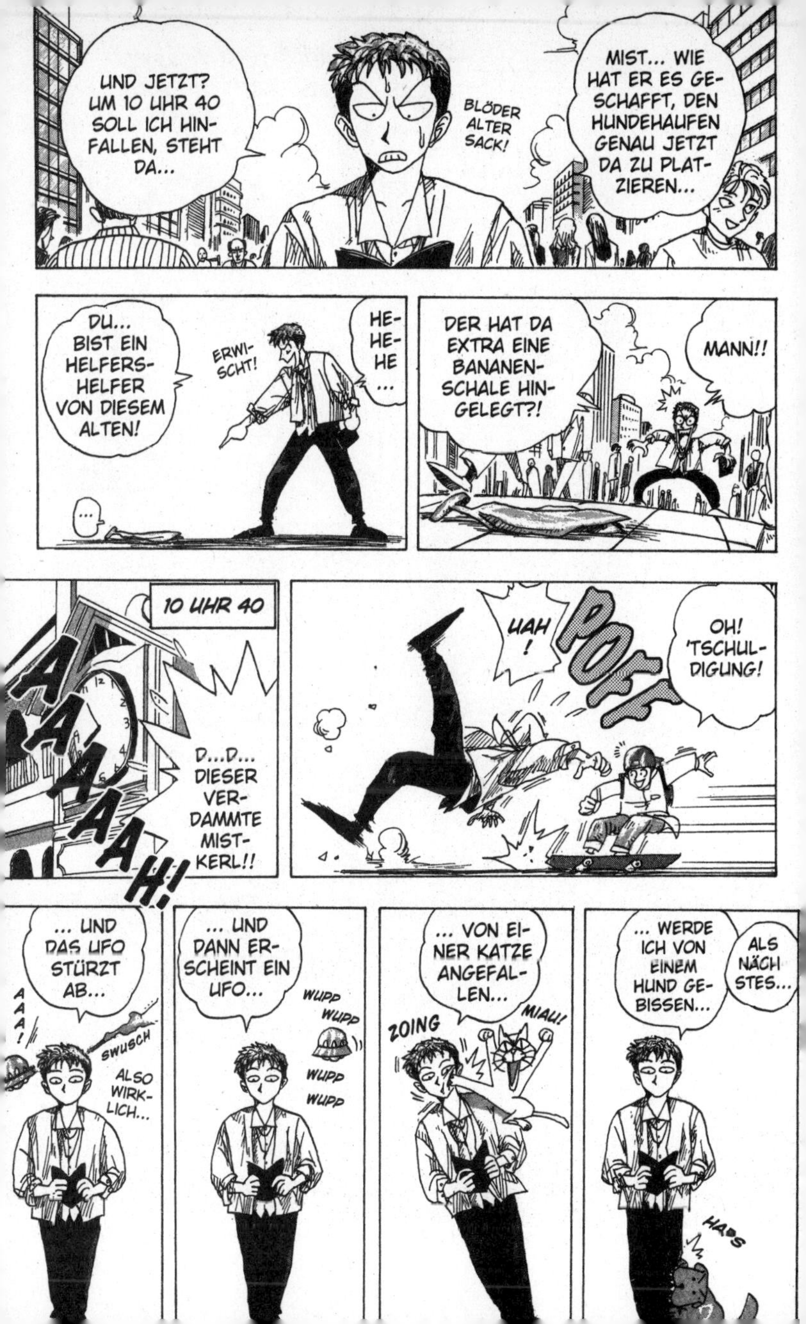
UND JETZT? UM 10 UHR 40 SOLL ICH HINFALLEN, STEHT DA...
BLÖDER ALTER SACK!
MIST... WIE HAT ER ES GESCHAFFT, DEN HUNDEHAUFEN GENAU JETZT DA ZU PLATZIEREN...
DU... BIST EIN HELFERSHELFER VON DIESEM ALTEN!
ERWISCHT!
HEHEHE...
...
DER HAT DA EXTRA EINE BANANENSCHALE HINGELEGT?!
MANN!!
10 UHR 40
AAAAAAAH!
D...D... DIESER VERDAMMTE MISTKERL!!
UAH!
POFF
OH! 'TSCHULDIGUNG!
... UND DAS UFO STÜRZT AB...
AAAA!
SWUSCH
ALSO WIRKLICH...
... UND DANN ERSCHEINT EIN UFO...
WUPP WUPP
WUPP WUPP
... VON EINER KATZE ANGEFALLEN...
ZOING
MIAU!
... WERDE ICH VON EINEM HUND GEBISSEN...
ALS NÄCHSTES...
HAPS

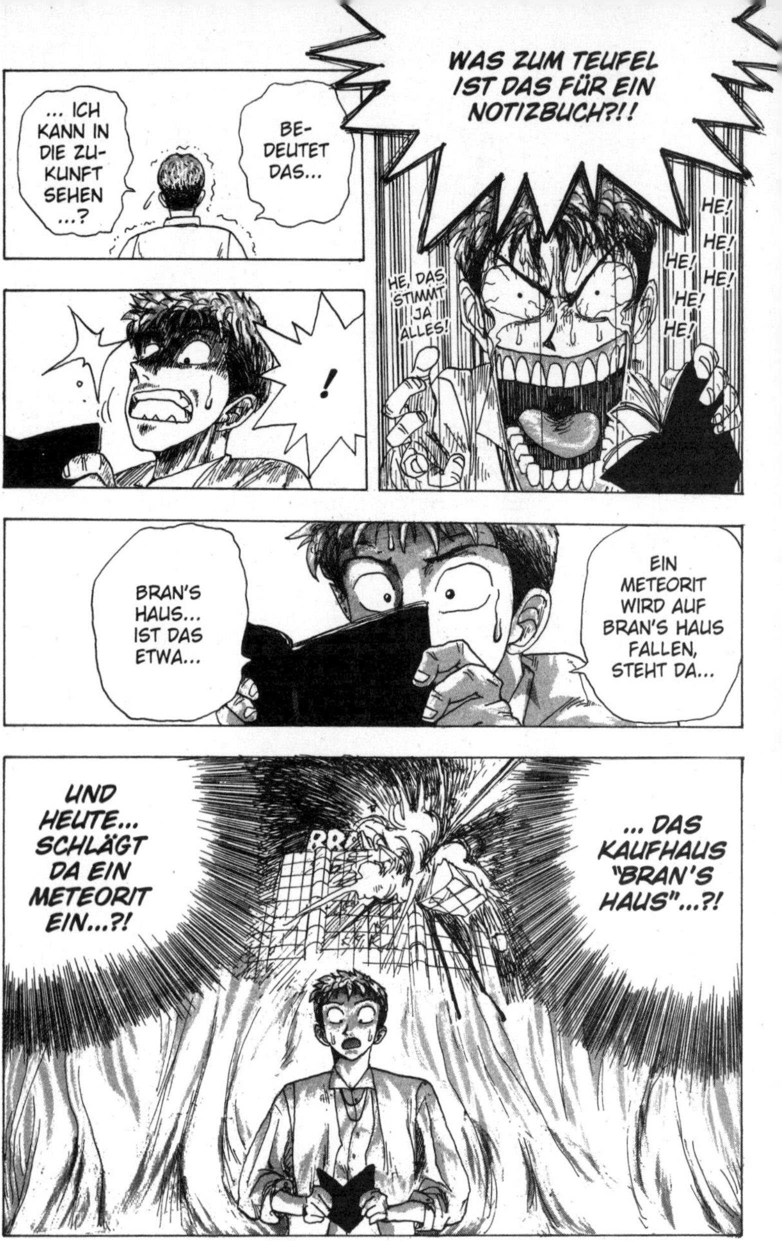
HE, DAS STIMMT JA ALLES!
HE! HE! HE! HE! HE! HE!
WAS ZUM TEUFEL IST DAS FÜR EIN NOTIZBUCH?!!
BE-DEUTET DAS...
... ICH KANN IN DIE ZU-KUNFT SEHEN ...?
!
EIN METEORIT WIRD AUF BRAN'S HAUS FALLEN, STEHT DA...
BRAN'S HAUS... IST DAS ETWA...
... DAS KAUFHAUS "BRAN'S HAUS"...?!
UND HEUTE... SCHLÄGT DA EIN METEORIT EIN...?!

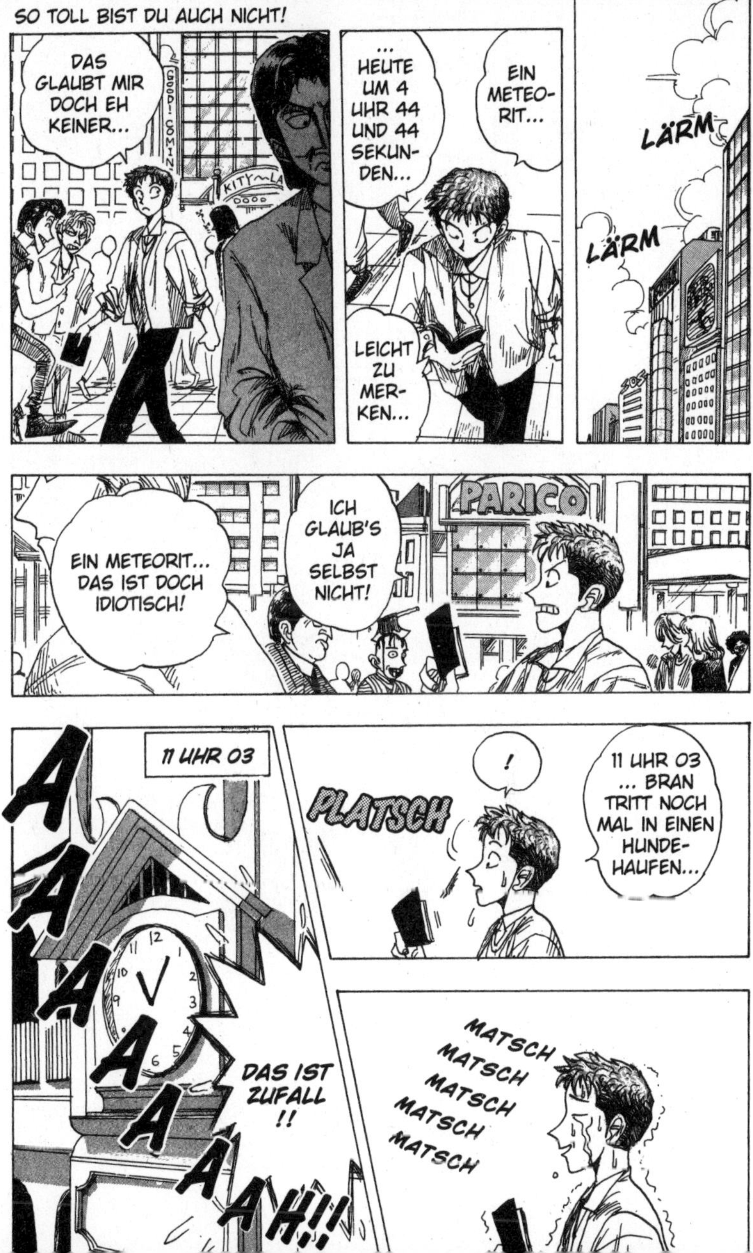
SO TOLL BIST DU AUCH NICHT!
DAS GLAUBT MIR DOCH EH KEINER...
GOOD! COMIN
KITY~LA
... HEUTE UM 4 UHR 44 UND 44 SEKUNDEN...
EIN METEORIT...
LEICHT ZU MERKEN...
LÄRM
LÄRM
EIN METEORIT... DAS IST DOCH IDIOTISCH!
ICH GLAUB'S JA SELBST NICHT!
PARICO
11 UHR 03
AAAAAAAAH!!
!
PLATSCH
11 UHR 03 ... BRAN TRITT NOCH MAL IN EINEN HUNDEHAUFEN...
DAS IST ZUFALL !!
MATSCH MATSCH MATSCH MATSCH MATSCH

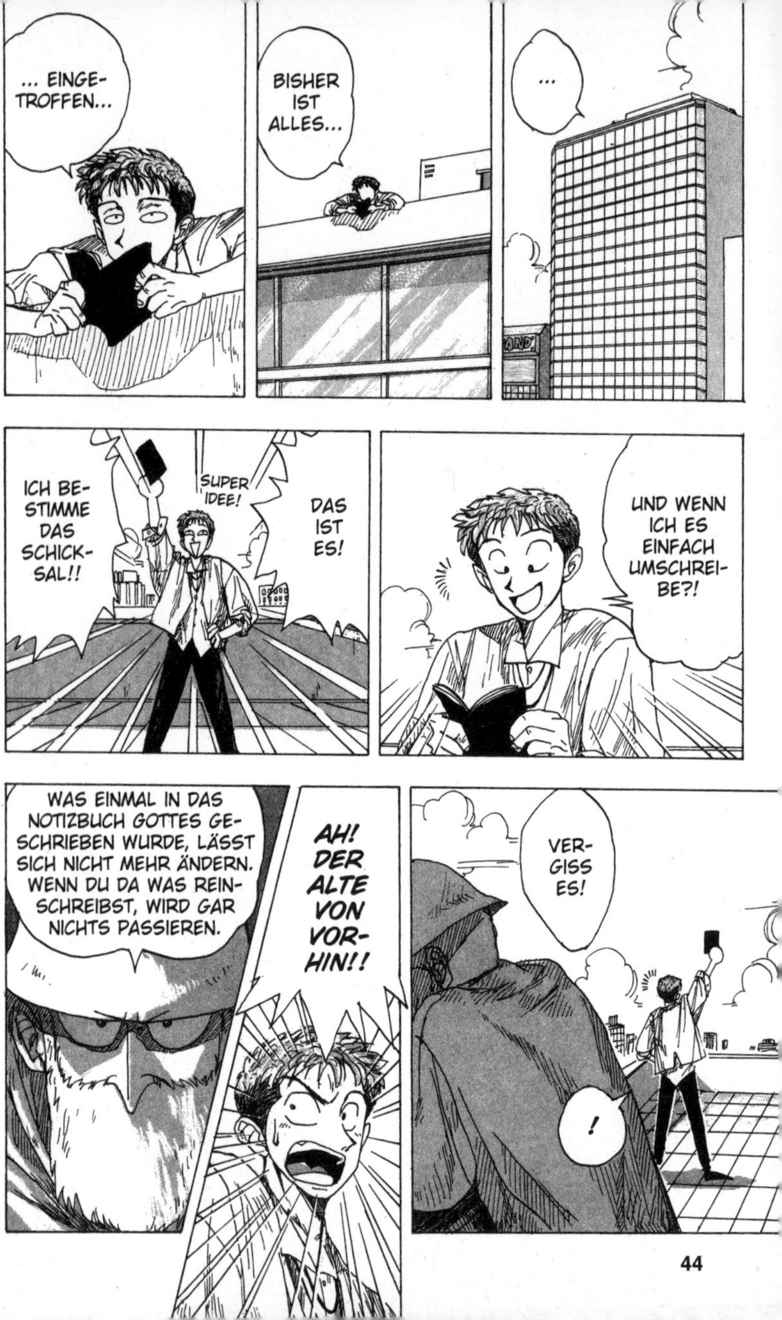
...
BISHER IST ALLES...
... EINGE-TROFFEN...
UND WENN ICH ES EINFACH UMSCHREIBE?!
DAS IST ES!
SUPER IDEE!
ICH BE-STIMME DAS SCHICK-SAL!!
VER-GISS ES!
!
AH! DER ALTE VON VOR-HIN!!
WAS EINMAL IN DAS NOTIZBUCH GOTTES GE-SCHRIEBEN WURDE, LÄSST SICH NICHT MEHR ÄNDERN. WENN DU DA WAS REIN-SCHREIBST, WIRD GAR NICHTS PASSIEREN.

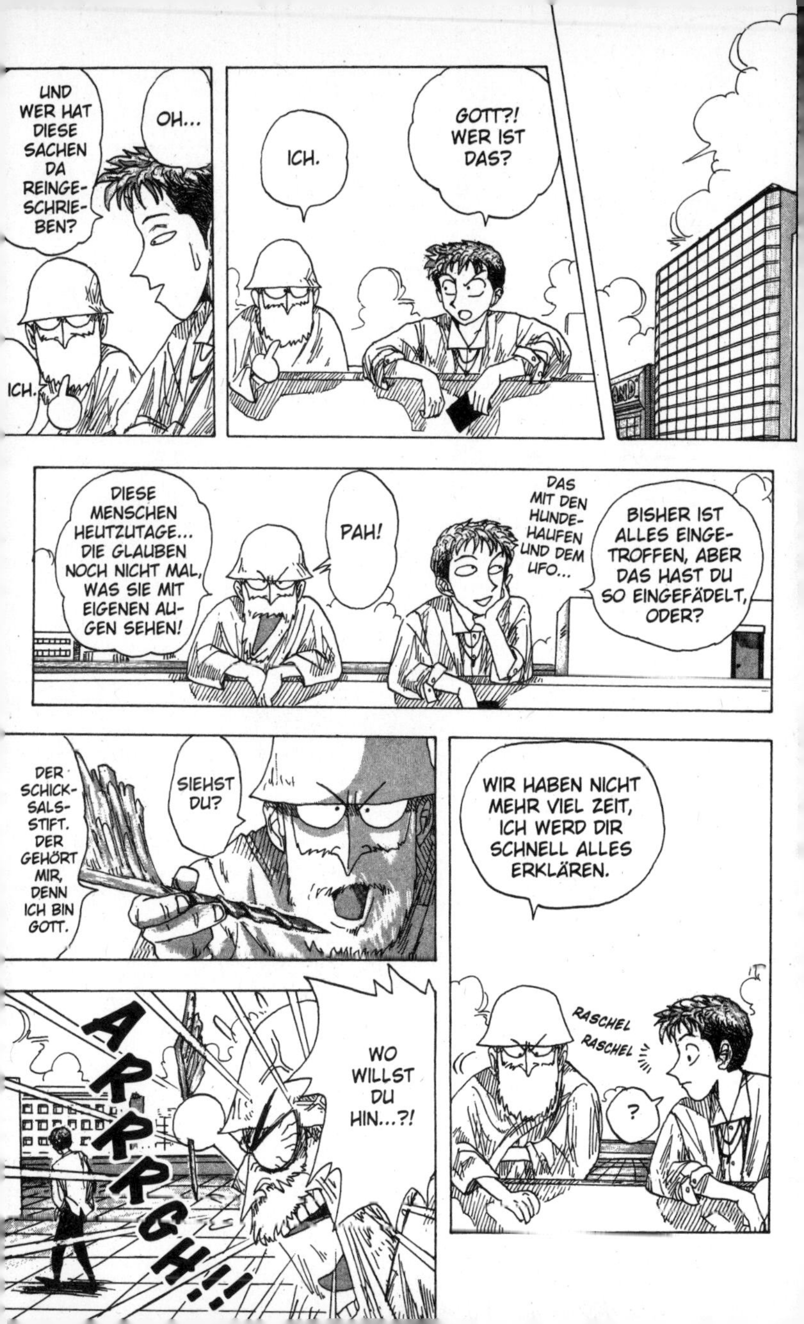
GOTT?! WER IST DAS?
ICH.
OH...
UND WER HAT DIESE SACHEN DA REINGESCHRIEBEN?
ICH.
BISHER IST ALLES EINGETROFFEN, ABER DAS HAST DU SO EINGEFÄDELT, ODER?
DAS MIT DEN HUNDEHAUFEN UND DEM UFO...
PAH!
DIESE MENSCHEN HEUTZUTAGE... DIE GLAUBEN NOCH NICHT MAL, WAS SIE MIT EIGENEN AUGEN SEHEN!
WIR HABEN NICHT MEHR VIEL ZEIT, ICH WERD DIR SCHNELL ALLES ERKLÄREN.
SIEHST DU?
DER SCHICKSALSSTIFT. DER GEHÖRT MIR, DENN ICH BIN GOTT.
RASCHEL RASCHEL
?
WO WILLST DU HIN...?!
ARRRGH!!!

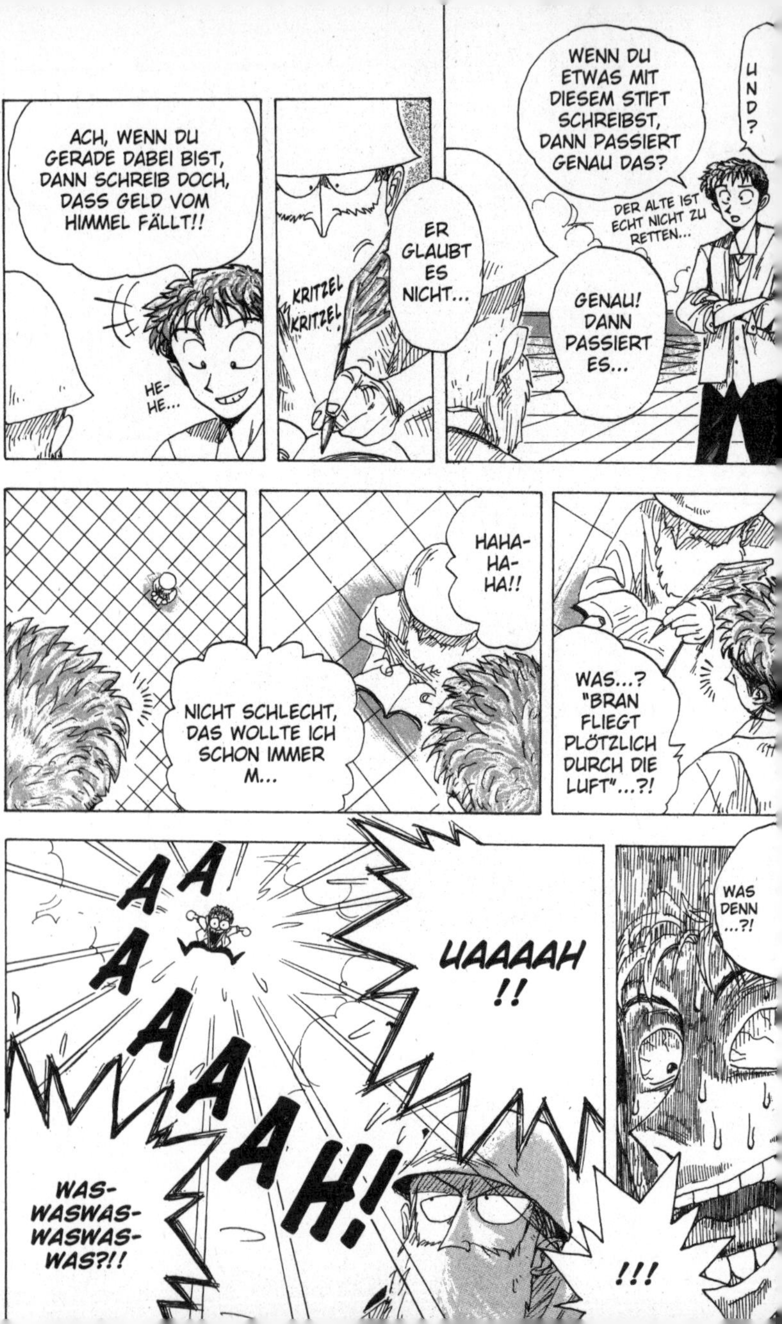
UND?
WENN DU ETWAS MIT DIESEM STIFT SCHREIBST, DANN PASSIERT GENAU DAS?
DER ALTE IST ECHT NICHT ZU RETTEN...
GENAU! DANN PASSIERT ES...
ER GLAUBT ES NICHT...
KRITZEL KRITZEL
ACH, WENN DU GERADE DABEI BIST, DANN SCHREIB DOCH, DASS GELD VOM HIMMEL FÄLLT!!
HE-HE...
WAS...? "BRAN FLIEGT PLÖTZLICH DURCH DIE LUFT"...?!
HAHA-HA-HA!!
NICHT SCHLECHT, DAS WOLLTE ICH SCHON IMMER M...
WAS DENN ...?!
UAAAAH!!
!!!
AAAAAAAAH!
WAS-WASWAS-WASWAS-WAS?!!

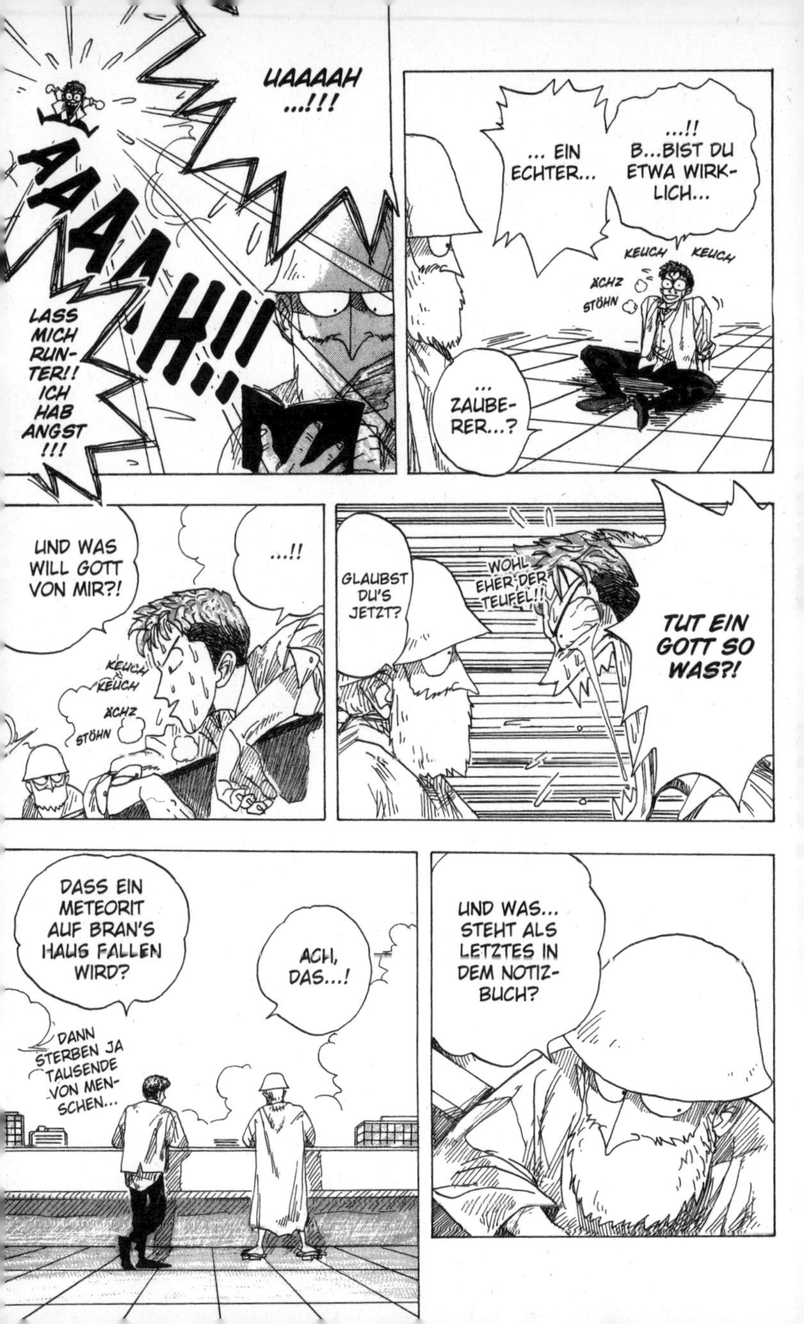

UAAAAH ...!!!
AAAAAH!!
LASS MICH RUNTER!! ICH HAB ANGST!!!
...!! B...BIST DU ETWA WIRKLICH...
... EIN ECHTER...
KEUCH KEUCH
ÄCHZ STÖHN
... ZAUBERER...?
UND WAS WILL GOTT VON MIR?!
...!!
KEUCH KEUCH
ÄCHZ STÖHN
GLAUBST DU'S JETZT?
WOHL EHER DER TEUFEL!!
TUT EIN GOTT SO WAS?!
DASS EIN METEORIT AUF BRAN'S HAUS FALLEN WIRD?
ACH, DAS...!
DANN STERBEN JA TAUSENDE VON MENSCHEN...
UND WAS... STEHT ALS LETZTES IN DEM NOTIZBUCH?

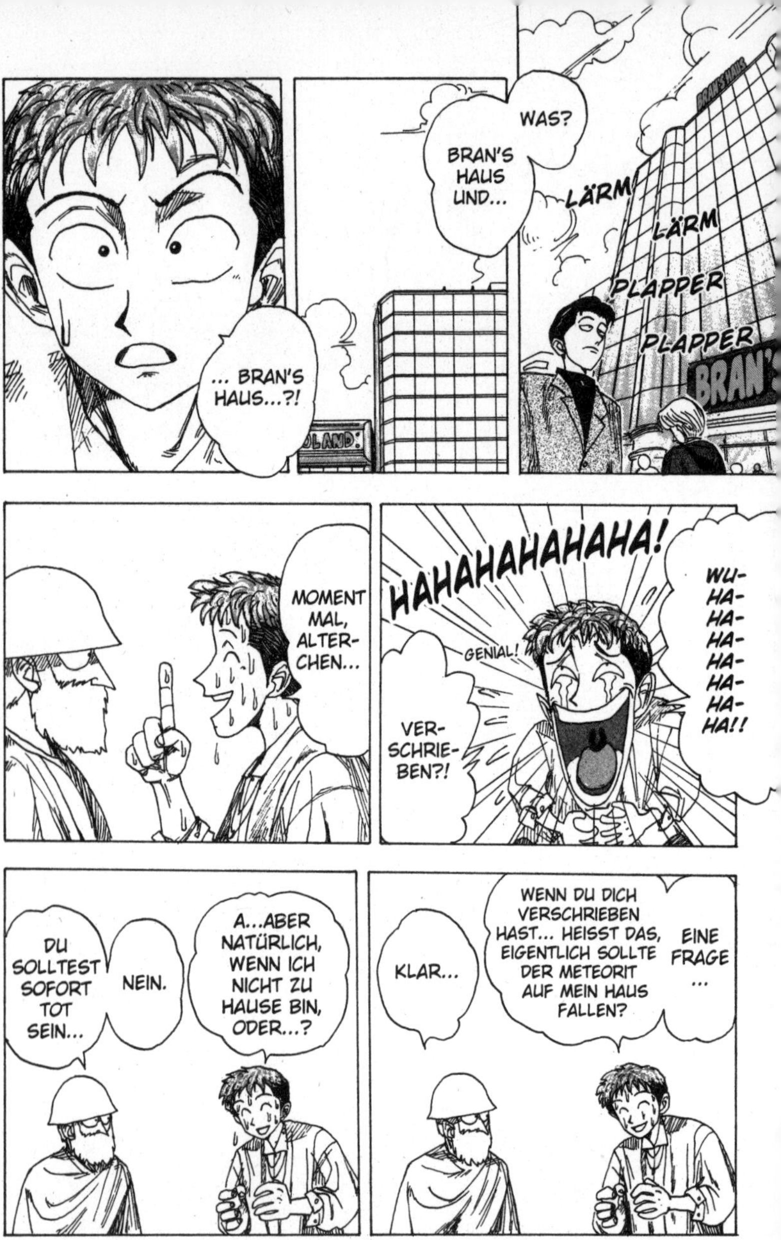
LÄRM
LÄRM
PLAPPER
PLAPPER
BRAN'S HAUS
BRAN'S
WAS?
BRAN'S HAUS UND...
... BRAN'S HAUS...?!
WU-HA-HA-HA-HA-HA-HA-HA!!
HAHAHAHAHAHA!
GENIAL!
VER-SCHRIE-BEN?!
MOMENT MAL, ALTER-CHEN...
EINE FRAGE ...
WENN DU DICH VERSCHRIEBEN HAST... HEISST DAS, EIGENTLICH SOLLTE DER METEORIT AUF MEIN HAUS FALLEN?
KLAR...
A...ABER NATÜRLICH, WENN ICH NICHT ZU HAUSE BIN, ODER...?
NEIN.
DU SOLLTEST SOFORT TOT SEIN...

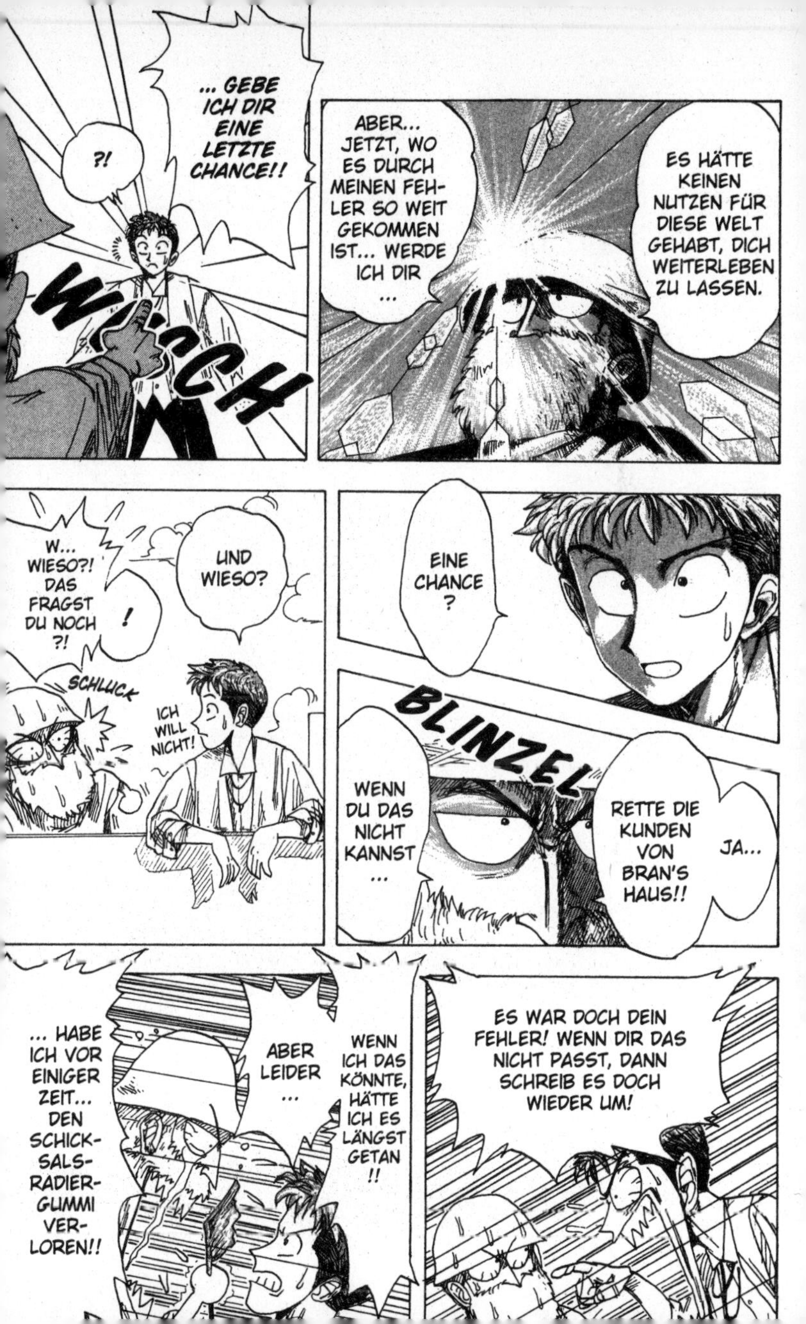
ES HÄTTE KEINEN NUTZEN FÜR DIESE WELT GEHABT, DICH WEITERLEBEN ZU LASSEN.
ABER... JETZT, WO ES DURCH MEINEN FEHLER SO WEIT GEKOMMEN IST... WERDE ICH DIR ...
?!
... GEBE ICH DIR EINE LETZTE CHANCE!!
EINE CHANCE ?
BLINZEL
JA...
RETTE DIE KUNDEN VON BRAN'S HAUS!!
WENN DU DAS NICHT KANNST ...
UND WIESO?
!
W... WIESO?! DAS FRAGST DU NOCH ?!
SCHLUCK
ICH WILL NICHT!
ES WAR DOCH DEIN FEHLER! WENN DIR DAS NICHT PASST, DANN SCHREIB ES DOCH WIEDER UM!
WENN ICH DAS KÖNNTE, HÄTTE ICH ES LÄNGST GETAN!!
ABER LEIDER ...
... HABE ICH VOR EINIGER ZEIT... DEN SCHICKSALS-RADIERGUMMI VERLOREN!!

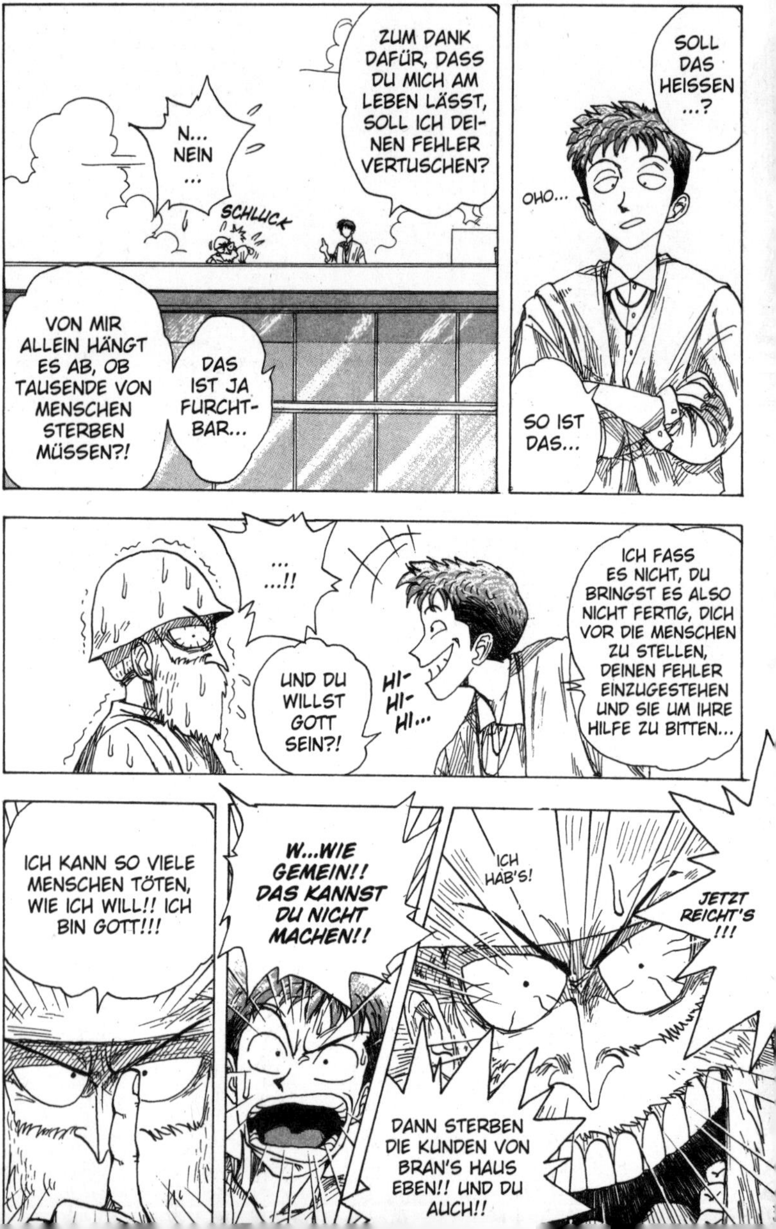
SOLL DAS HEISSEN ...?
OHO...
SO IST DAS...
ZUM DANK DAFÜR, DASS DU MICH AM LEBEN LÄSST, SOLL ICH DEINEN FEHLER VERTUSCHEN?
N... NEIN ...
SCHLUCK
DAS IST JA FURCHTBAR...
VON MIR ALLEIN HÄNGT ES AB, OB TAUSENDE VON MENSCHEN STERBEN MÜSSEN?!
ICH FASS ES NICHT, DU BRINGST ES ALSO NICHT FERTIG, DICH VOR DIE MENSCHEN ZU STELLEN, DEINEN FEHLER EINZUGESTEHEN UND SIE UM IHRE HILFE ZU BITTEN...
HI-HI-HI...
UND DU WILLST GOTT SEIN?!
... ...!!
JETZT REICHT'S !!!
ICH HAB'S!
DANN STERBEN DIE KUNDEN VON BRAN'S HAUS EBEN!! UND DU AUCH!!
W...WIE GEMEIN!! DAS KANNST DU NICHT MACHEN!!
ICH KANN SO VIELE MENSCHEN TÖTEN, WIE ICH WILL!! ICH BIN GOTT!!!

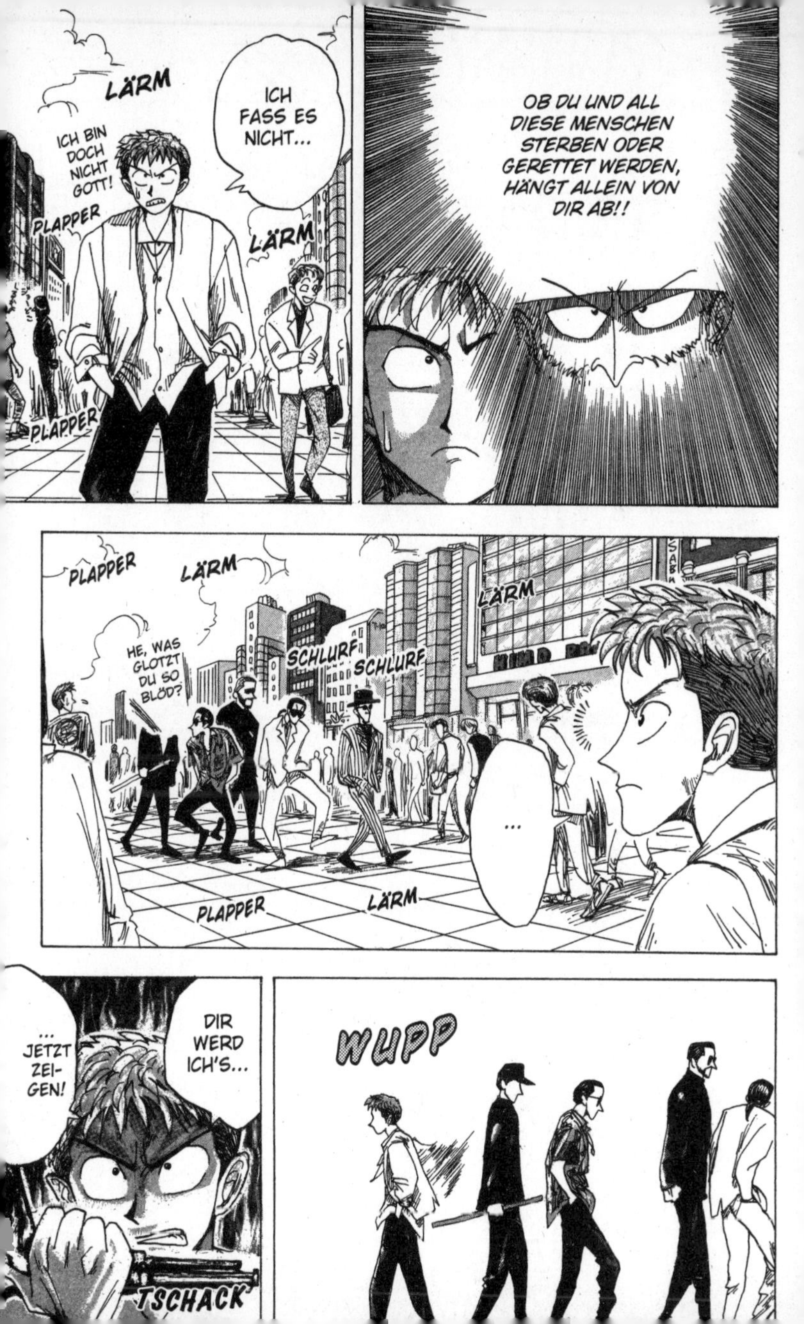
OB DU UND ALL DIESE MENSCHEN STERBEN ODER GERETTET WERDEN, HÄNGT ALLEIN VON DIR AB!!
ICH FASS ES NICHT...
LÄRM
ICH BIN DOCH NICHT GOTT!
PLAPPER
LÄRM
PLAPPER
LÄRM
LÄRM
PLAPPER
...
HE, WAS GLOTZT DU SO BLÖD?
SCHLURF
SCHLURF
PLAPPER
LÄRM
WUPP
DIR WERD ICH'S...
... JETZT ZEI-GEN!
TSCHACK

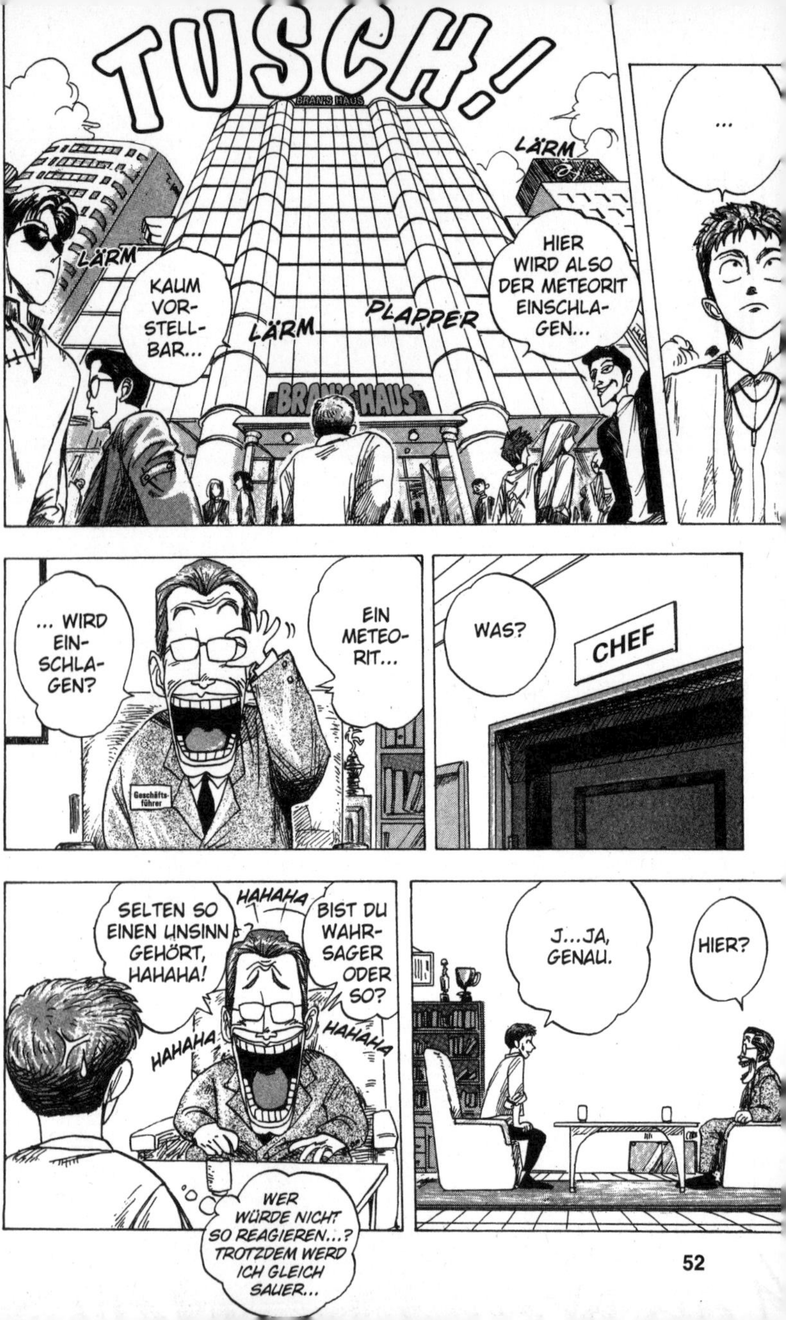
...
TUSCH!
BRAN'S HAUS
LÄRM
HIER WIRD ALSO DER METEORIT EINSCHLAGEN...
PLAPPER
LÄRM
KAUM VORSTELL-BAR...
LÄRM
BRAN'S HAUS
WAS?
CHEF
EIN METEO-RIT...
... WIRD EIN-SCHLA-GEN?
Geschäfts-führer
HIER?
J...JA, GENAU.
BIST DU WAHR-SAGER ODER SO?
HAHAHA
SELTEN SO EINEN UNSINN GEHÖRT, HAHAHA!
HAHAHA
HAHAHA
WER WÜRDE NICHT SO REAGIEREN...? TROTZDEM WERD ICH GLEICH SAUER...

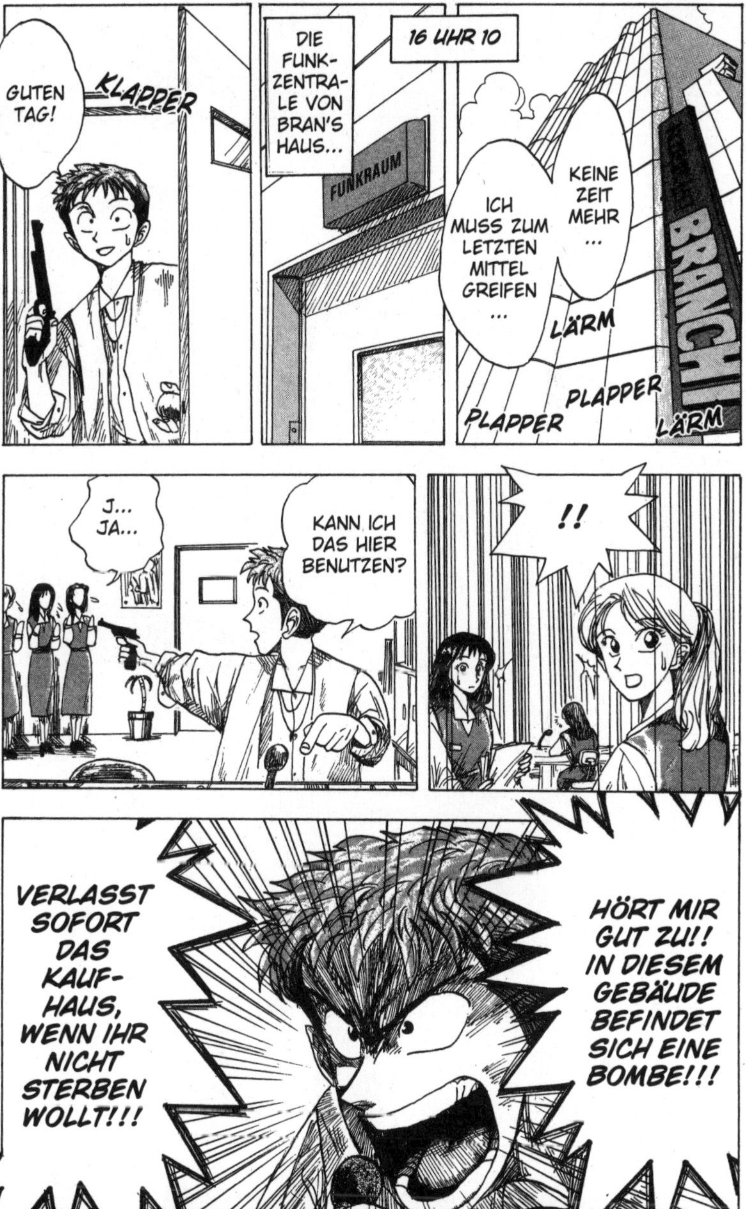
16 UHR 10
LÄRM
PLAPPER
PLAPPER
LÄRM
KEINE ZEIT MEHR ...
ICH MUSS ZUM LETZTEN MITTEL GREIFEN ...
DIE FUNKZENTRALE VON BRAN'S HAUS...
FUNKRAUM
KLAPPER
GUTEN TAG!
!!
KANN ICH DAS HIER BENUTZEN?
J... JA...
HÖRT MIR GUT ZU!! IN DIESEM GEBÄUDE BEFINDET SICH EINE BOMBE!!!
VERLASST SOFORT DAS KAUFHAUS, WENN IHR NICHT STERBEN WOLLT!!!

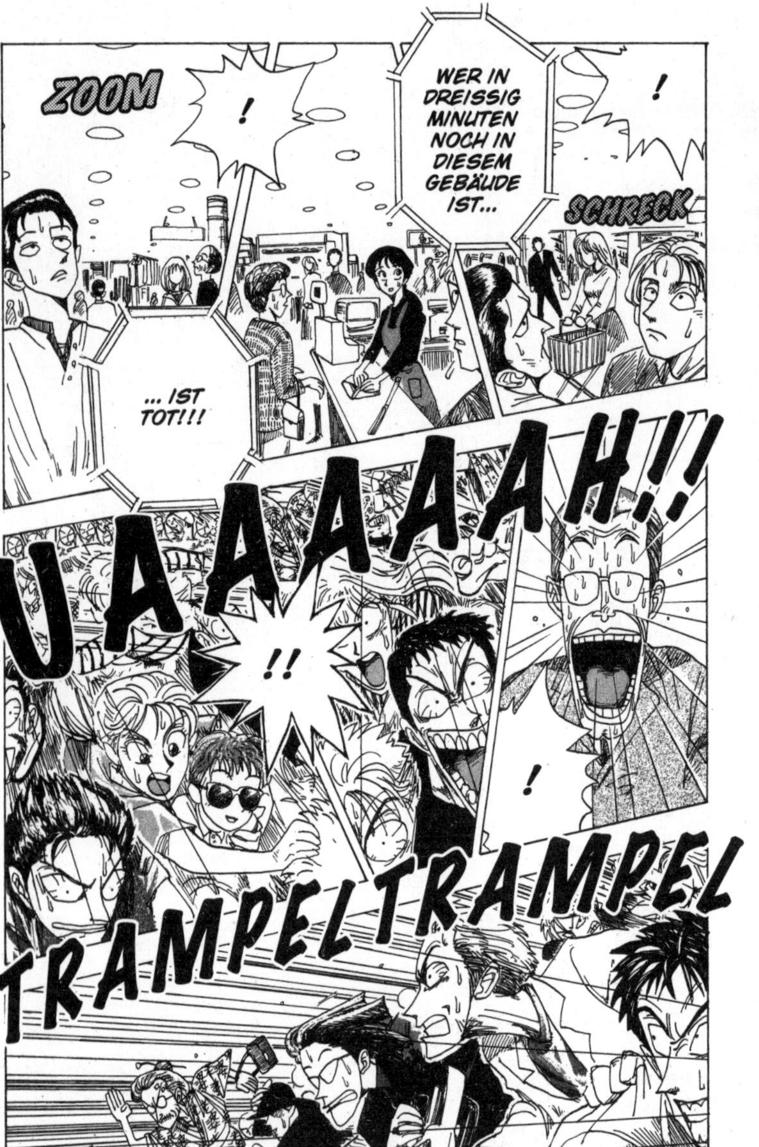
!
SCHRECK
WER IN DREISSIG MINUTEN NOCH IN DIESEM GEBÄUDE IST...
!
ZOOM
... IST TOT!!!
UAAAAAH!!!
!
!!
TRAMPELTRAMPEL

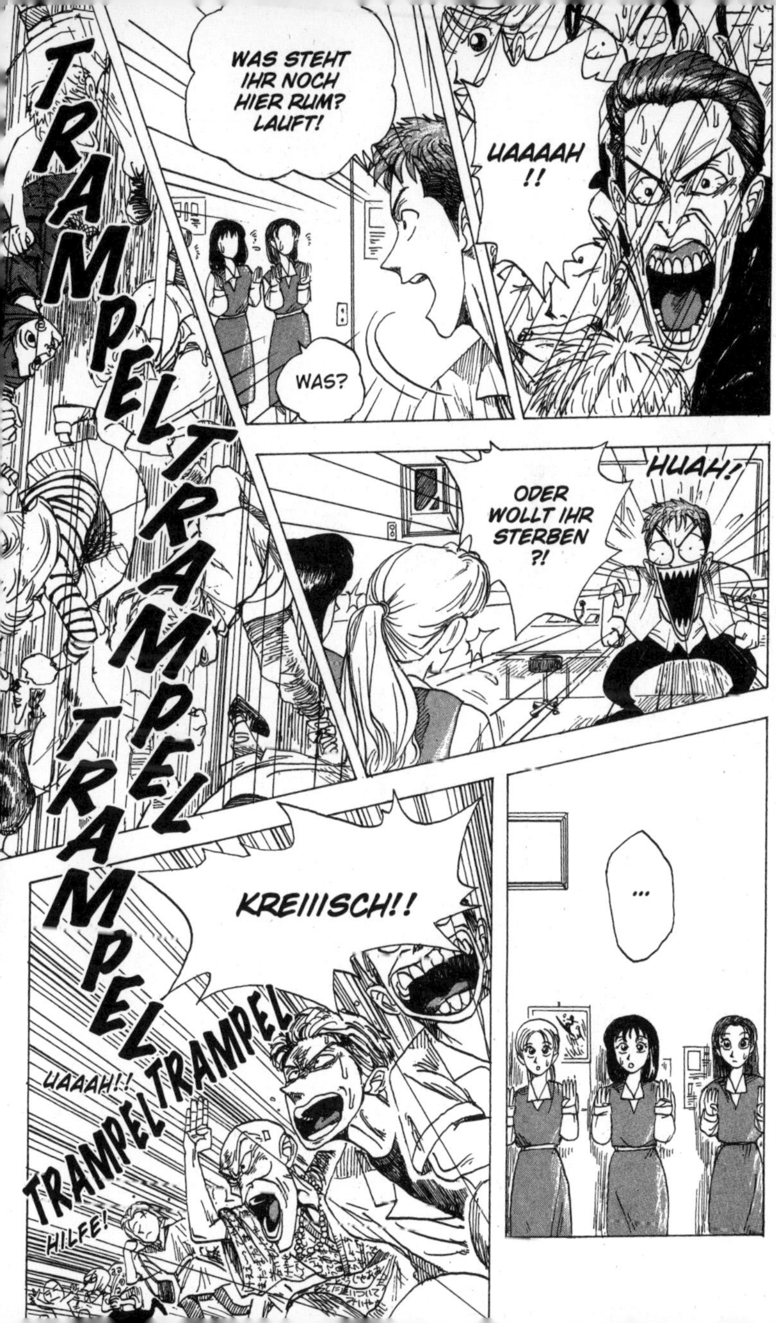

UAAAAH!!
WAS STEHT IHR NOCH HIER RUM? LAUFT!
WAS?
TRAMPELTRAMPEL
HUAH!
ODER WOLLT IHR STERBEN?!
TRAMPEL
KREIIISCH!!
TRAMPELTRAMPEL
UAAAH!!
HILFE!
...

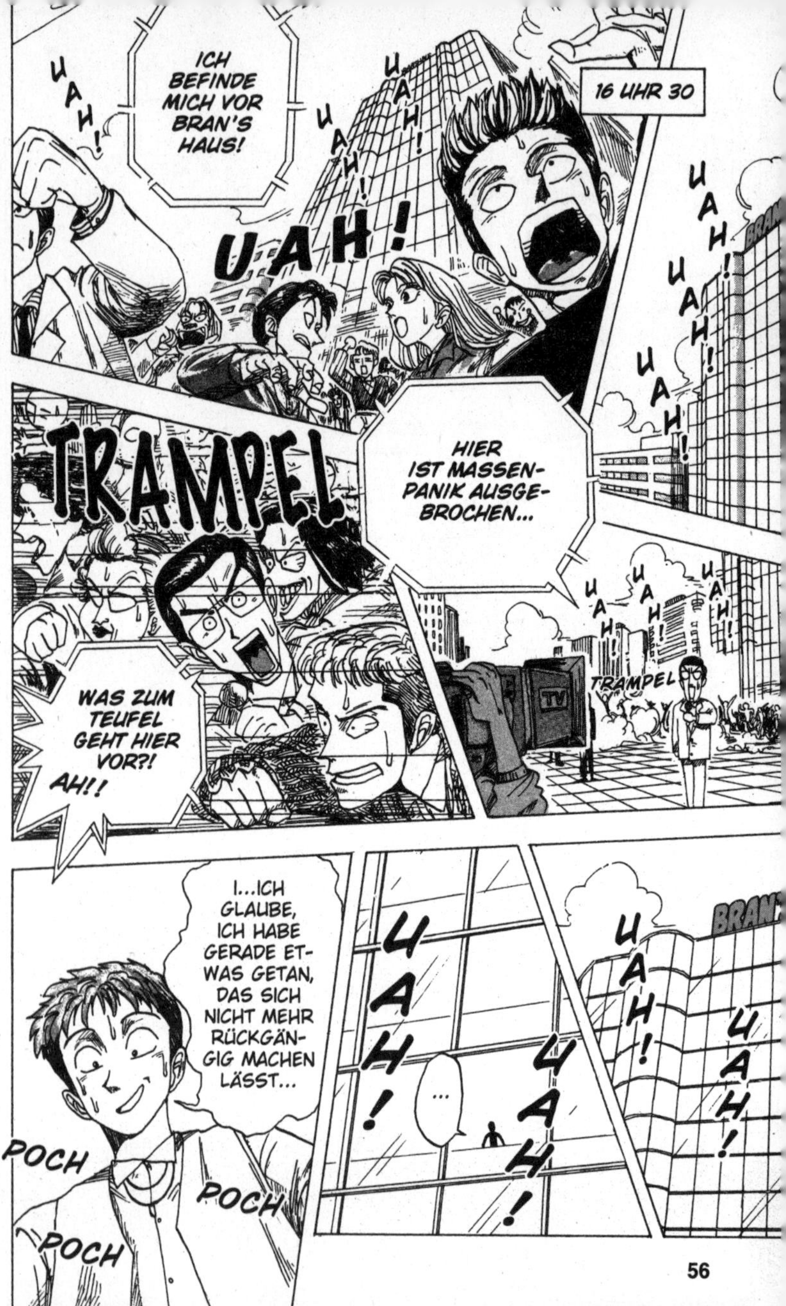
16 UHR 30
UAH!
UAH!
ICH BEFINDE MICH VOR BRAN'S HAUS!
UAH!
UAH!
UAH!
UAH!
UAH!
HIER IST MASSEN-PANIK AUSGE-BROCHEN...
TRAMPEL
UAH!
UAH!
UAH!
TRAMPEL
TRAMPEL
WAS ZUM TEUFEL GEHT HIER VOR?!
AH!!
UAH!
UAH!
UAH!
UAH!
...
I...ICH GLAUBE, ICH HABE GERADE ET-WAS GETAN, DAS SICH NICHT MEHR RÜCKGÄN-GIG MACHEN LÄSST...
POCH
POCH
POCH

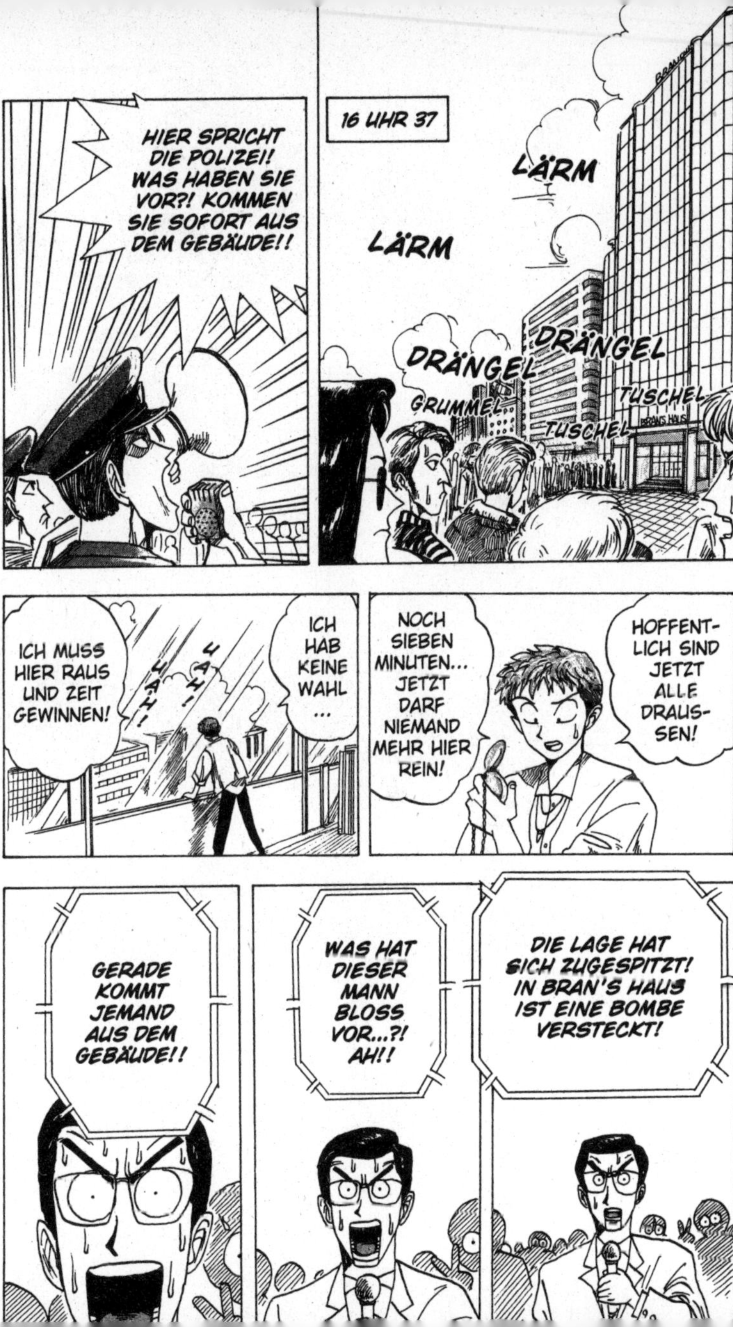
16 UHR 37
LÄRM
LÄRM
DRÄNGEL
DRÄNGEL
GRUMMEL
TUSCHEL
TUSCHEL
HIER SPRICHT DIE POLIZEI! WAS HABEN SIE VOR?! KOMMEN SIE SOFORT AUS DEM GEBÄUDE!!
HOFFENT-LICH SIND JETZT ALLE DRAUS-SEN!
NOCH SIEBEN MINUTEN… JETZT DARF NIEMAND MEHR HIER REIN!
ICH HAB KEINE WAHL …
UAH!
UAH!
ICH MUSS HIER RAUS UND ZEIT GEWINNEN!
DIE LAGE HAT SICH ZUGESPITZT! IN BRAN'S HAUS IST EINE BOMBE VERSTECKT!
WAS HAT DIESER MANN BLOSS VOR…?! AH!!
GERADE KOMMT JEMAND AUS DEM GEBÄUDE!!

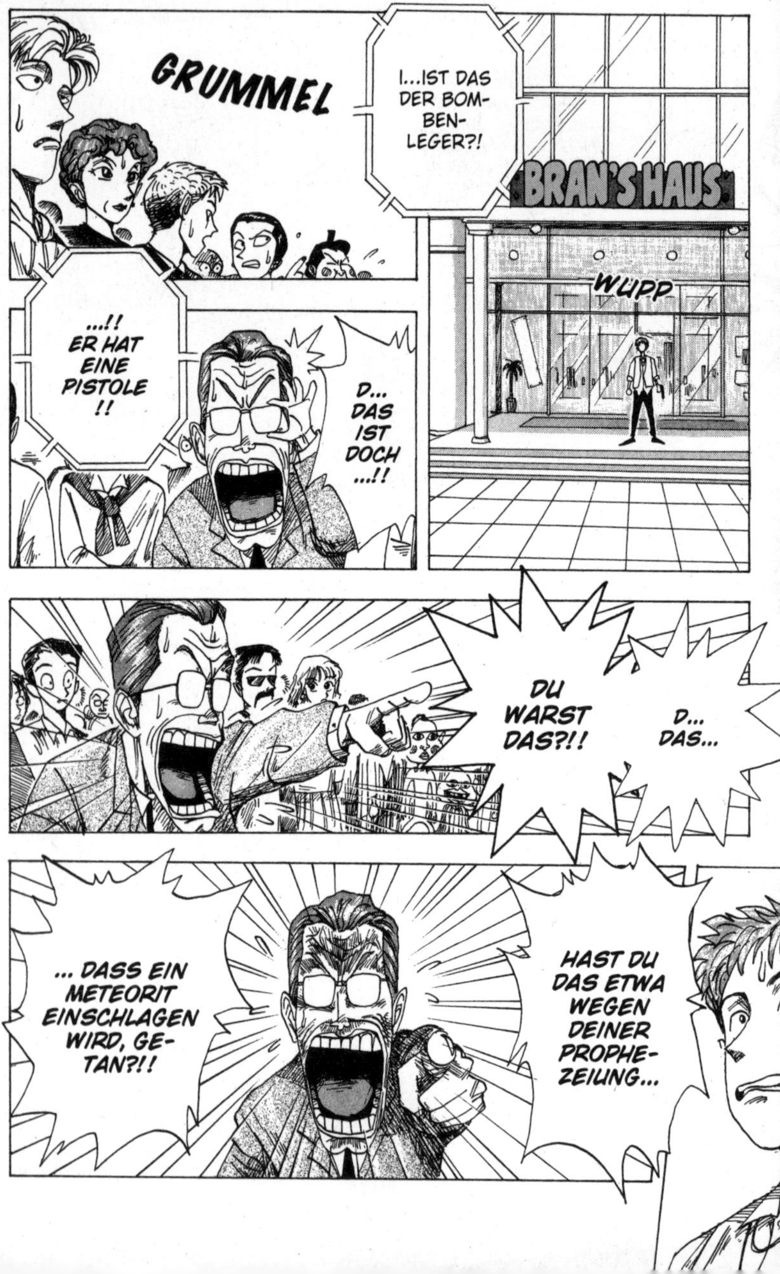
BRAN'S HAUS
WÜPP
I...IST DAS DER BOMBENLEGER?!
GRUMMEL
...!! ER HAT EINE PISTOLE !!
D... DAS IST DOCH ...!!
D... DAS...
DU WARST DAS?!!
HAST DU DAS ETWA WEGEN DEINER PROPHEZEIUNG...
... DASS EIN METEORIT EINSCHLAGEN WIRD, GETAN?!!

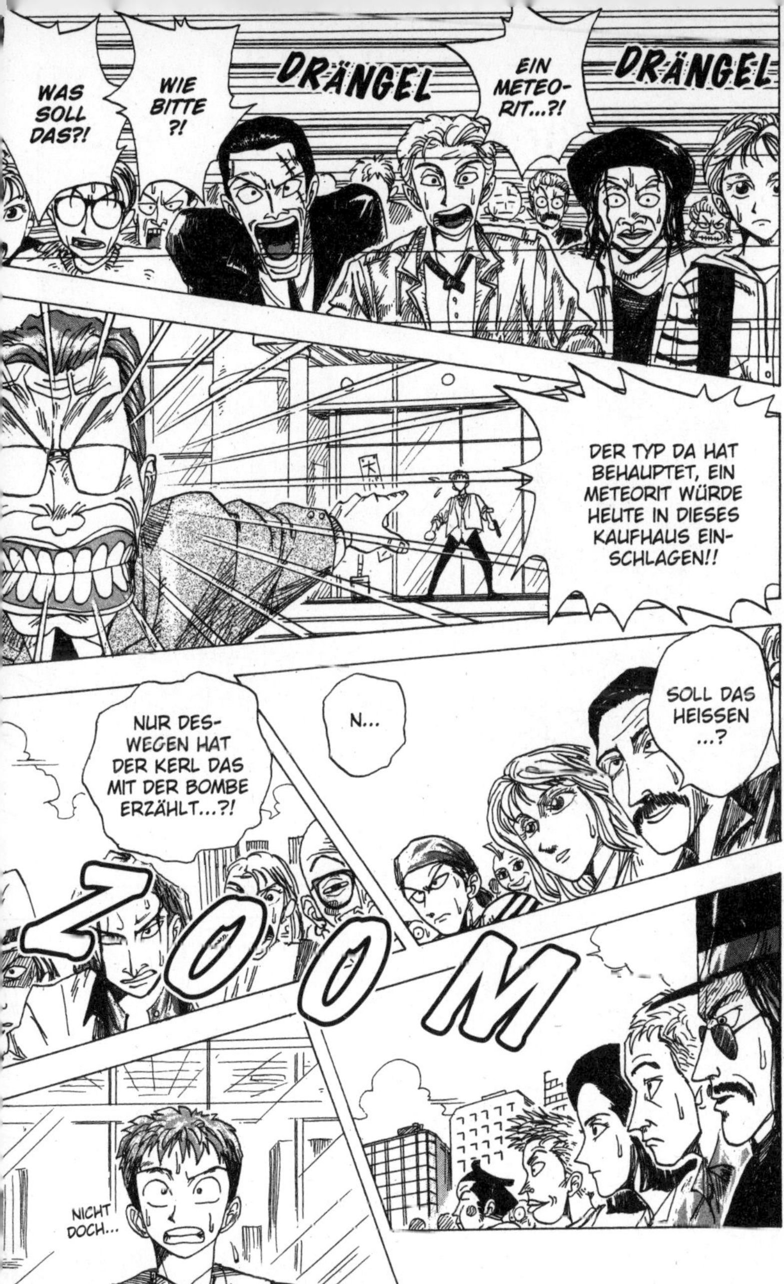

EIN METEO-RIT...?!
DRÄNGEL
DRÄNGEL
WIE BITTE ?!
WAS SOLL DAS?!
DER TYP DA HAT BEHAUPTET, EIN METEORIT WÜRDE HEUTE IN DIESES KAUFHAUS EIN-SCHLAGEN!!
SOLL DAS HEISSEN ...?
N...
NUR DES-WEGEN HAT DER KERL DAS MIT DER BOMBE ERZÄHLT...?!
ZOOM
NICHT DOCH...

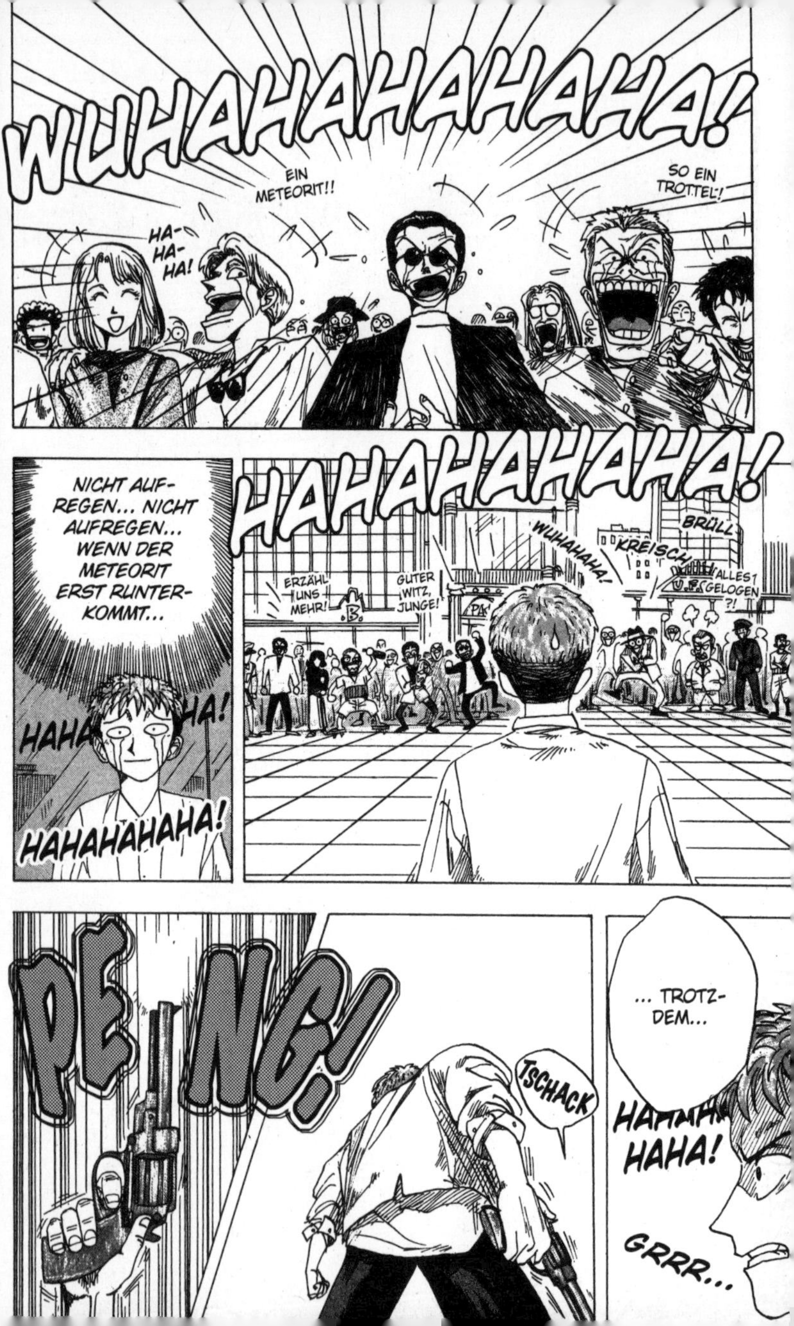
WUHAHAHAHAHAHAHA!
SO EIN TROTTEL!
EIN METEORIT!!
HA-HA-HA!
HAHAHAHAHAHA!
BRÜLL
ALLES GELOGEN ?!
KREISCH
WUHAHAHA!
GUTER WITZ, JUNGE!
ERZÄHL UNS MEHR!
NICHT AUFREGEN... NICHT AUFREGEN... WENN DER METEORIT ERST RUNTERKOMMT...
HAHA
HA!
HAHAHAHAHA!
... TROTZ-DEM...
HAHA!
GRRR...
TSCHACK
PENG!

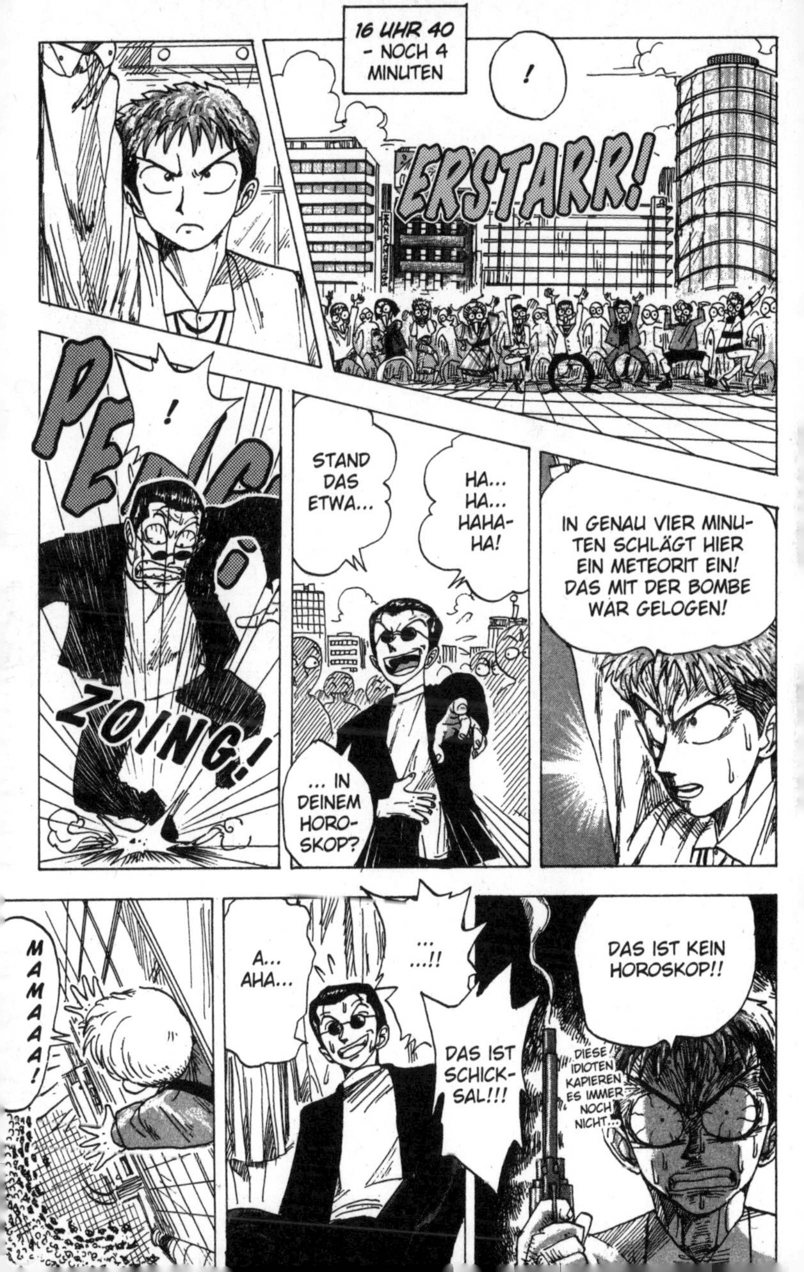

16 UHR 40 - NOCH 4 MINUTEN
!
ERSTARR!
!
PENG!
ZOING!
STAND DAS ETWA...
... IN DEINEM HOROSKOP?
HA... HA... HAHAHA!
IN GENAU VIER MINUTEN SCHLÄGT HIER EIN METEORIT EIN! DAS MIT DER BOMBE WAR GELOGEN!
MAMAAAA!
A... AHA...
... ...!!
DAS IST SCHICKSAL!!!
DAS IST KEIN HOROSKOP!!
DIESE IDIOTEN KAPIEREN ES IMMER NOCH NICHT...!

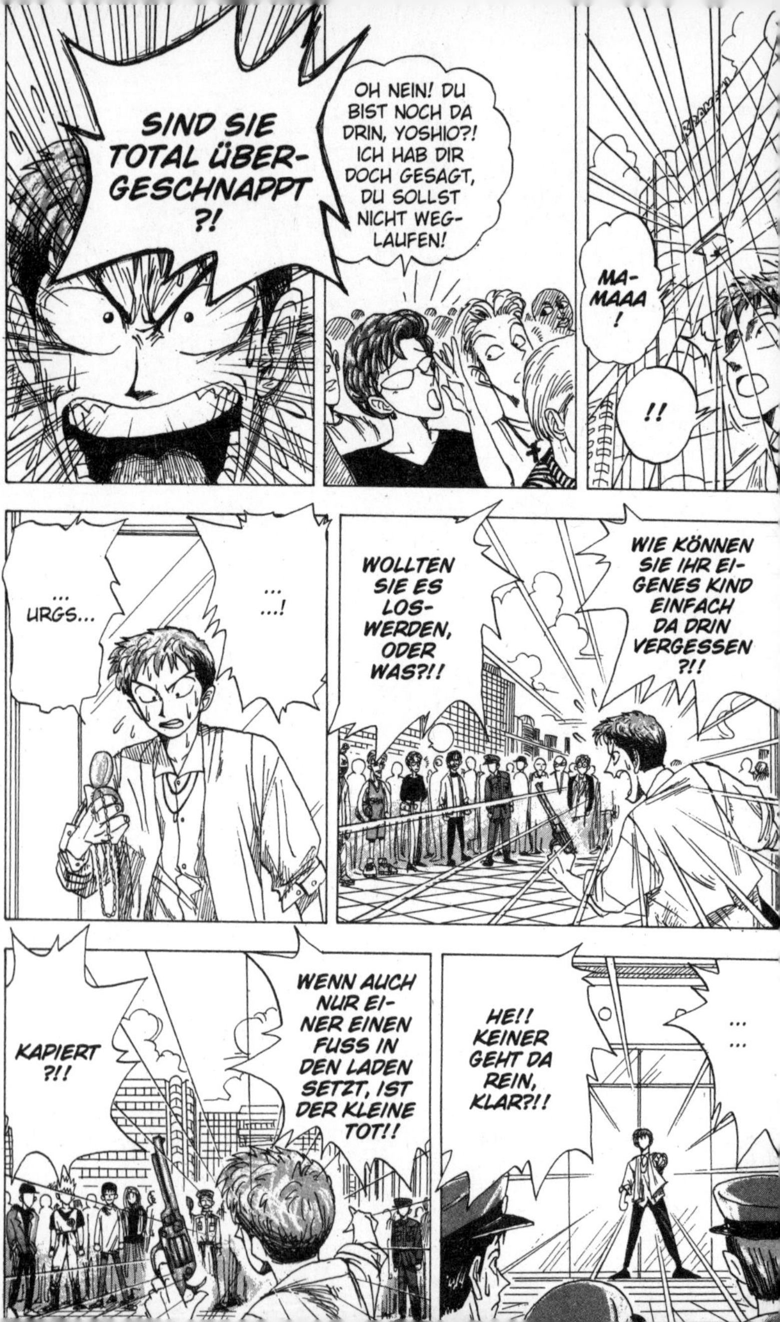
MA-MAAA!
!!
OH NEIN! DU BIST NOCH DA DRIN, YOSHIO?! ICH HAB DIR DOCH GESAGT, DU SOLLST NICHT WEGLAUFEN!
SIND SIE TOTAL ÜBERGESCHNAPPT?!
WIE KÖNNEN SIE IHR EIGENES KIND EINFACH DA DRIN VERGESSEN?!!
WOLLTEN SIE ES LOSWERDEN, ODER WAS?!!
... ...!
... URGS...
... ...
HE!! KEINER GEHT DA REIN, KLAR?!!
WENN AUCH NUR EINER EINEN FUSS IN DEN LADEN SETZT, IST DER KLEINE TOT!!
KAPIERT?!!

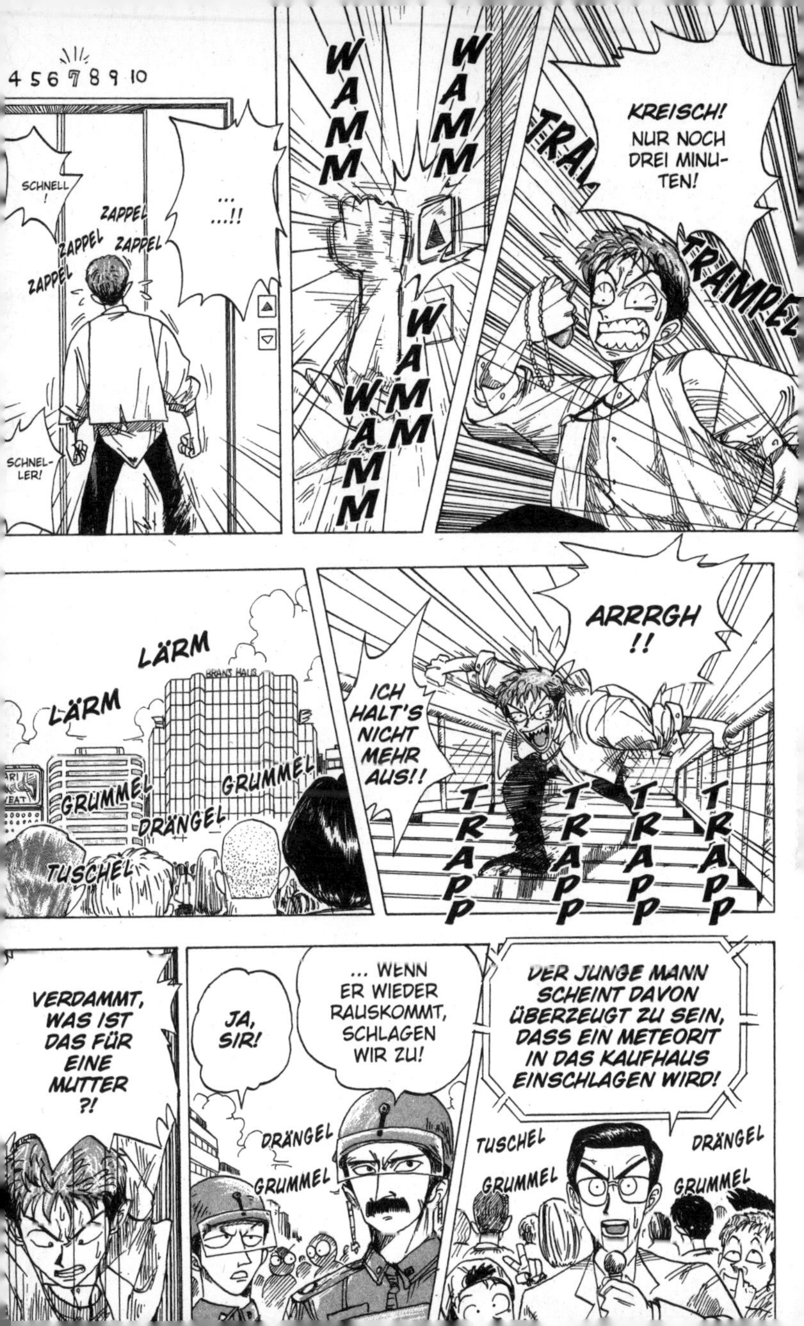
KREISCH! NUR NOCH DREI MINUTEN!
TRA
TRAMPEL
WAMM
WAMM
WAMM
WAMM
4 5 6 7 8 9 10
...
...!!
SCHNELL!
ZAPPEL
ZAPPEL
ZAPPEL
ZAPPEL
SCHNELLER!
ARRRGH!!
ICH HALT'S NICHT MEHR AUS!!
TRAPP
TRAPP
TRAPP
TRAPP
LÄRM
LÄRM
GRUMMEL
DRÄNGEL
GRUMMEL
TUSCHEL
DER JUNGE MANN SCHEINT DAVON ÜBERZEUGT ZU SEIN, DASS EIN METEORIT IN DAS KAUFHAUS EINSCHLAGEN WIRD!
TUSCHEL
GRUMMEL
DRÄNGEL
GRUMMEL
... WENN ER WIEDER RAUSKOMMT, SCHLAGEN WIR ZU!
JA, SIR!
DRÄNGEL
GRUMMEL
VERDAMMT, WAS IST DAS FÜR EINE MUTTER?!

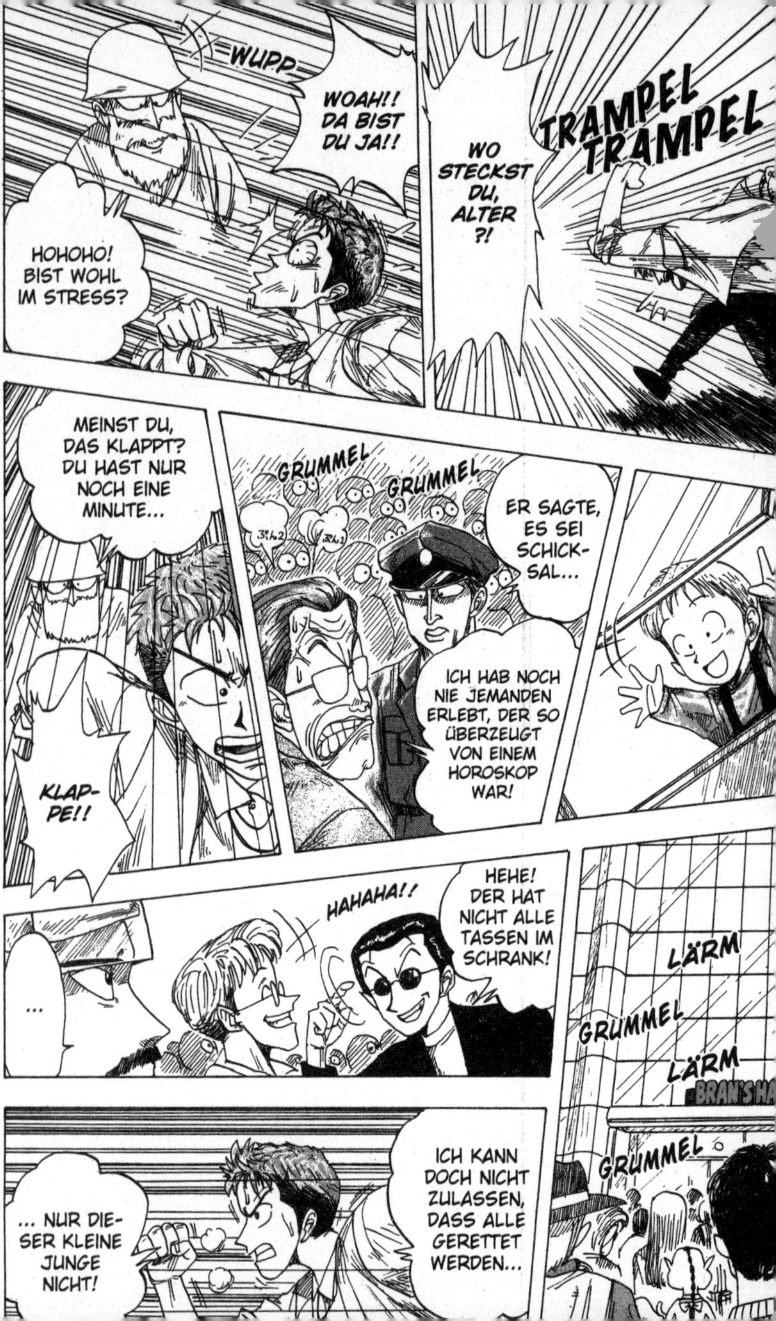
TRAMPEL TRAMPEL
WO STECKST DU, ALTER ?!
WUPP
WOAH!! DA BIST DU JA!!
HOHOHO! BIST WOHL IM STRESS?
GRUMMEL
GRUMMEL
ER SAGTE, ES SEI SCHICKSAL...
ICH HAB NOCH NIE JEMANDEN ERLEBT, DER SO ÜBERZEUGT VON EINEM HOROSKOP WAR!
MEINST DU, DAS KLAPPT? DU HAST NUR NOCH EINE MINUTE...
KLAPPE!!
LÄRM
GRUMMEL
LÄRM
GRUMMEL
HEHE! DER HAT NICHT ALLE TASSEN IM SCHRANK!
HAHAHA!!
...
ICH KANN DOCH NICHT ZULASSEN, DASS ALLE GERETTET WERDEN...
... NUR DIESER KLEINE JUNGE NICHT!

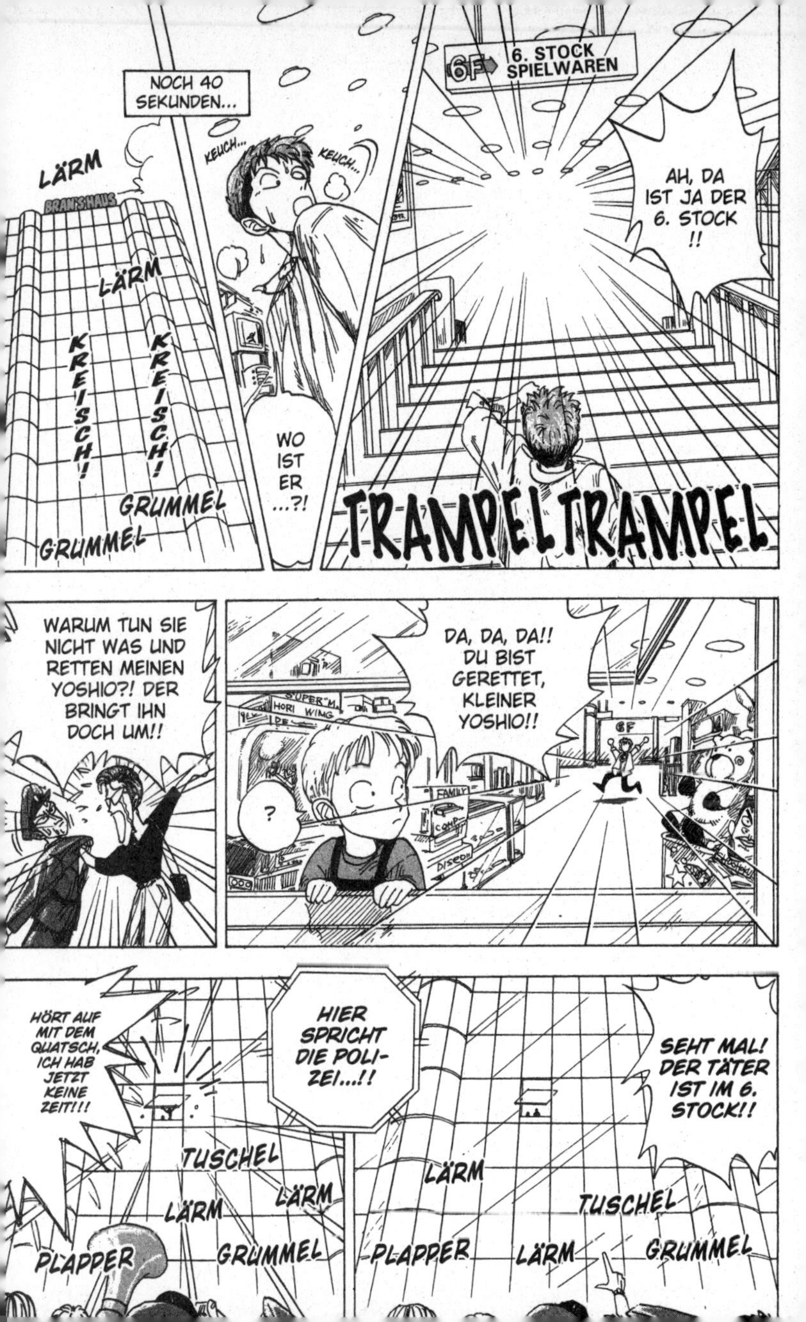
6F 6. STOCK SPIELWAREN
AH, DA IST JA DER 6. STOCK !!
TRAMPELTRAMPEL
NOCH 40 SEKUNDEN...
KEUCH... KEUCH...
WO IST ER ...?!
LÄRM
BRAN'S HAUS
LÄRM
KREISCH!
KREISCH!
GRUMMEL
GRUMMEL
DA, DA, DA!! DU BIST GERETTET, KLEINER YOSHIO!!
?
WARUM TUN SIE NICHT WAS UND RETTEN MEINEN YOSHIO?! DER BRINGT IHN DOCH UM!!
SEHT MAL! DER TÄTER IST IM 6. STOCK!!
HIER SPRICHT DIE POLIZEI...!!
HÖRT AUF MIT DEM QUATSCH, ICH HAB JETZT KEINE ZEIT!!!
TUSCHEL
LÄRM
LÄRM
LÄRM
TUSCHEL
PLAPPER
GRUMMEL
PLAPPER
LÄRM
GRUMMEL

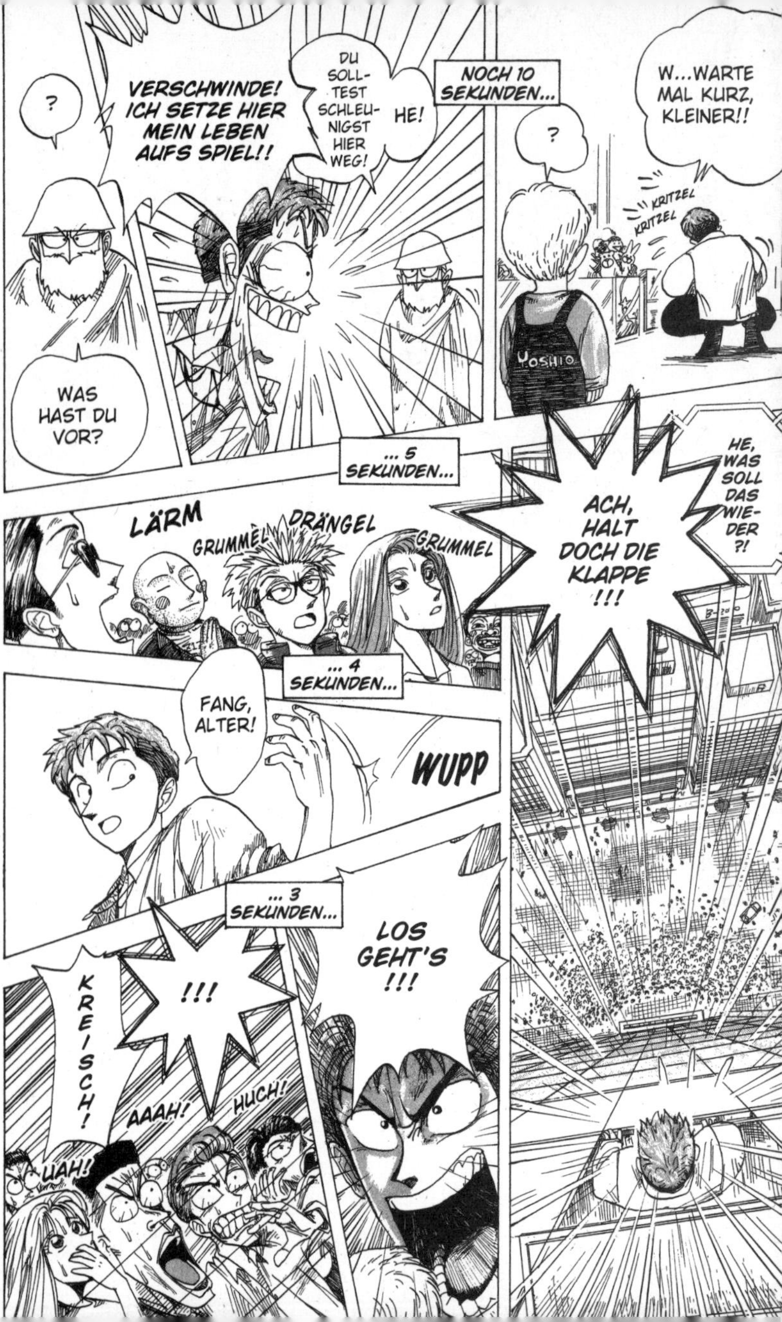
W...WARTE MAL KURZ, KLEINER!!
?
KRITZEL KRITZEL
NOCH 10 SEKUNDEN...
HE!
DU SOLL-TEST SCHLEU-NIGST HIER WEG!
VERSCHWINDE! ICH SETZE HIER MEIN LEBEN AUFS SPIEL!!
?
WAS HAST DU VOR?
HE, WAS SOLL DAS WIE-DER ?!
ACH, HALT DOCH DIE KLAPPE !!!
... 5 SEKUNDEN...
GRUMMEL
DRÄNGEL
GRUMMEL
LÄRM
... 4 SEKUNDEN...
WUPP
FANG, ALTER!
... 3 SEKUNDEN...
LOS GEHT'S !!!
!!!
KREISCH!
HUCH!
AAAH!
UAH!

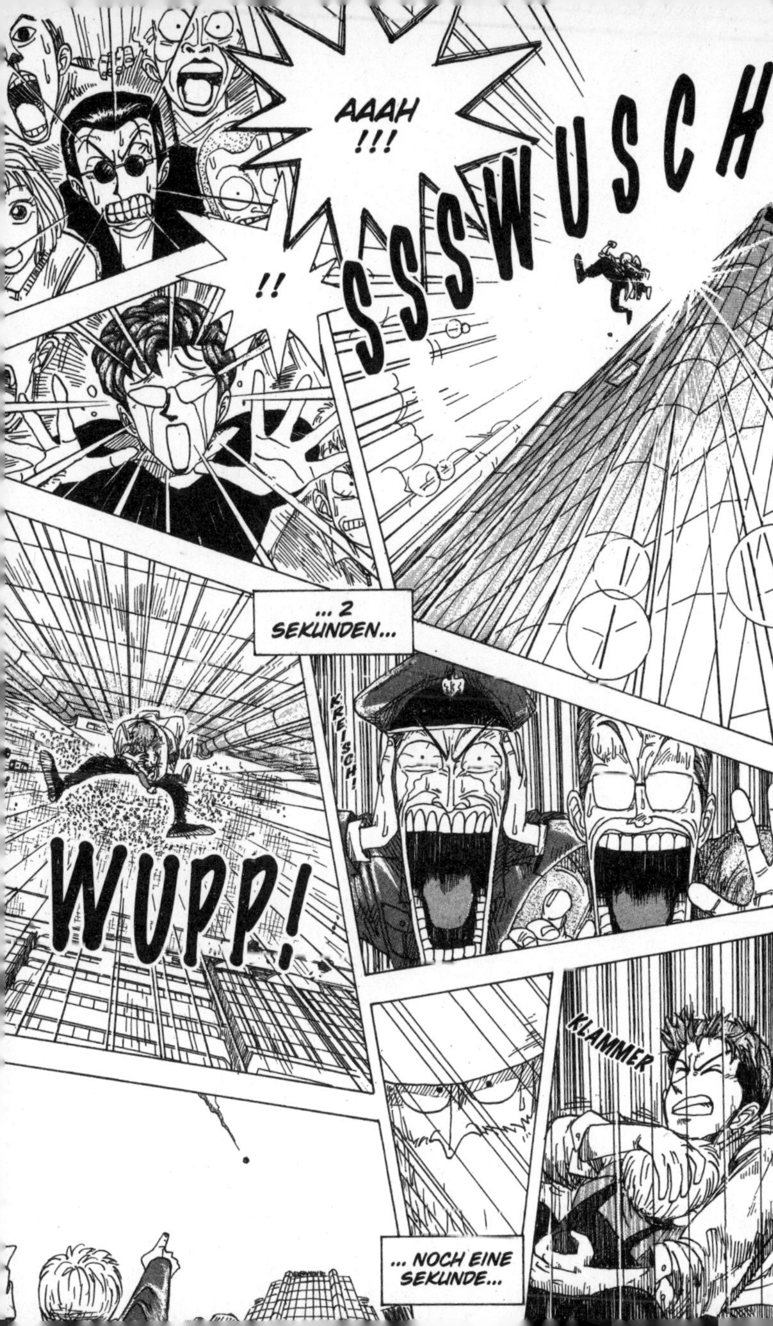
AAAH !!!
SSSWUSCH
!!
... 2 SEKUNDEN...
KREISCH!
WUPP!
KLAMMER
... NOCH EINE SEKUNDE...

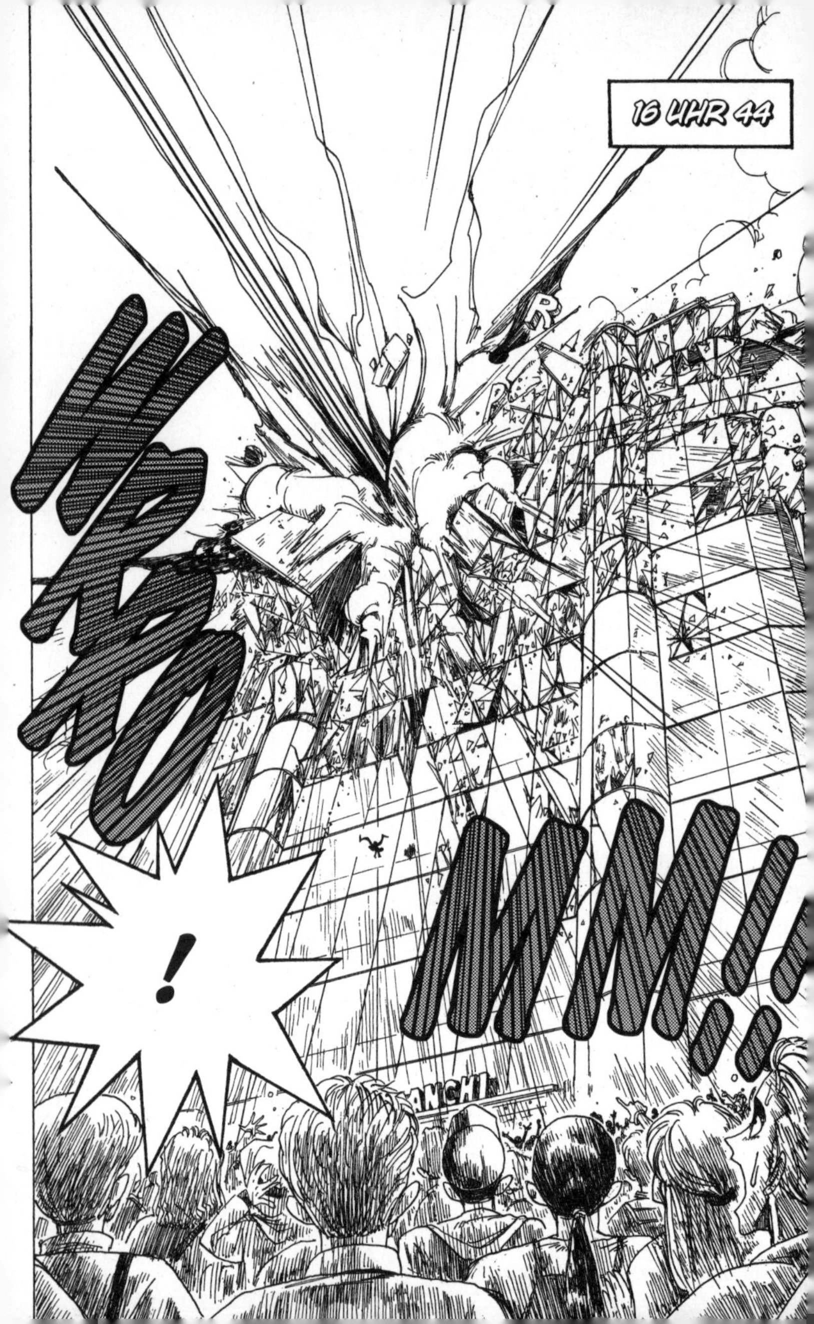
16 UHR 44
!

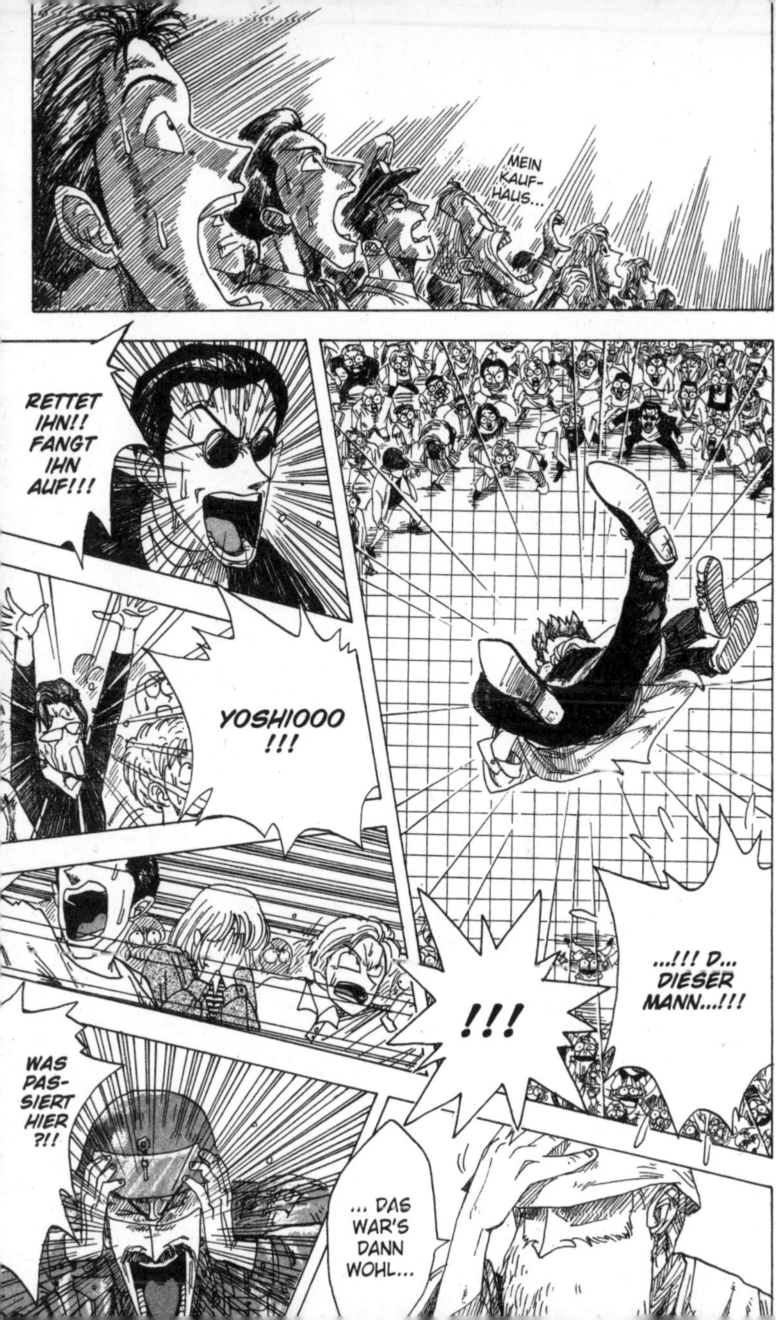
MEIN KAUF-HAUS...
RETTET IHN!! FANGT IHN AUF!!!
YOSHIOOO !!!
...!!! D... DIESER MANN...!!!
!!!
WAS PAS-SIERT HIER ?!!
... DAS WAR'S DANN WOHL...

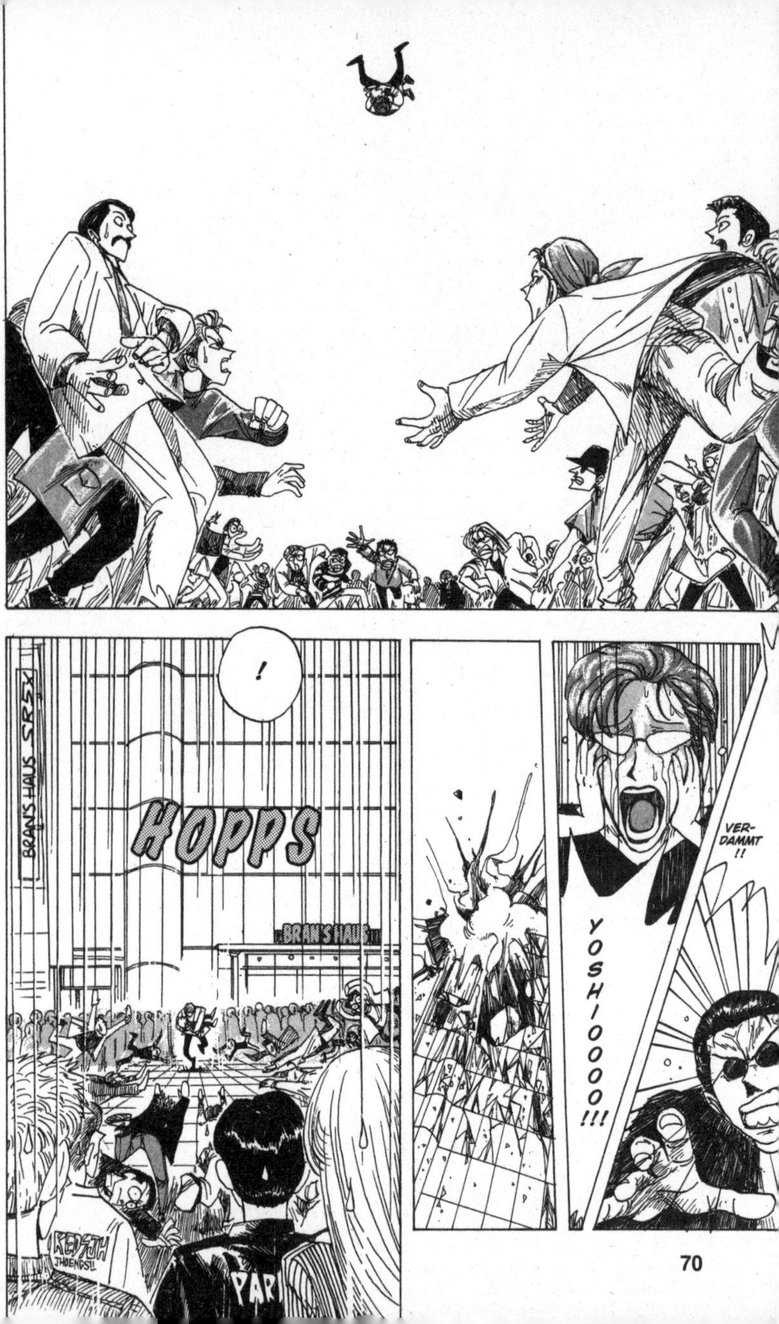
YOSHIOOOOO!!!
VERDAMMT !!
!
HOPPS
BRAN'S HAUS
BRAN'S HAUS

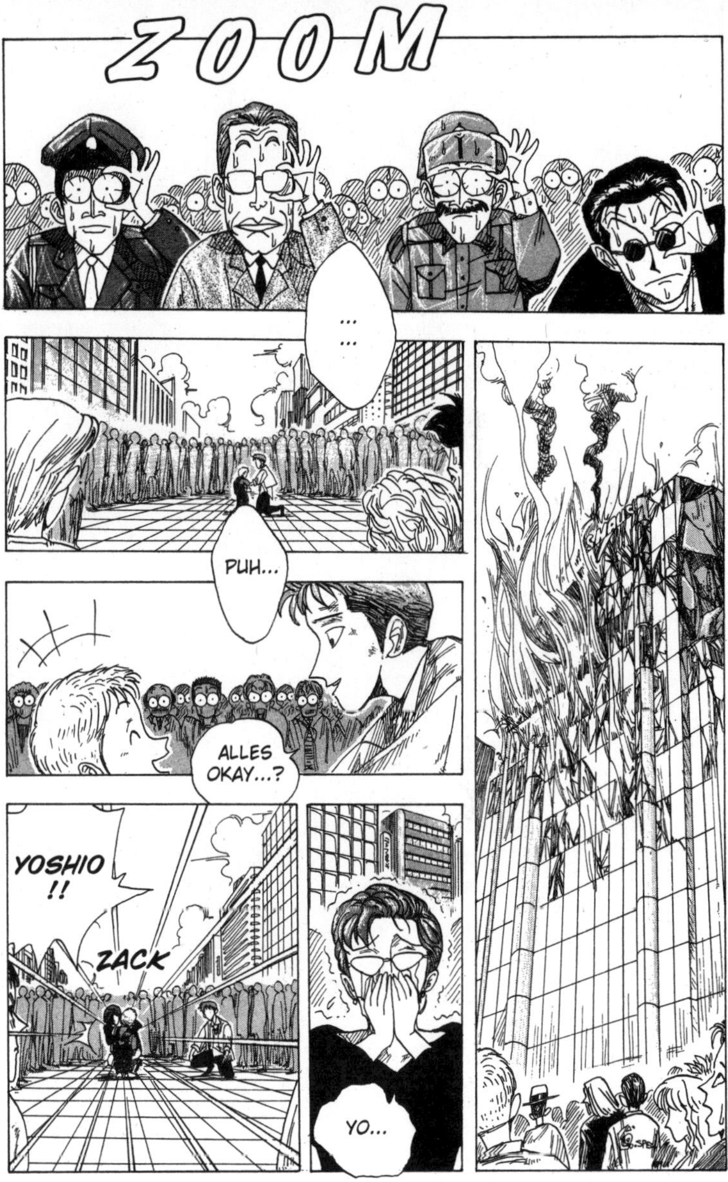
ZOOM
...
...
PUH...
ALLES OKAY...?
YO...
YOSHIO !!
ZACK

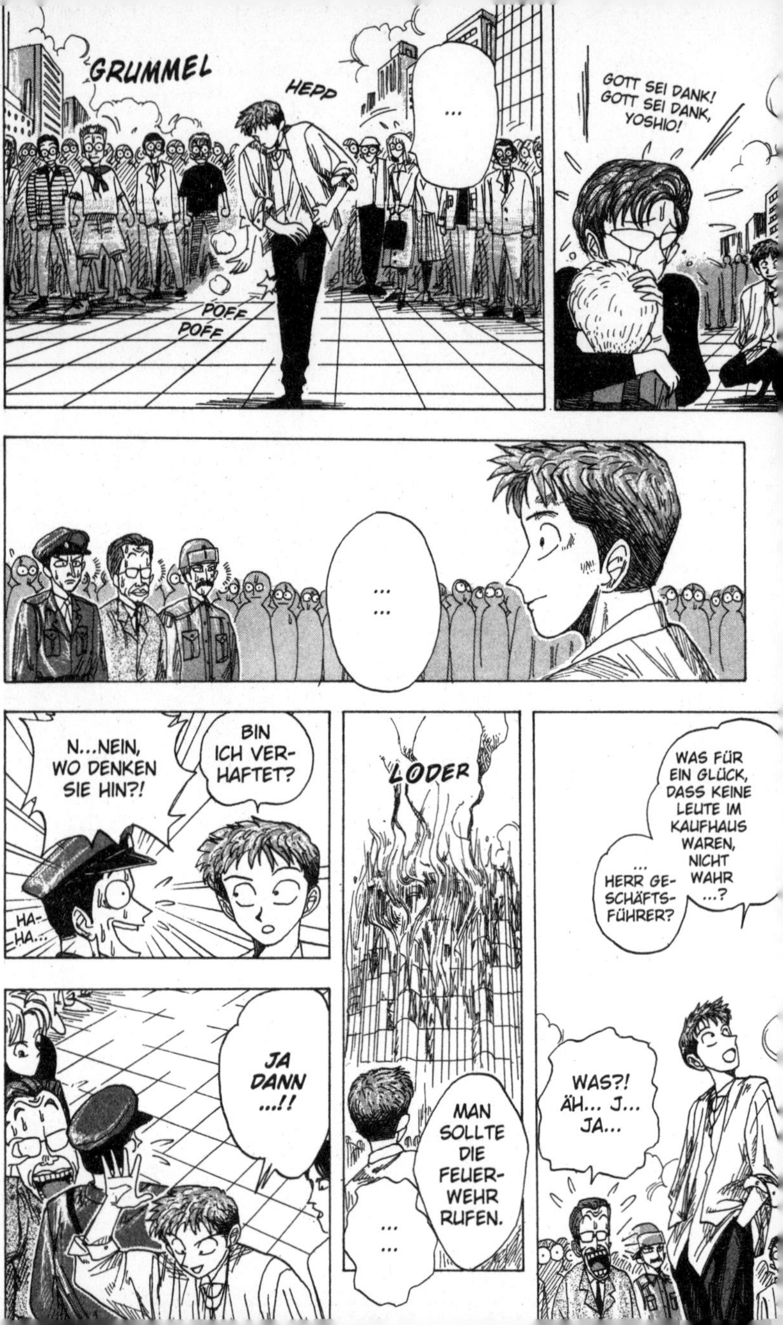
GOTT SEI DANK! GOTT SEI DANK, YOSHIO!
GRUMMEL
HEPP
...
POFF POFF
...
...
WAS FÜR EIN GLÜCK, DASS KEINE LEUTE IM KAUFHAUS WAREN, NICHT WAHR ...?
... HERR GESCHÄFTSFÜHRER?
WAS?! ÄH... J... JA...
LODER
MAN SOLLTE DIE FEUERWEHR RUFEN.
...
...
BIN ICH VERHAFTET?
N...NEIN, WO DENKEN SIE HIN?!
HA-HA...
JA DANN ...!!

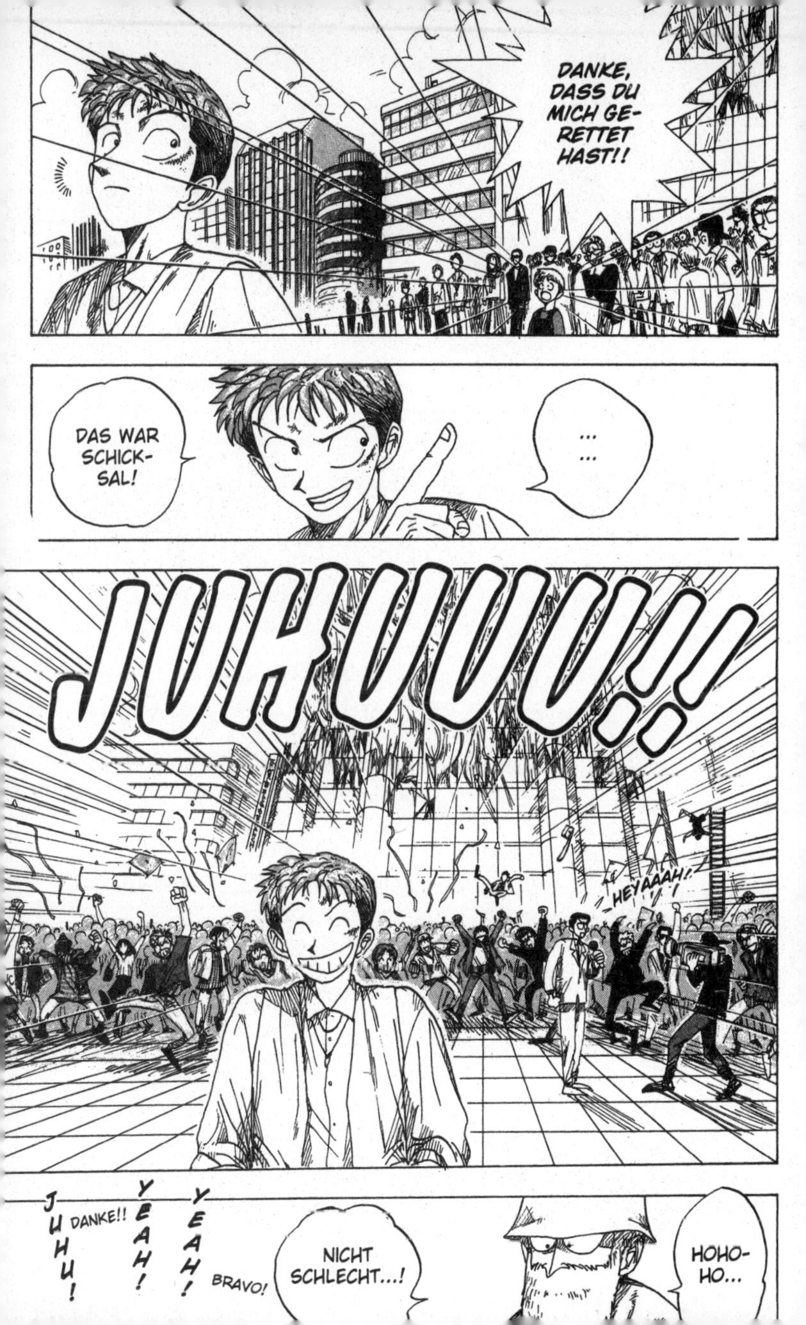
DANKE, DASS DU MICH GE- RETTET HAST!!
DAS WAR SCHICK- SAL!
... ...
JUHUUUU!!
HEYAAAH!
JUHU!
DANKE!!
YEAH!
YEAH!
BRAVO!
NICHT SCHLECHT...!
HOHO- HO...

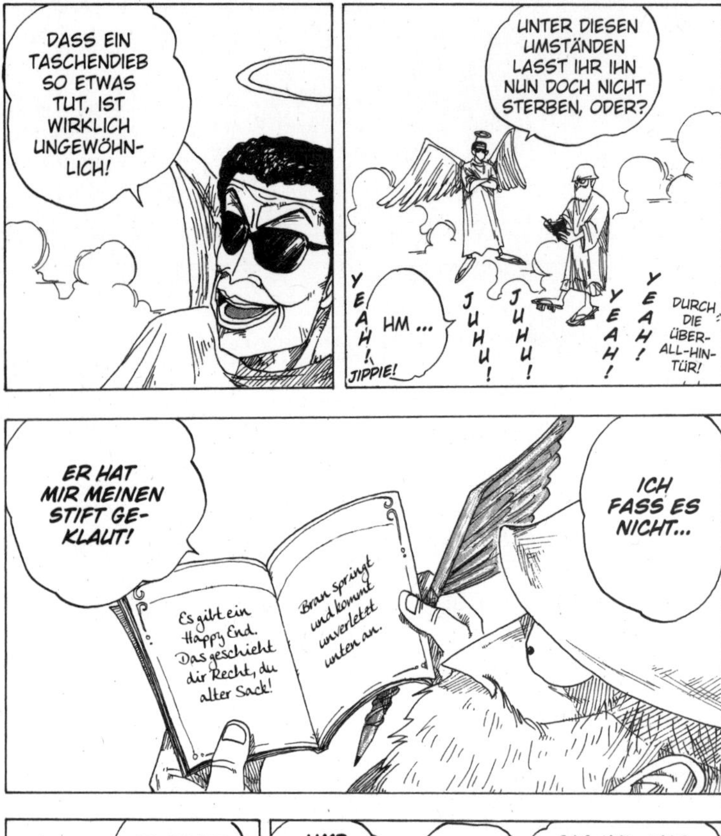

DAS SCHICKSALSBUCH GOTTES – ENDE

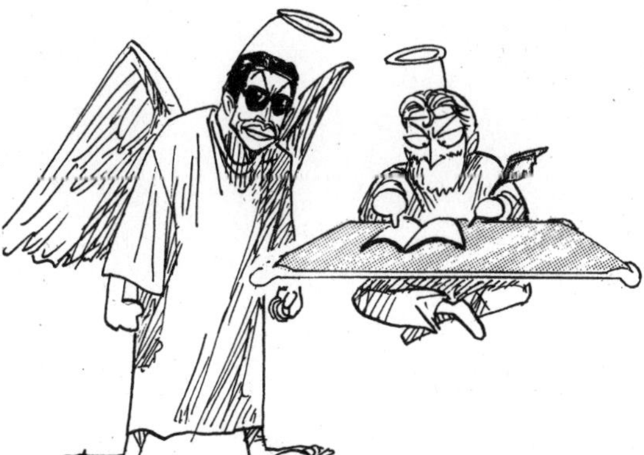

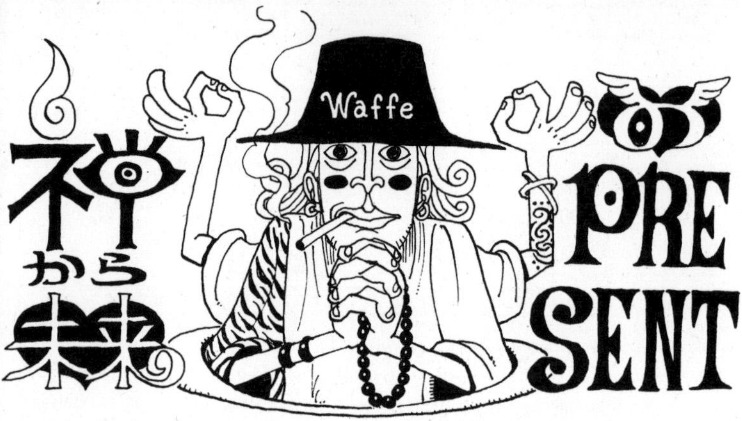

- EIN MANGA ÜBER DAS SCHICKSAL. DAS WAR DER ERSTE MANGA, BEI DEM ICH DIE GESCHICHTE SCHON IM KOPF HATTE, ALS ICH ANFING ZU ZEICHNEN. JEDES MAL, WENN ICH IHN LESE, DENKE ICH, DASS MIR DIE STORY WIRKLICH GUT GELUNGEN IST. EIGENTLICH HABE ICH MIR DIESEN MANGA AUSGEDACHT, WEIL ICH MAL EIN EXPLODIERENDES GEBÄUDE ZEICHNEN WOLLTE.

- WER VORHER WUSSTE, WARUM ICH DIE GESCHICHTE GEZEICHNET HABE, WAR WAHRSCHEINLICH ERLEICHTERT, NACHDEM ER DEN MANGA DANN GELESEN HATTE. EHRLICH GESAGT, ICH WAR ES AUCH. ES IST NÄMLICH NICHT SO, DASS ICH BESONDERS ZERSTÖRUNGSWÜTIG BIN. GANZ IM GEGENTEIL, WENN IRGENDWO EIN GEBÄUDE ABGERISSEN WERDEN SOLL, WÜRDE ICH DEN BESITZER AM LIEBSTEN DAVON ABHALTEN - ODER BESSER GESAGT, ICH WÜRDE IHM AM LIEBSTEN SAGEN, DASS ICH ECHT SAUER WERDE, WENN ER DAS NOCH MAL MACHT.

- IN MEINEN MANGA KOMMT IMMER EINE SZENE VOR, IN DER DER HELD WIRKLICH ALLES GIBT.

- ICH HABE DIESEN MANGA GEZEICHNET, WÄHREND ICH AUF DER UNI WAR, UND ICH HABE ZUR SELBEN ZEIT AUCH DEN FÜHRERSCHEIN GEMACHT. ICH HATTE ALSO NEBENHER EINE MENGE ANDERER DINGE ZU TUN. DOCH UM DEN ABGABETERMIN EINZUHALTEN, MUSSTE ICH MEINEN STUDENTENJOB AUFGEBEN. ICH HABE IMMER NOCH EIN SCHLECHTES GEWISSEN DEN LEUTEN DES LADENS GEGENÜBER, IN DEM ICH GEARBEITET HABE, WEIL ICH DEN JOB SO PLÖTZLICH HINGESCHMISSEN HABE.

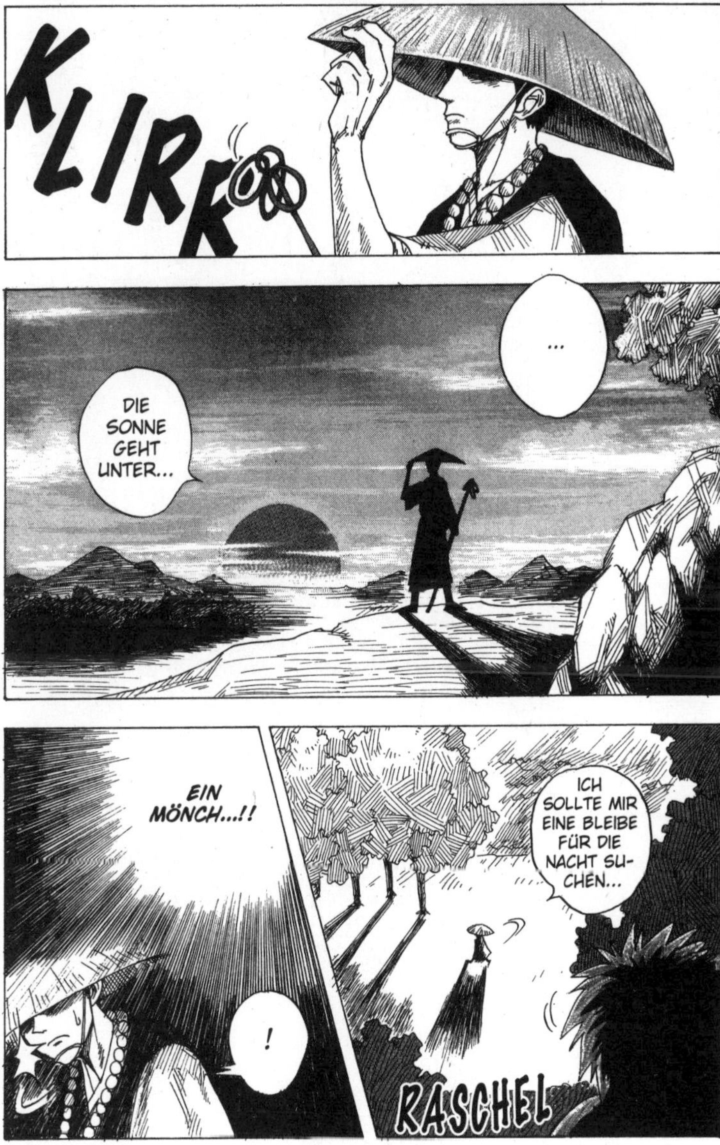
KLIRR
...
DIE SONNE GEHT UNTER...
ICH SOLLTE MIR EINE BLEIBE FÜR DIE NACHT SUCHEN...
RASCHEL
!
EIN MÖNCH...!!

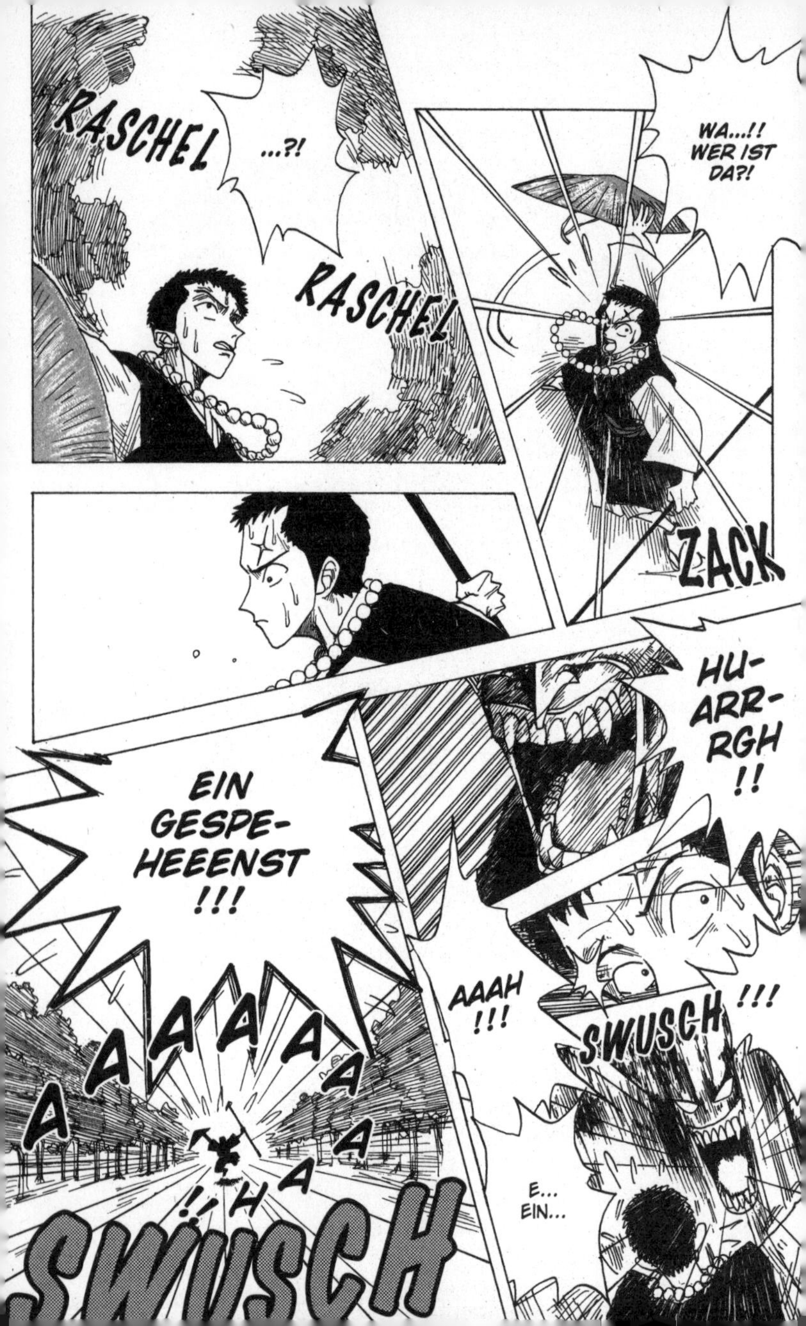
WA...!! WER IST DA?!
ZACK
...?!
RASCHEL
RASCHEL
HU-ARR-RGH!!
EIN GESPE-HEEENST!!!
AAAH!!!
SWUSCH!!!
E... EIN...
AAAAAAAAAAH!!
SWUSCH

GEISTER IN DER NACHT

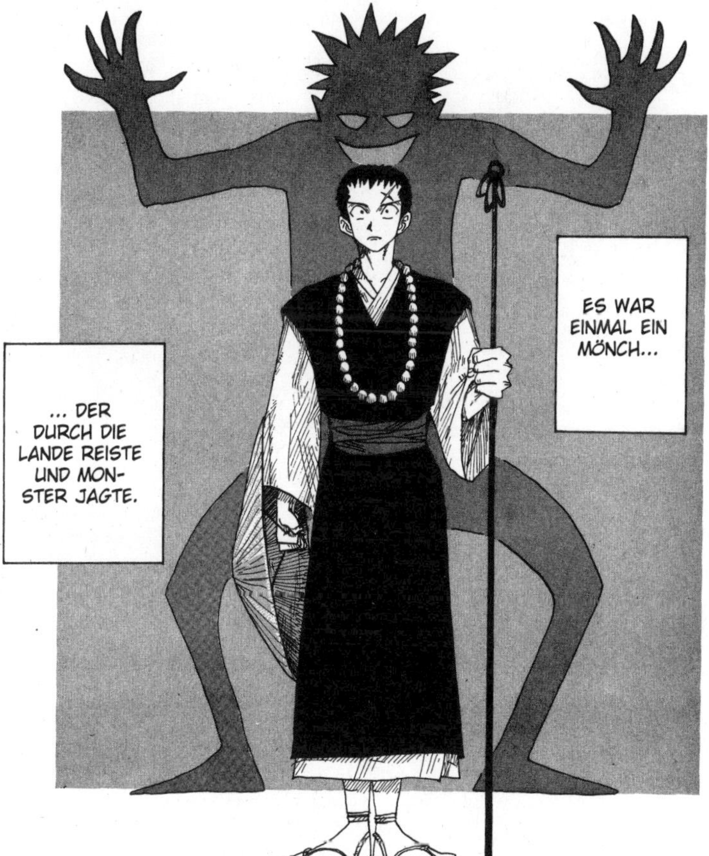

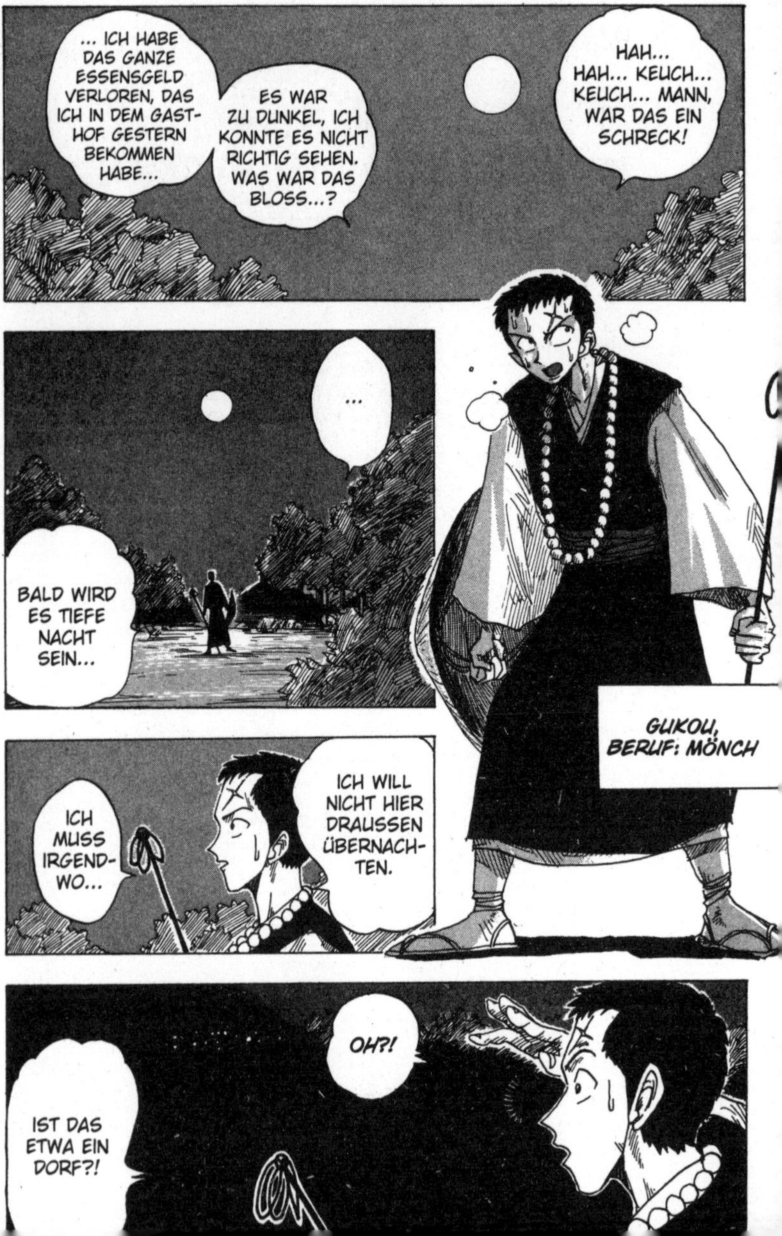
HAH... HAH... KEUCH... KEUCH... MANN, WAR DAS EIN SCHRECK!
ES WAR ZU DUNKEL, ICH KONNTE ES NICHT RICHTIG SEHEN. WAS WAR DAS BLOSS...?
... ICH HABE DAS GANZE ESSENSGELD VERLOREN, DAS ICH IN DEM GASTHOF GESTERN BEKOMMEN HABE...
GUKOU, BERUF: MÖNCH
...
BALD WIRD ES TIEFE NACHT SEIN...
ICH WILL NICHT HIER DRAUSSEN ÜBERNACHTEN.
ICH MUSS IRGENDWO...
OH?!
IST DAS ETWA EIN DORF?!

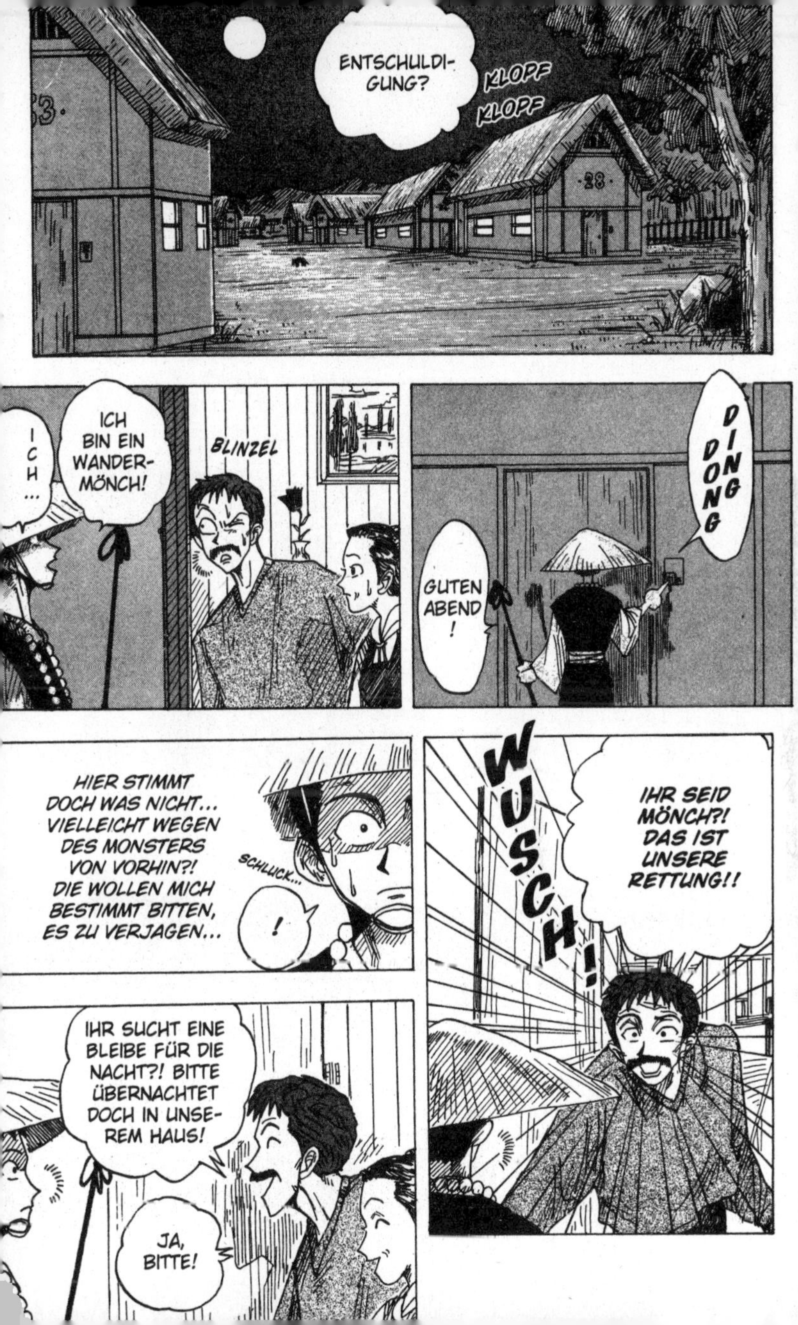
ENTSCHULDI-GUNG?
KLOPF KLOPF
DING DONG
GUTEN ABEND!
BLINZEL
ICH ...
ICH BIN EIN WANDER-MÖNCH!
WUSCH!
IHR SEID MÖNCH?! DAS IST UNSERE RETTUNG!!
SCHLUCK...
!
HIER STIMMT DOCH WAS NICHT... VIELLEICHT WEGEN DES MONSTERS VON VORHIN?! DIE WOLLEN MICH BESTIMMT BITTEN, ES ZU VERJAGEN...
IHR SUCHT EINE BLEIBE FÜR DIE NACHT?! BITTE ÜBERNACHTET DOCH IN UNSE-REM HAUS!
JA, BITTE!

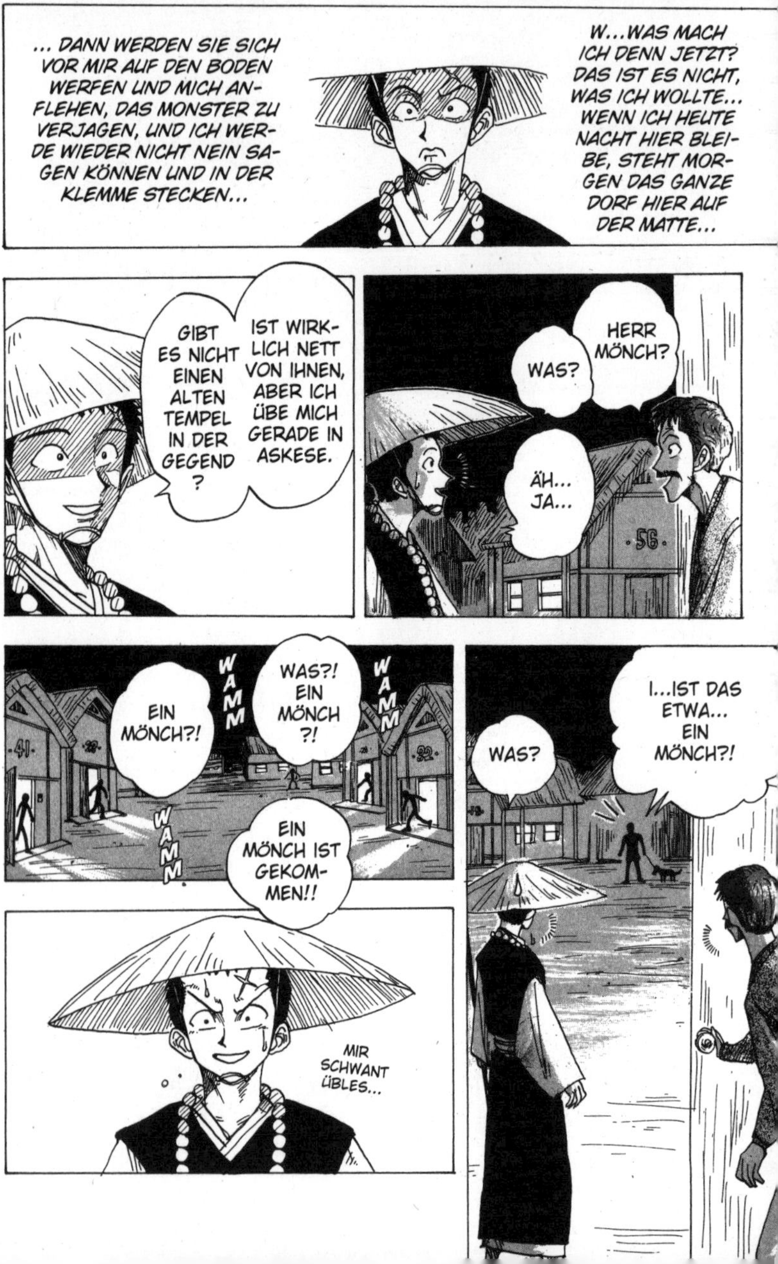
W...WAS MACH ICH DENN JETZT? DAS IST ES NICHT, WAS ICH WOLLTE... WENN ICH HEUTE NACHT HIER BLEIBE, STEHT MORGEN DAS GANZE DORF HIER AUF DER MATTE...
... DANN WERDEN SIE SICH VOR MIR AUF DEN BODEN WERFEN UND MICH ANFLEHEN, DAS MONSTER ZU VERJAGEN, UND ICH WERDE WIEDER NICHT NEIN SAGEN KÖNNEN UND IN DER KLEMME STECKEN...
HERR MÖNCH?
WAS?
ÄH... JA...
IST WIRKLICH NETT VON IHNEN, ABER ICH ÜBE MICH GERADE IN ASKESE.
GIBT ES NICHT EINEN ALTEN TEMPEL IN DER GEGEND?
I...IST DAS ETWA... EIN MÖNCH?!
WAS?
WAS?! EIN MÖNCH?!
WAMM
EIN MÖNCH?!
WAMM
EIN MÖNCH IST GEKOMMEN!!
WAMM
MIR SCHWANT ÜBLES...

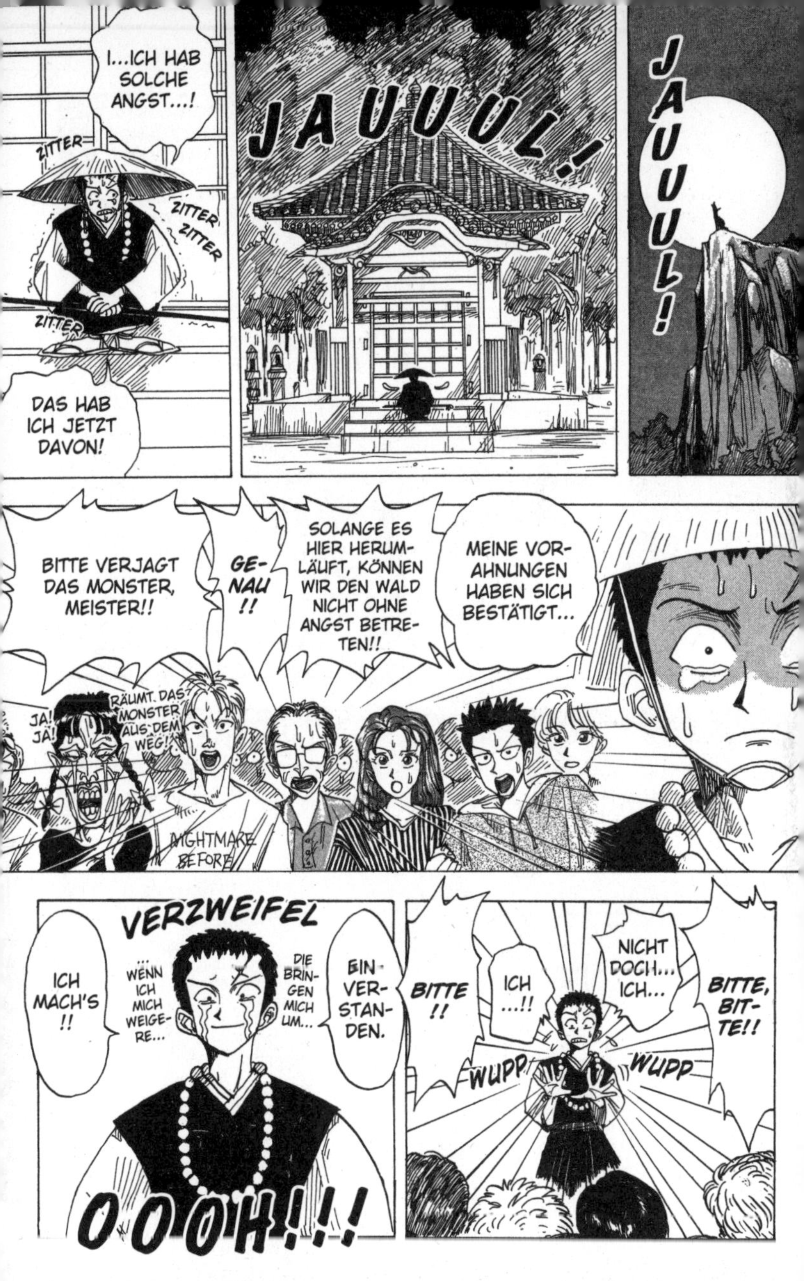
JAUUUL!
JAUUUL!
I...ICH HAB SOLCHE ANGST...!
ZITTER
ZITTER ZITTER
ZITTER
DAS HAB ICH JETZT DAVON!
MEINE VORAHNUNGEN HABEN SICH BESTÄTIGT...
SOLANGE ES HIER HERUMLÄUFT, KÖNNEN WIR DEN WALD NICHT OHNE ANGST BETRETEN!!
GENAU!!
BITTE VERJAGT DAS MONSTER, MEISTER!!
RÄUMT DAS MONSTER AUS DEM WEG!
JA! JA!
NIGHTMARE BEFORE
BITTE, BITTE!!
NICHT DOCH... ICH...
ICH...!!
BITTE!!
WUPP
WUPP
EINVERSTANDEN.
DIE BRINGEN MICH UM...
...WENN ICH MICH WEIGERE...
ICH MACH'S!!
VERZWEIFEL
OOOOH!!!

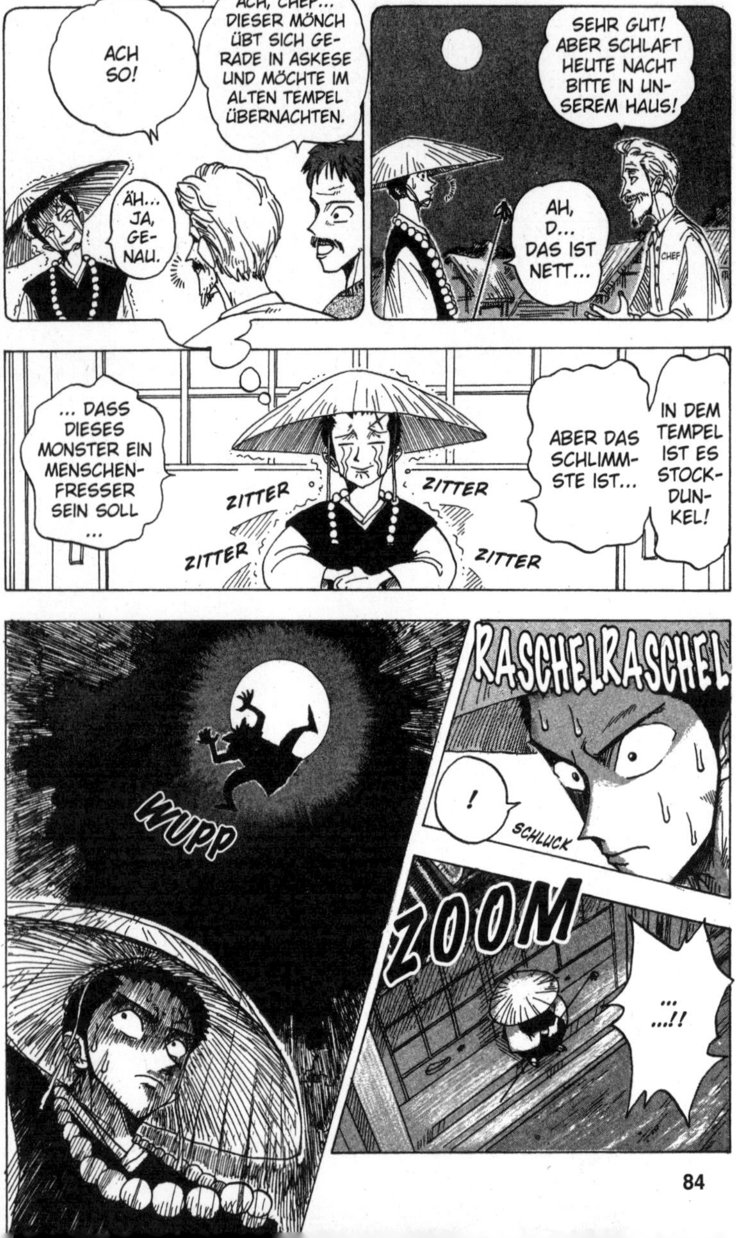
ACH, CHEF… DIESER MÖNCH ÜBT SICH GERADE IN ASKESE UND MÖCHTE IM ALTEN TEMPEL ÜBERNACHTEN.
ACH SO!
ÄH… JA, GENAU.
SEHR GUT! ABER SCHLAFT HEUTE NACHT BITTE IN UNSEREM HAUS!
AH, D… DAS IST NETT…
CHEF
IN DEM TEMPEL IST ES STOCKDUNKEL!
ABER DAS SCHLIMMSTE IST…
… DASS DIESES MONSTER EIN MENSCHENFRESSER SEIN SOLL …
ZITTER
ZITTER
ZITTER
ZITTER
WUPP
RASCHELRASCHEL
!
SCHLUCK
ZOOM
… …!!

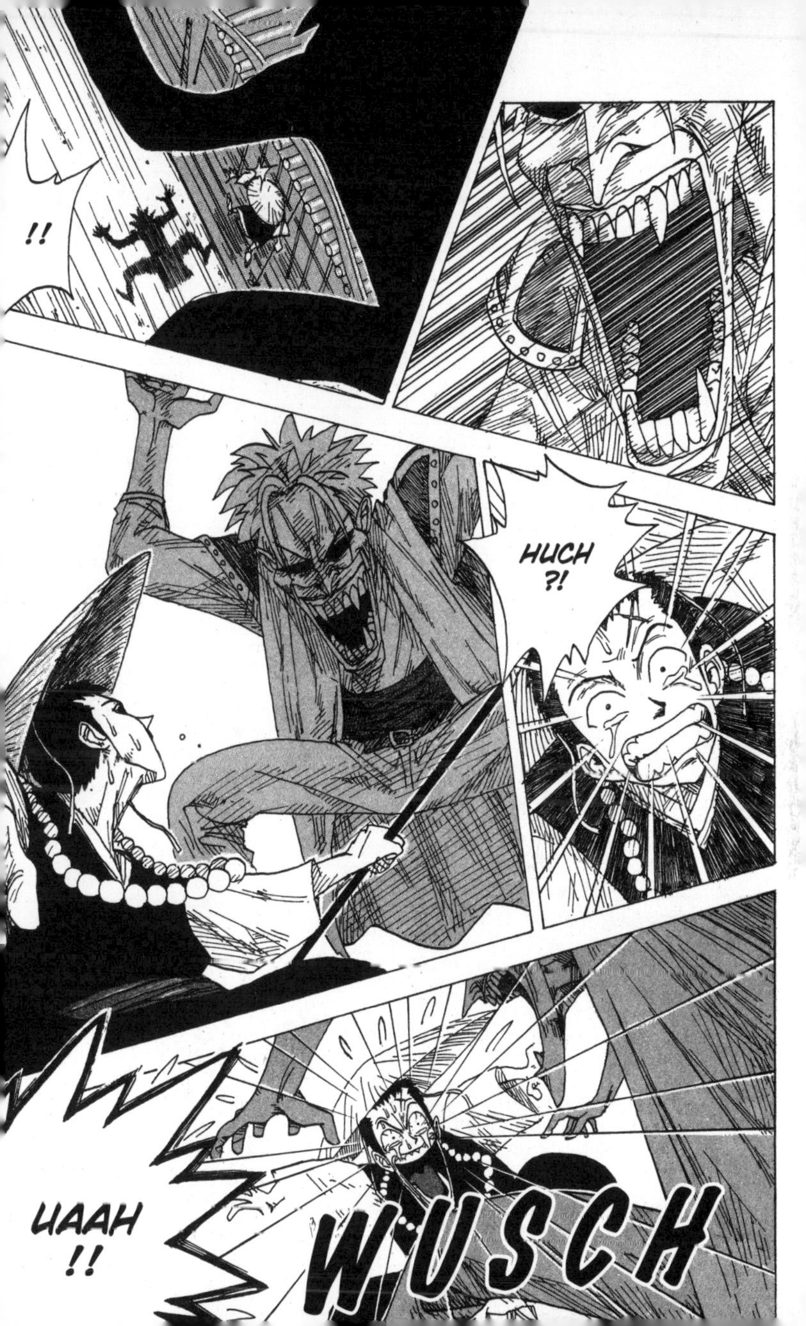

!!
HUCH ?!
UAAH !!
WUSCH

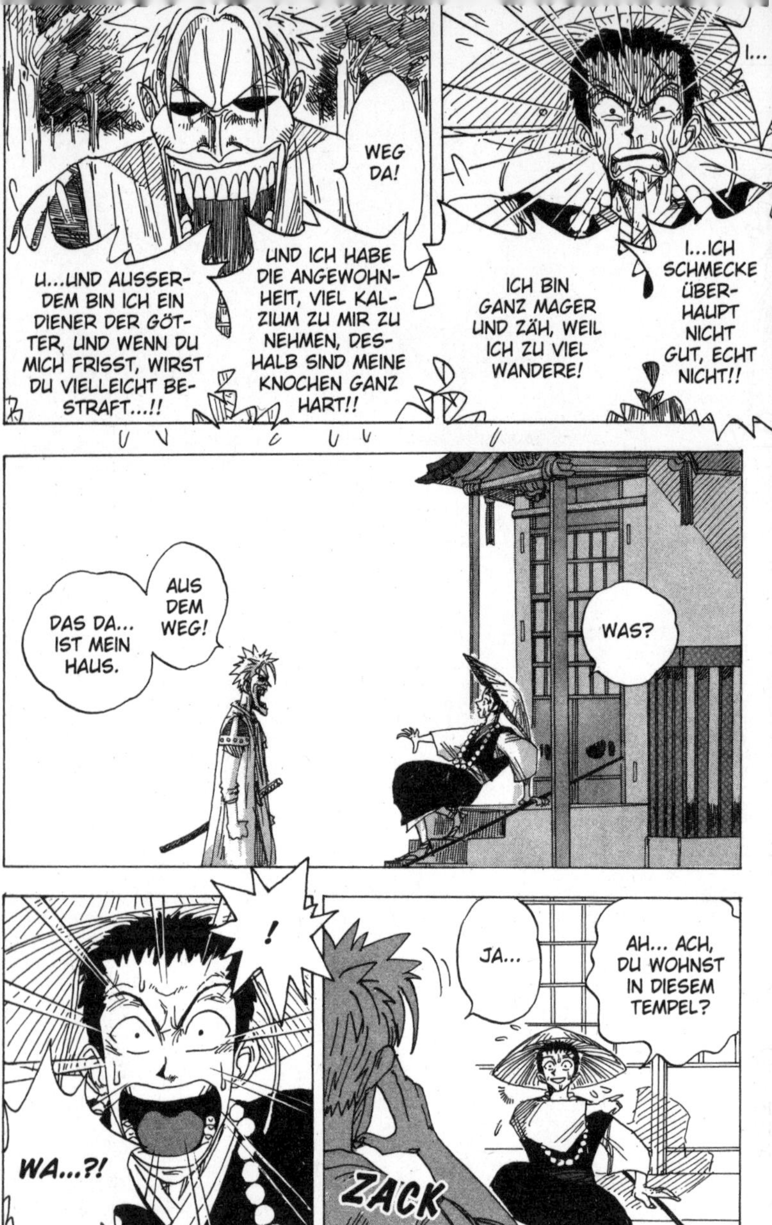

I...
I...ICH SCHMECKE ÜBERHAUPT NICHT GUT, ECHT NICHT!!
ICH BIN GANZ MAGER UND ZÄH, WEIL ICH ZU VIEL WANDERE!
WEG DA!
UND ICH HABE DIE ANGEWOHNHEIT, VIEL KALZIUM ZU MIR ZU NEHMEN, DESHALB SIND MEINE KNOCHEN GANZ HART!!
U...UND AUSSERDEM BIN ICH EIN DIENER DER GÖTTER, UND WENN DU MICH FRISST, WIRST DU VIELLEICHT BESTRAFT...!!
WAS?
AUS DEM WEG!
DAS DA... IST MEIN HAUS.
AH... ACH, DU WOHNST IN DIESEM TEMPEL?
JA...
ZACK
!
WA...?!

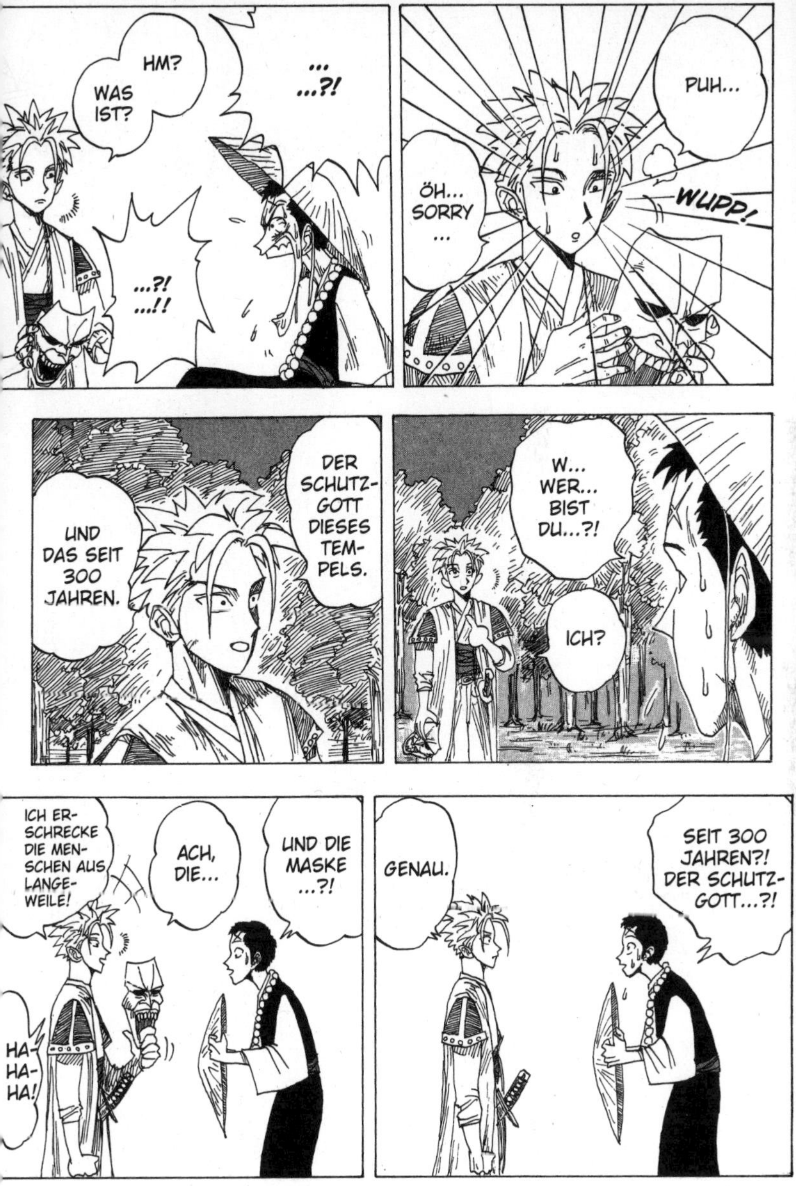
PUH...
WUPP!
ÖH... SORRY ...
... ...?!
HM? WAS IST?
...?! ...!!
W... WER... BIST DU...?!
ICH?
DER SCHUTZGOTT DIESES TEMPELS.
UND DAS SEIT 300 JAHREN.
SEIT 300 JAHREN?! DER SCHUTZGOTT...?!
GENAU.
UND DIE MASKE ...?!
ACH, DIE...
ICH ERSCHRECKE DIE MENSCHEN AUS LANGEWEILE!
HAHAHA!

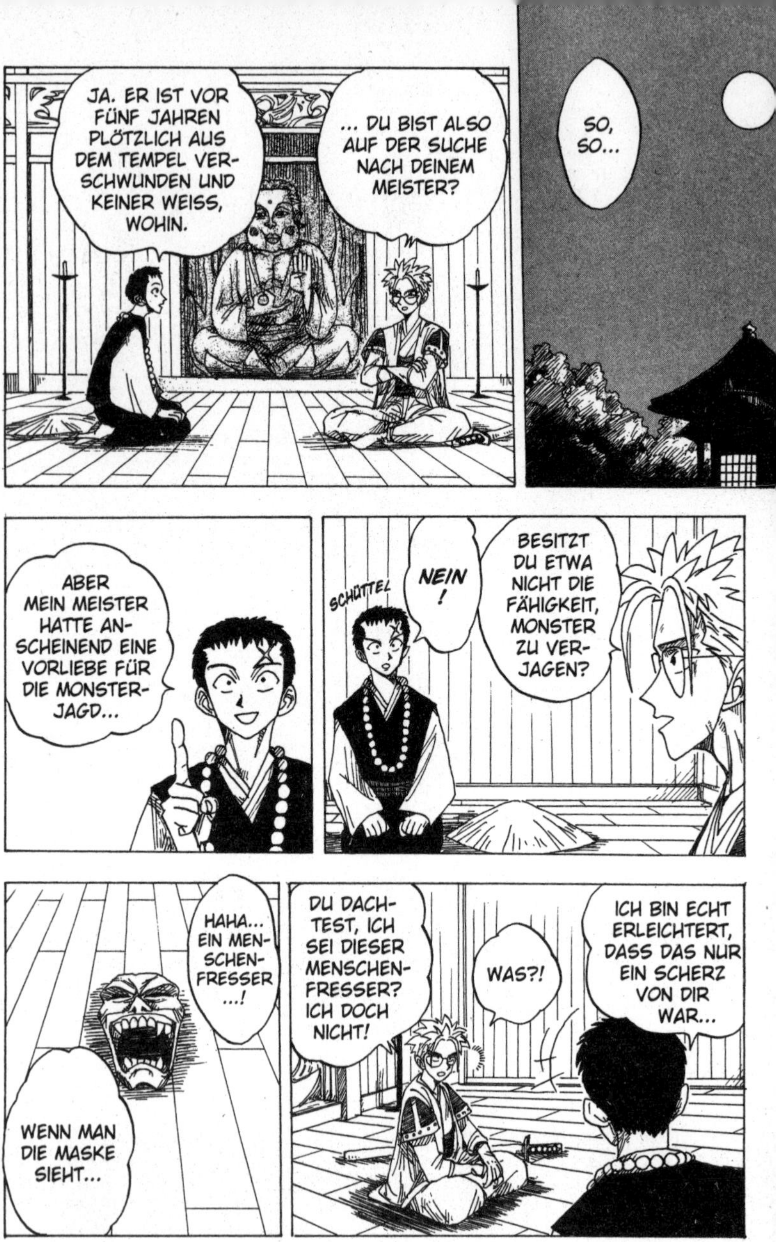
SO, SO...
... DU BIST ALSO AUF DER SUCHE NACH DEINEM MEISTER?
JA. ER IST VOR FÜNF JAHREN PLÖTZLICH AUS DEM TEMPEL VERSCHWUNDEN UND KEINER WEISS, WOHIN.
BESITZT DU ETWA NICHT DIE FÄHIGKEIT, MONSTER ZU VERJAGEN?
NEIN!
SCHÜTTEL
ABER MEIN MEISTER HATTE ANSCHEINEND EINE VORLIEBE FÜR DIE MONSTERJAGD...
ICH BIN ECHT ERLEICHTERT, DASS DAS NUR EIN SCHERZ VON DIR WAR...
WAS?!
DU DACHTEST, ICH SEI DIESER MENSCHENFRESSER? ICH DOCH NICHT!
HAHA... EIN MENSCHENFRESSER ...!
WENN MAN DIE MASKE SIEHT...

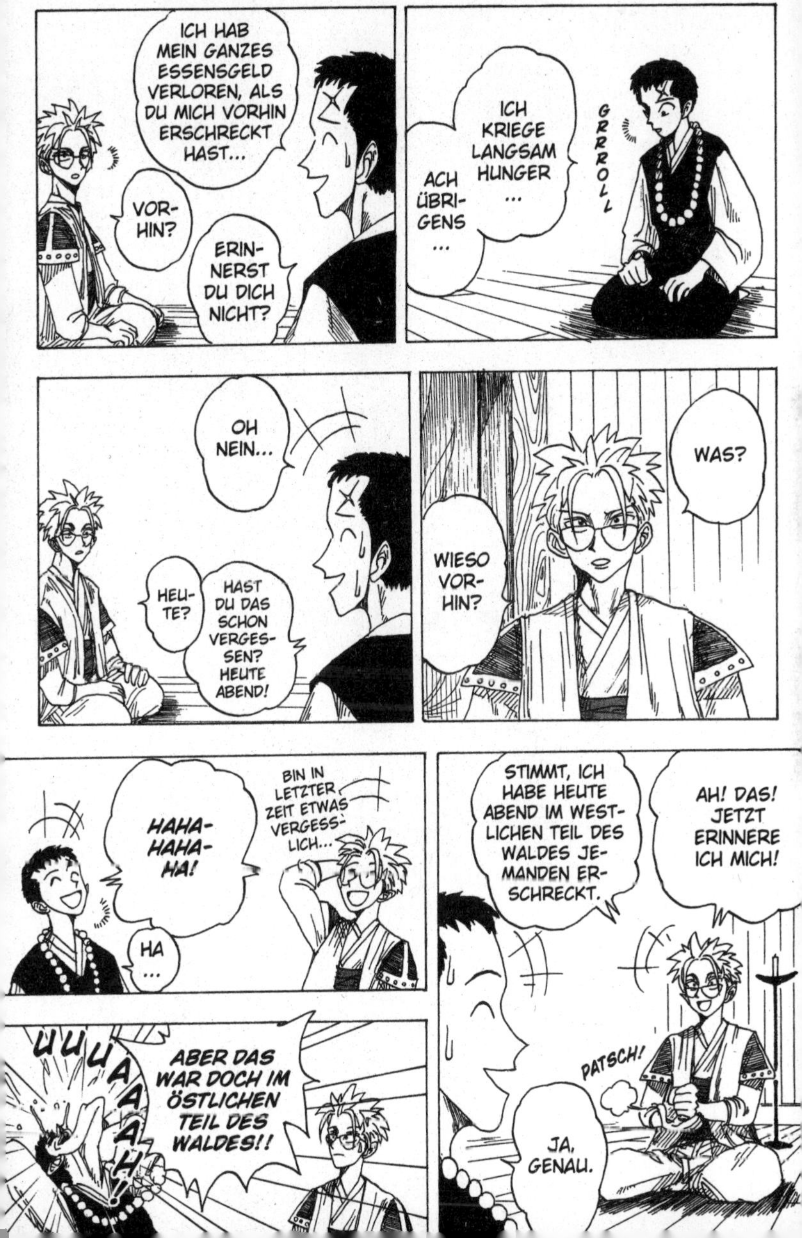
ICH KRIEGE LANGSAM HUNGER ...
GRRROLL
ACH ÜBRIGENS ...
ICH HAB MEIN GANZES ESSENSGELD VERLOREN, ALS DU MICH VORHIN ERSCHRECKT HAST...
VORHIN?
ERINNERST DU DICH NICHT?
WAS?
WIESO VORHIN?
OH NEIN...
HEUTE?
HAST DU DAS SCHON VERGESSEN? HEUTE ABEND!
AH! DAS! JETZT ERINNERE ICH MICH!
STIMMT, ICH HABE HEUTE ABEND IM WESTLICHEN TEIL DES WALDES JEMANDEN ERSCHRECKT.
PATSCH!
JA, GENAU.
BIN IN LETZTER ZEIT ETWAS VERGESSLICH...
HAHAHAHAHAHA!
HA ...
ABER DAS WAR DOCH IM ÖSTLICHEN TEIL DES WALDES!!
UUUAAAAH!

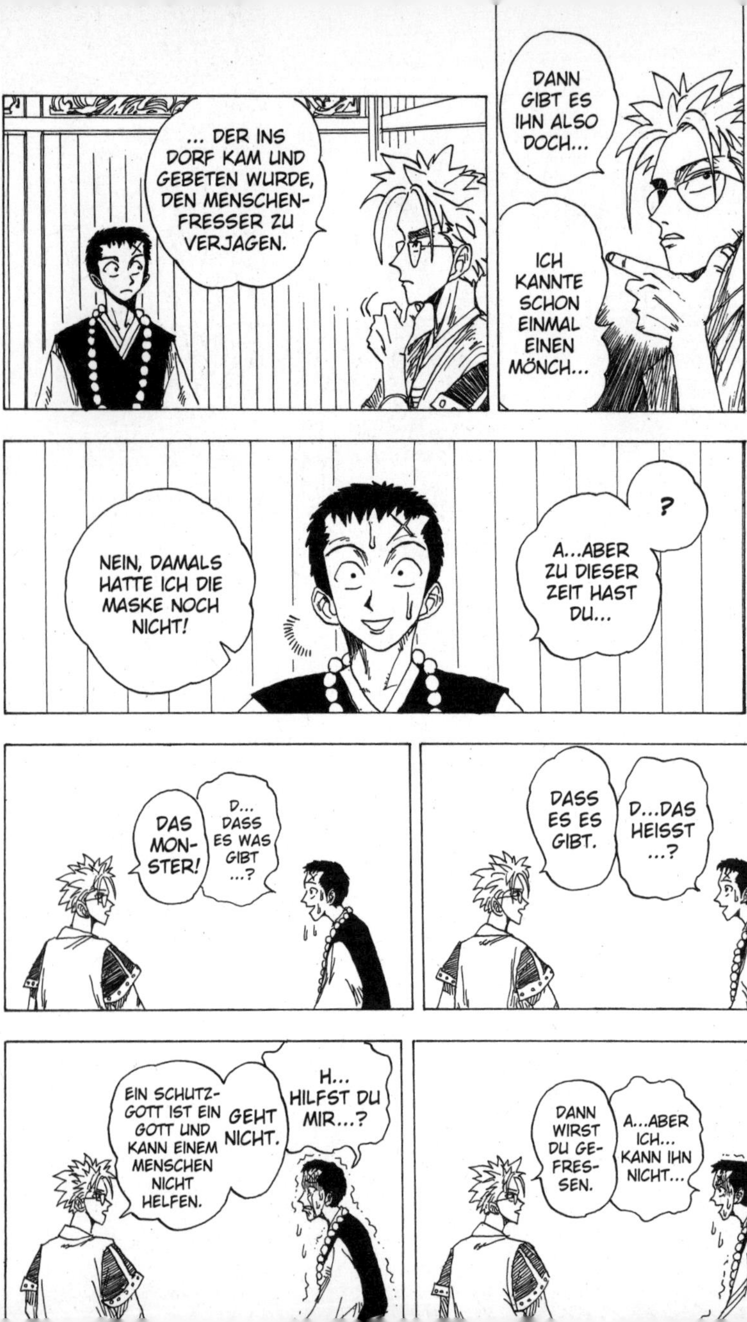
DANN GIBT ES IHN ALSO DOCH...
ICH KANNTE SCHON EINMAL EINEN MÖNCH...
... DER INS DORF KAM UND GEBETEN WURDE, DEN MENSCHENFRESSER ZU VERJAGEN.
?
A...ABER ZU DIESER ZEIT HAST DU...
NEIN, DAMALS HATTE ICH DIE MASKE NOCH NICHT!
D...DAS HEISST ...?
DASS ES ES GIBT.
D... DASS ES WAS GIBT ...?
DAS MONSTER!
A...ABER ICH... KANN IHN NICHT...
DANN WIRST DU GEFRESSEN.
H... HILFST DU MIR...?
GEHT NICHT.
EIN SCHUTZGOTT IST EIN GOTT UND KANN EINEM MENSCHEN NICHT HELFEN.

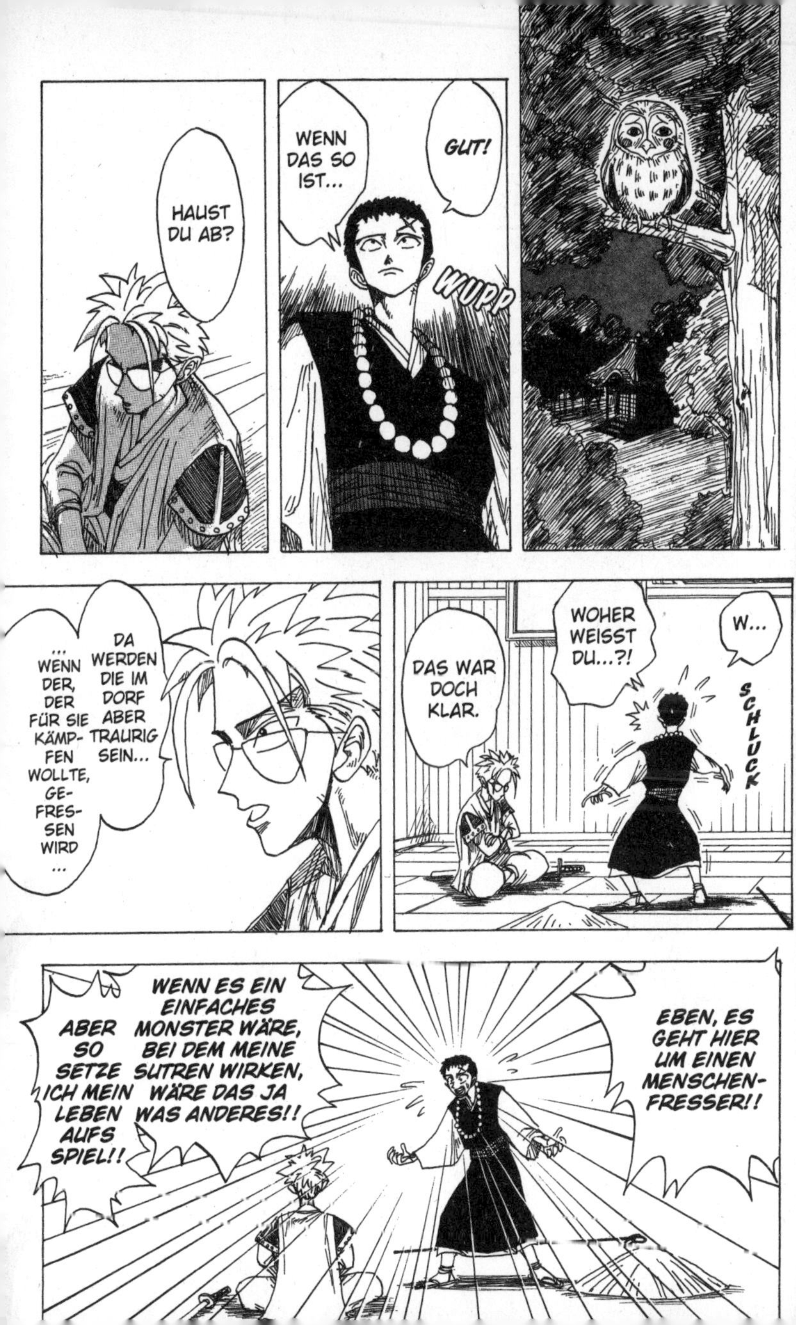
GUT!
WENN DAS SO IST...
WUPP
HAUST DU AB?
W...
SCHLUCK
WOHER WEISST DU...?!
DAS WAR DOCH KLAR.
DA WERDEN DIE IM DORF ABER TRAURIG SEIN...
...WENN DER, DER FÜR SIE KÄMPFEN WOLLTE, GEFRESSEN WIRD...
EBEN, ES GEHT HIER UM EINEN MENSCHENFRESSER!!
WENN ES EIN EINFACHES MONSTER WÄRE, BEI DEM MEINE SUTREN WIRKEN, WÄRE DAS JA WAS ANDERES!!
ABER SO SETZE ICH MEIN LEBEN AUFS SPIEL!!

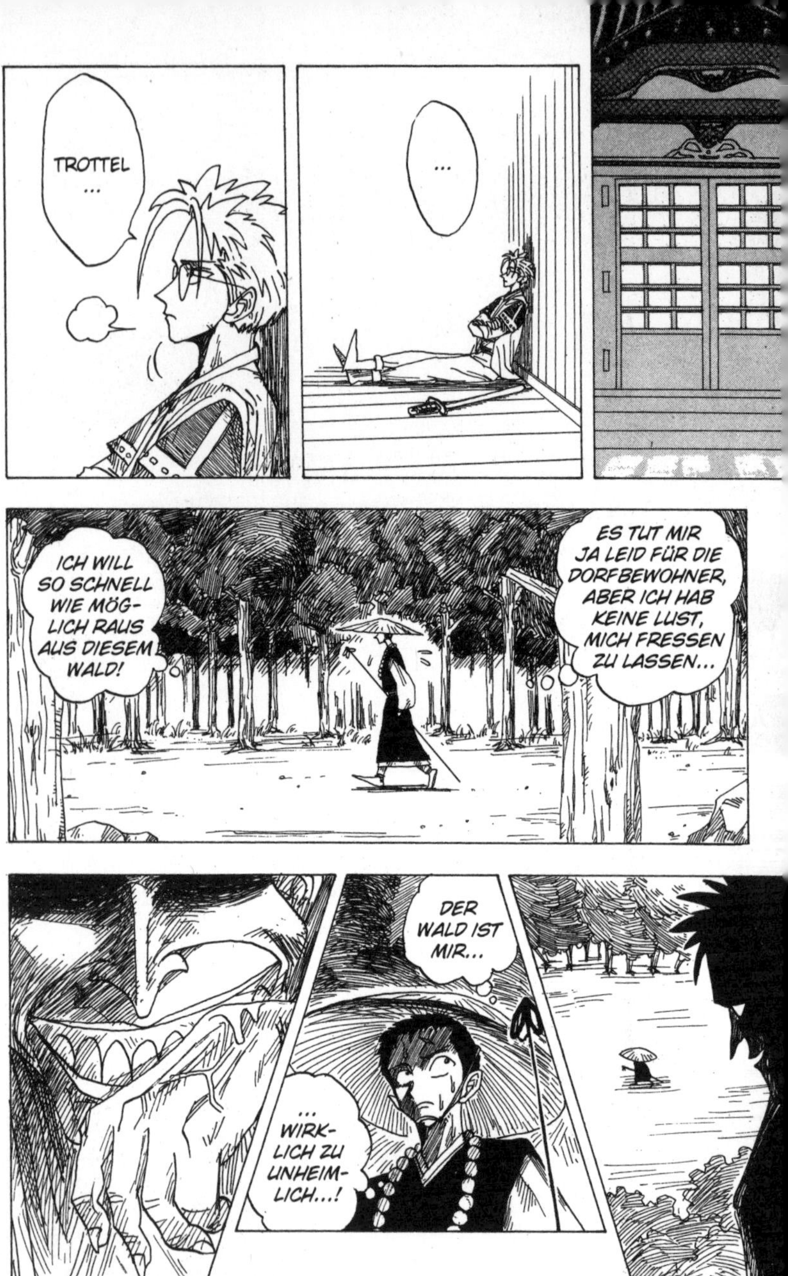
...
TROTTEL ...
ES TUT MIR JA LEID FÜR DIE DORFBEWOHNER, ABER ICH HAB KEINE LUST, MICH FRESSEN ZU LASSEN...
ICH WILL SO SCHNELL WIE MÖG-LICH RAUS AUS DIESEM WALD!
DER WALD IST MIR...
... WIRK-LICH ZU UNHEIM-LICH...!

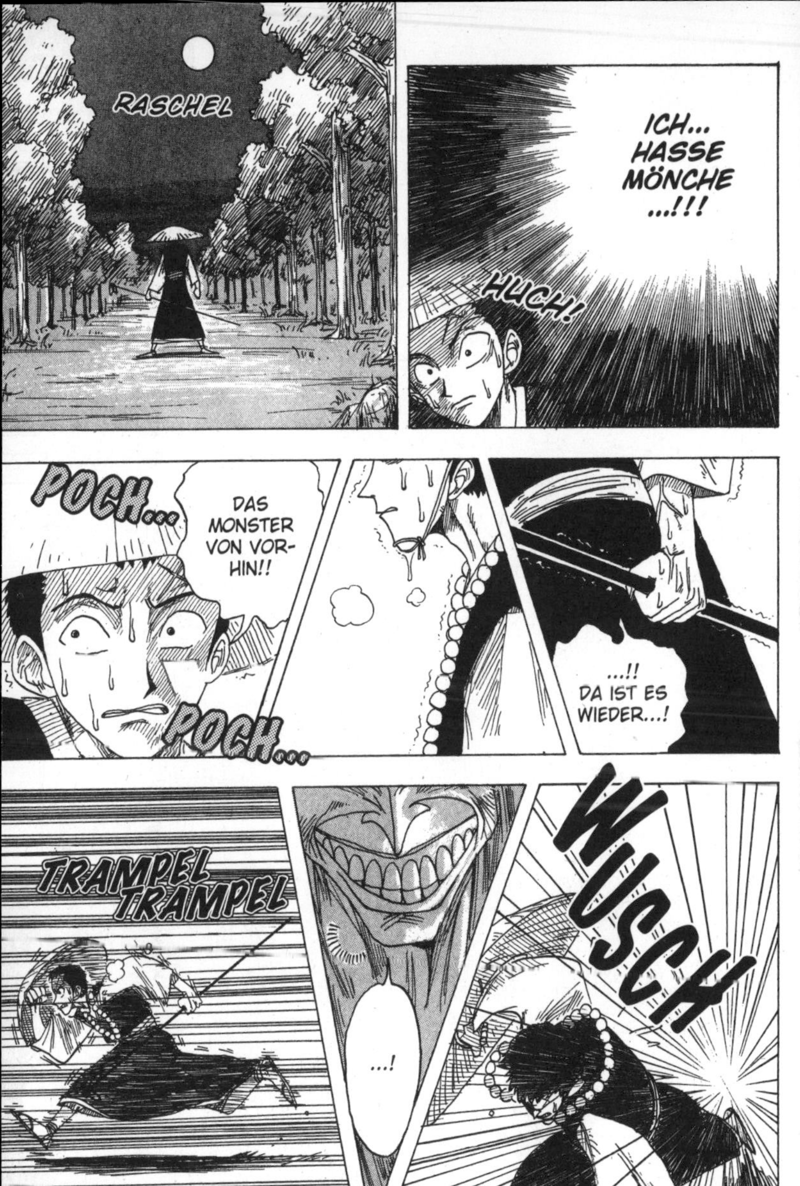
ICH... HASSE MÖNCHE ...!!!
HUCH!
RASCHEL
...!! DA IST ES WIEDER...!
POCH...
DAS MONSTER VON VOR-HIN!!
POCH...
WUSCH
...!
TRAMPEL TRAMPEL

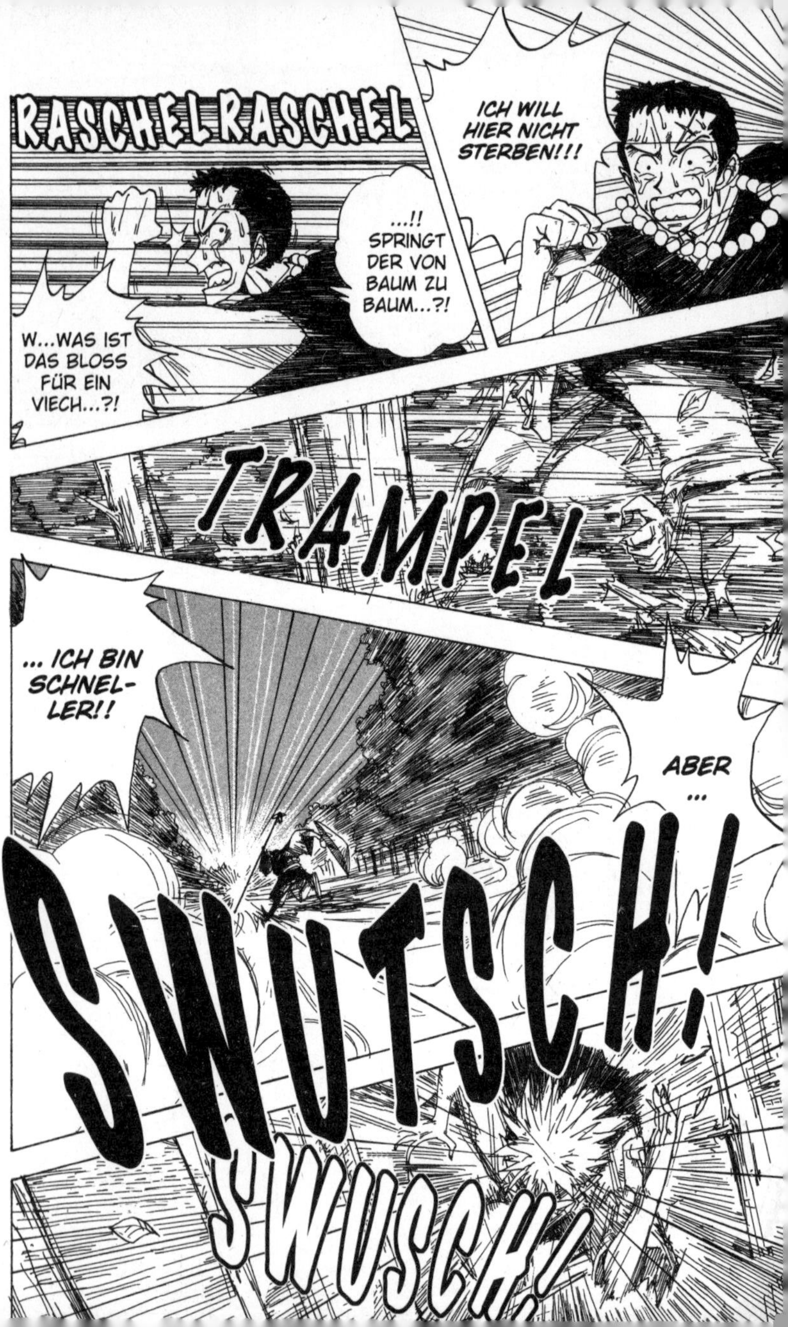
ICH WILL HIER NICHT STERBEN!!!
RASCHELRASCHEL
...!! SPRINGT DER VON BAUM ZU BAUM...?!
W...WAS IST DAS BLOSS FÜR EIN VIECH...?!
TRAMPEL
ABER ...
... ICH BIN SCHNEL-LER!!
SWUTSCH!
SWUSCH!

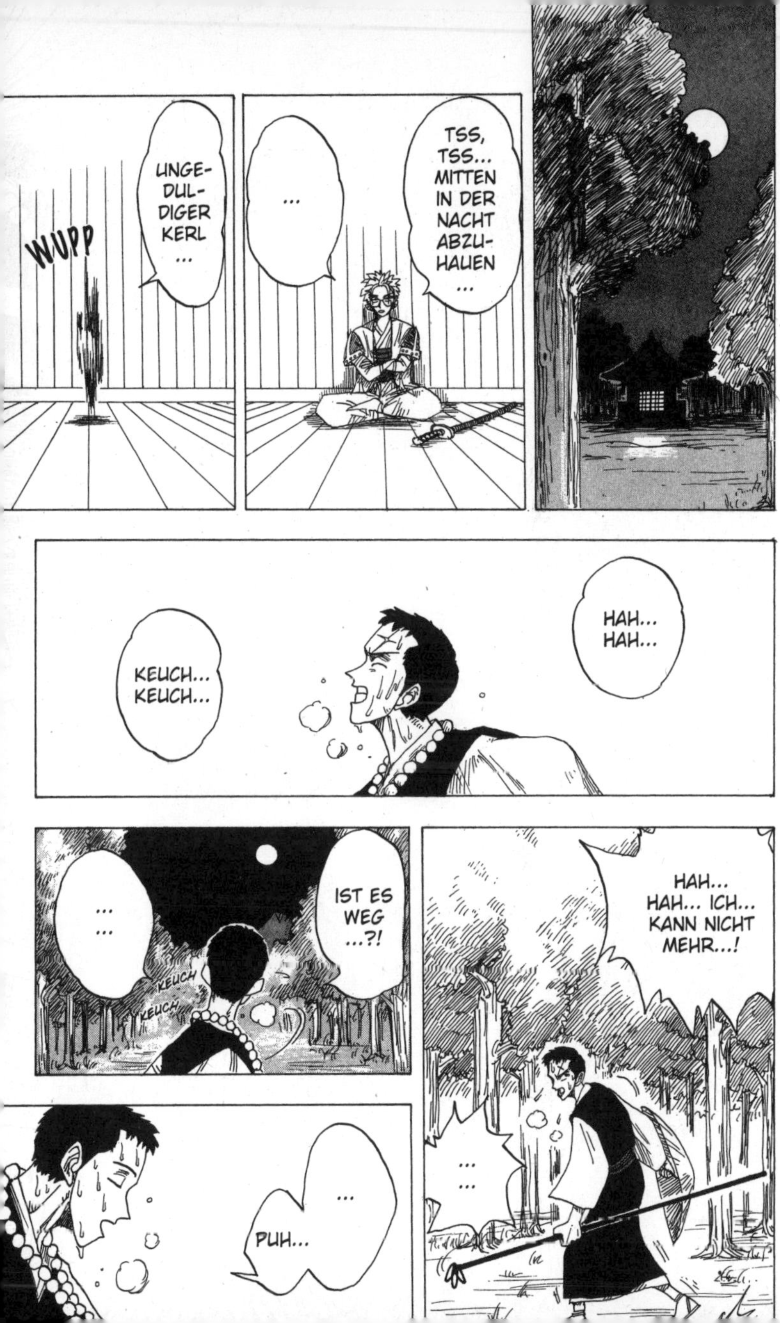
TSS, TSS... MITTEN IN DER NACHT ABZUHAUEN ...
...
UNGE-DUL-DIGER KERL ...
WUPP
HAH... HAH...
KEUCH... KEUCH...
HAH... HAH... ICH... KANN NICHT MEHR...!
... ...
IST ES WEG ...?!
KEUCH
KEUCH
... ...
...
PUH...

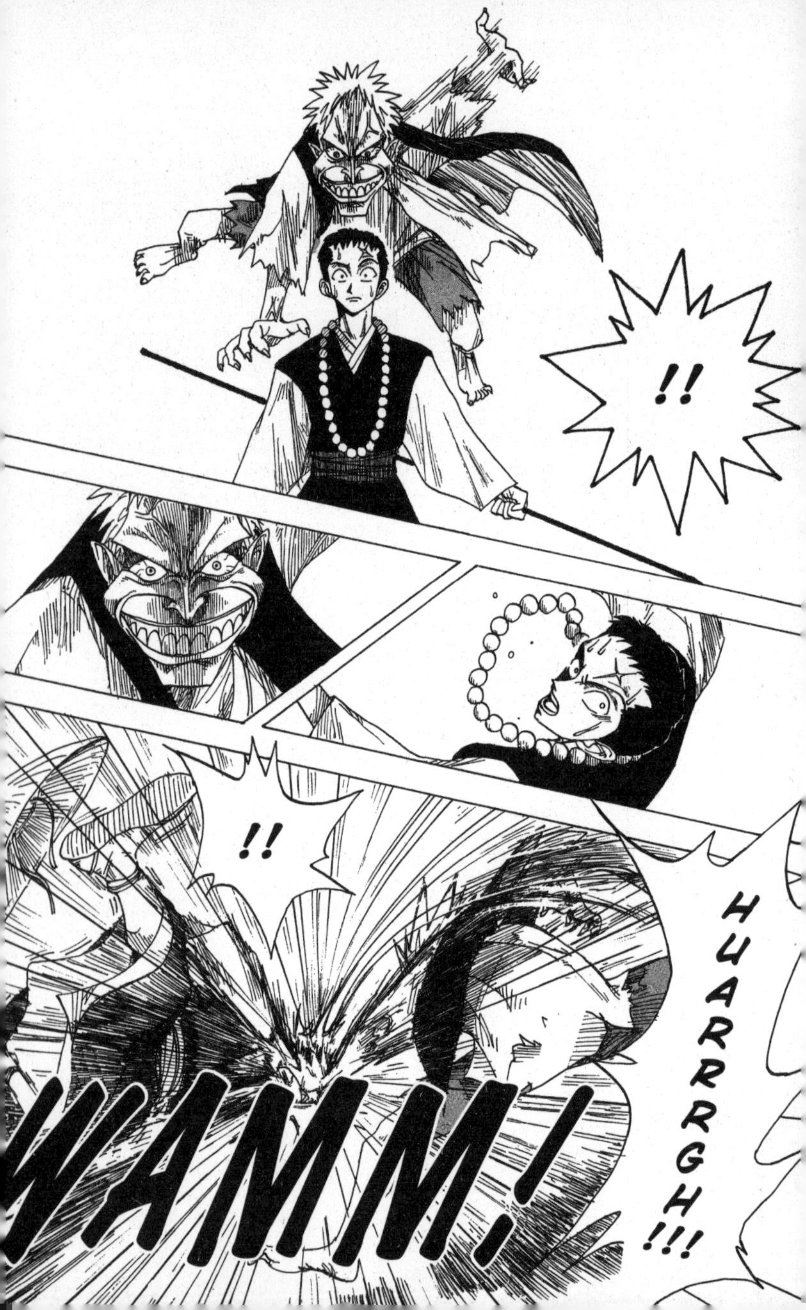
!!
!!
HUARRRGH!!!
WAMMM!

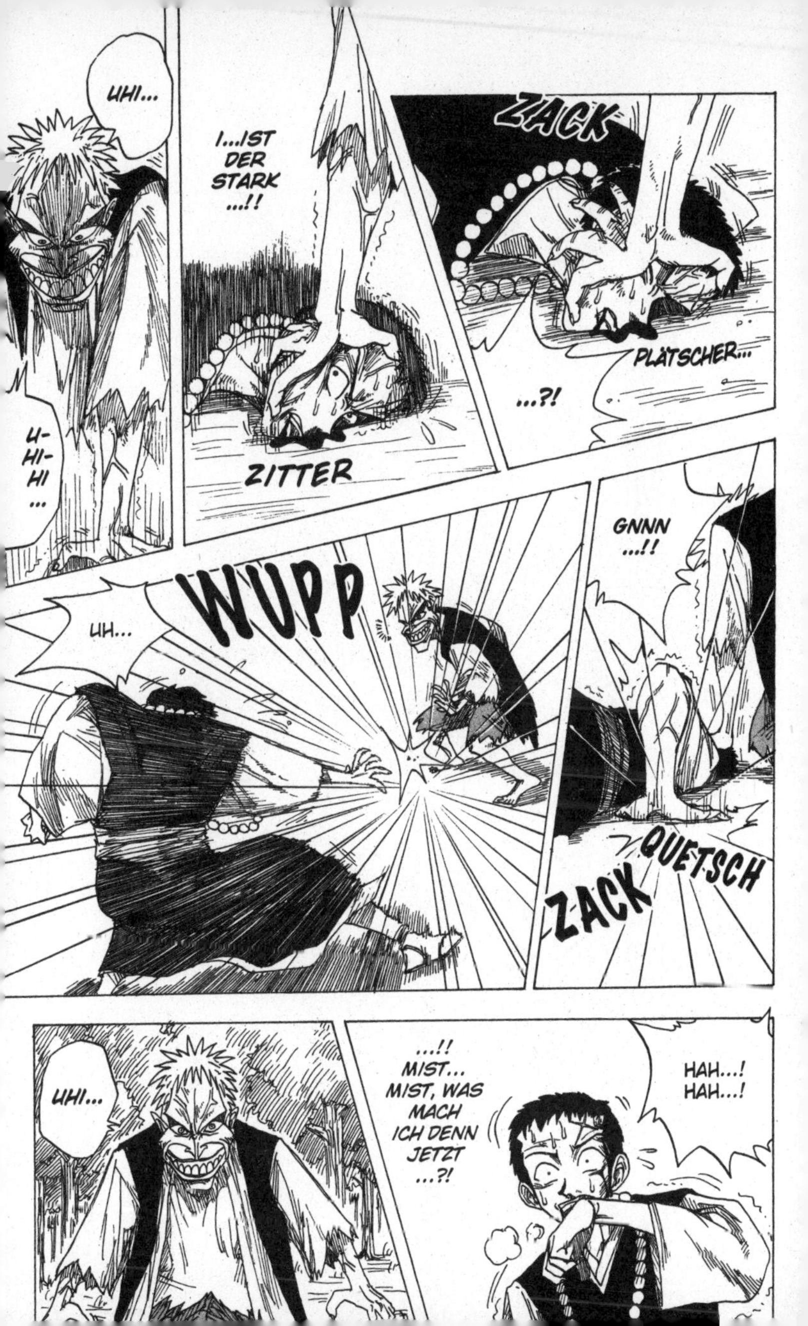
ZACK
PLÄTSCHER...
...?!
I...IST DER STARK ...!!
ZITTER
UHI...
U-HI-HI ...
GNNN ...!!
QUETSCH
ZACK
WUPP
UH...
HAH...! HAH...!
...!! MIST... MIST, WAS MACH ICH DENN JETZT ...?!
UHI...

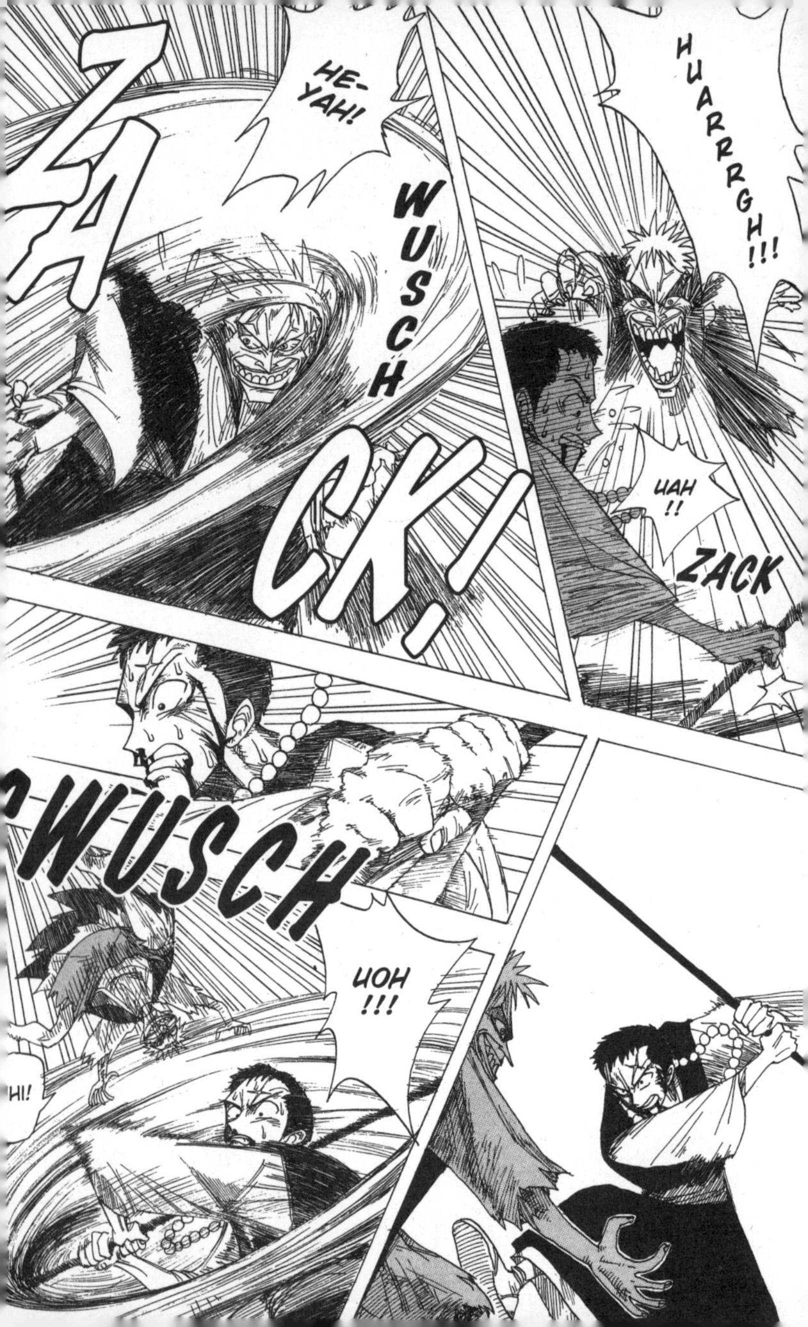

HUARRRGH!!!
UAH!!
ZACK
HE-YAH!
WUSCH
ZACK!
UOH!!!
WUSCH
HI!

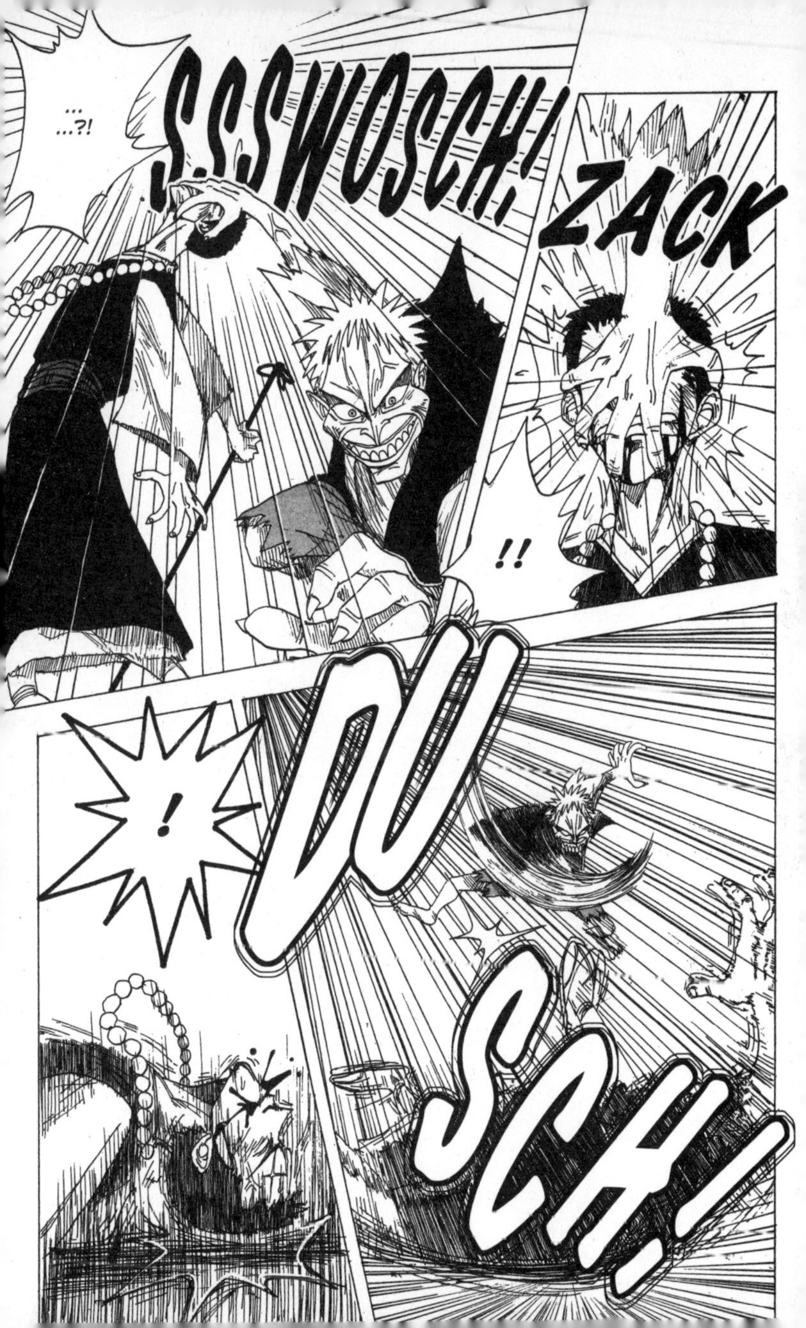
...
...?!
S.S.WOSCH!
ZACK
!!
!
DUSCH!

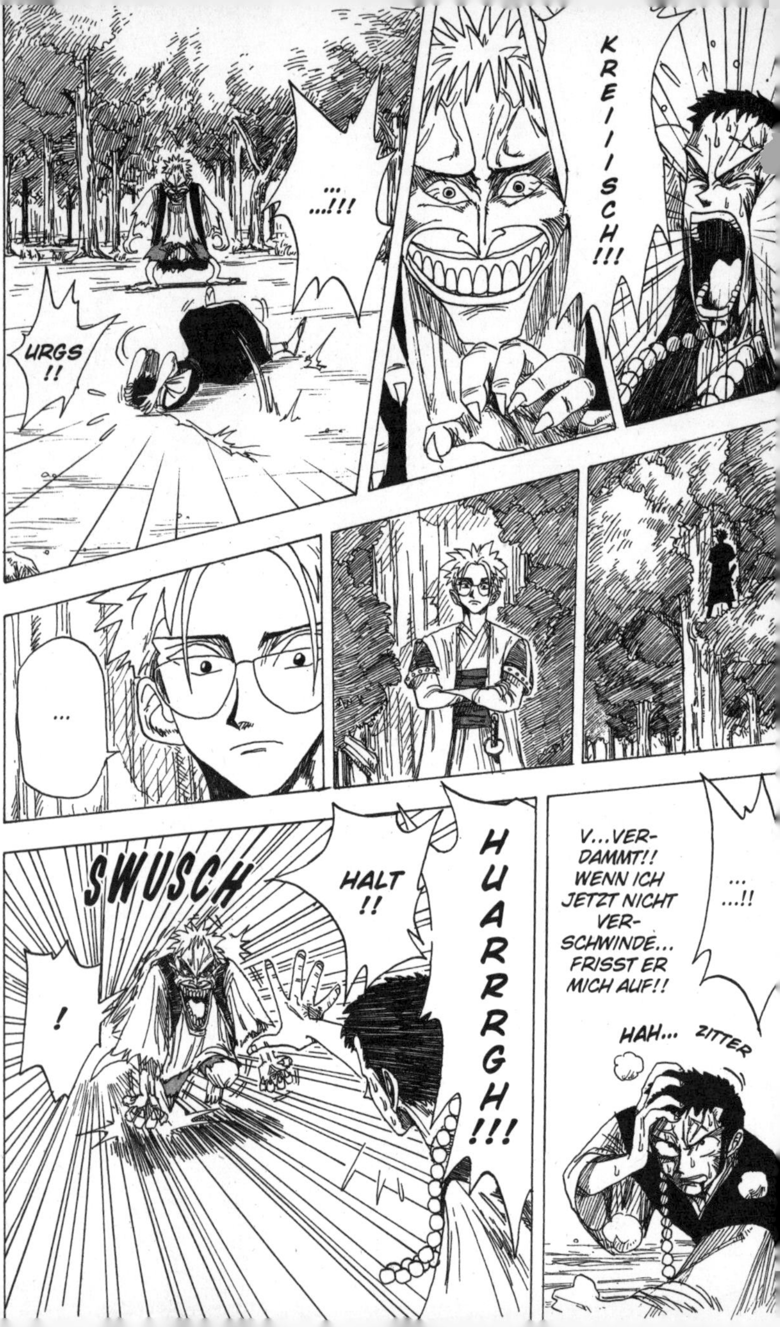

KREIIIISCH!!!
...
...!!!
URGS!!
...
V...VERDAMMT!! WENN ICH JETZT NICHT VERSCHWINDE... FRISST ER MICH AUF!!
...
...!!
HAH...
ZITTER
HUARRRGH!!!
HALT!!
SWUSCH
!

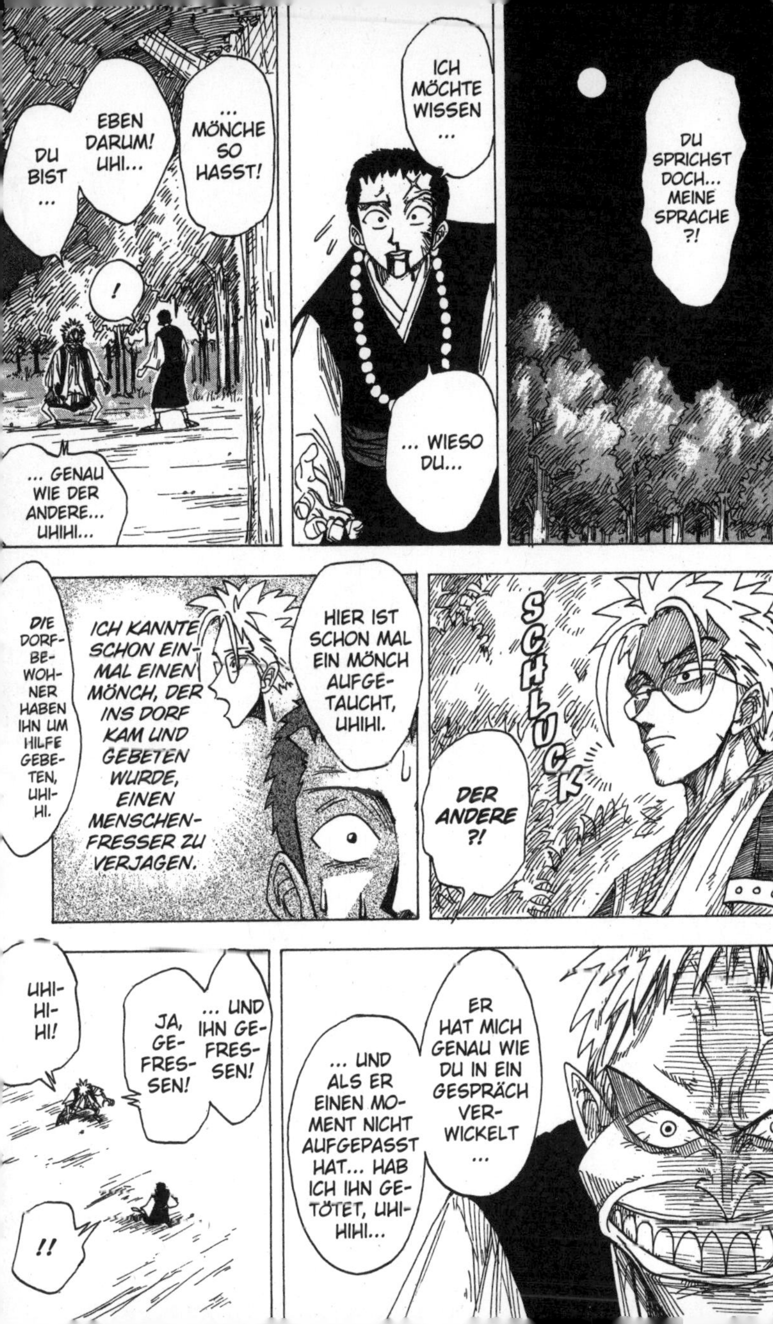
DU SPRICHST DOCH... MEINE SPRACHE ?!
ICH MÖCHTE WISSEN ...
... WIESO DU...
... MÖNCHE SO HASST!
EBEN DARUM! UHI...
DU BIST ...
!
... GENAU WIE DER ANDERE... UHIHI...
SCHLUCK
DER ANDERE ?!
HIER IST SCHON MAL EIN MÖNCH AUFGETAUCHT, UHIHI.
ICH KANNTE SCHON EINMAL EINEN MÖNCH, DER INS DORF KAM UND GEBETEN WURDE, EINEN MENSCHENFRESSER ZU VERJAGEN.
DIE DORFBEWOHNER HABEN IHN UM HILFE GEBETEN, UHIHI.
ER HAT MICH GENAU WIE DU IN EIN GESPRÄCH VERWICKELT ...
... UND ALS ER EINEN MOMENT NICHT AUFGEPASST HAT... HAB ICH IHN GETÖTET, UHIHIHI...
... UND IHN GEFRESSEN!
JA, GEFRESSEN!
UHIHIHI!
!!

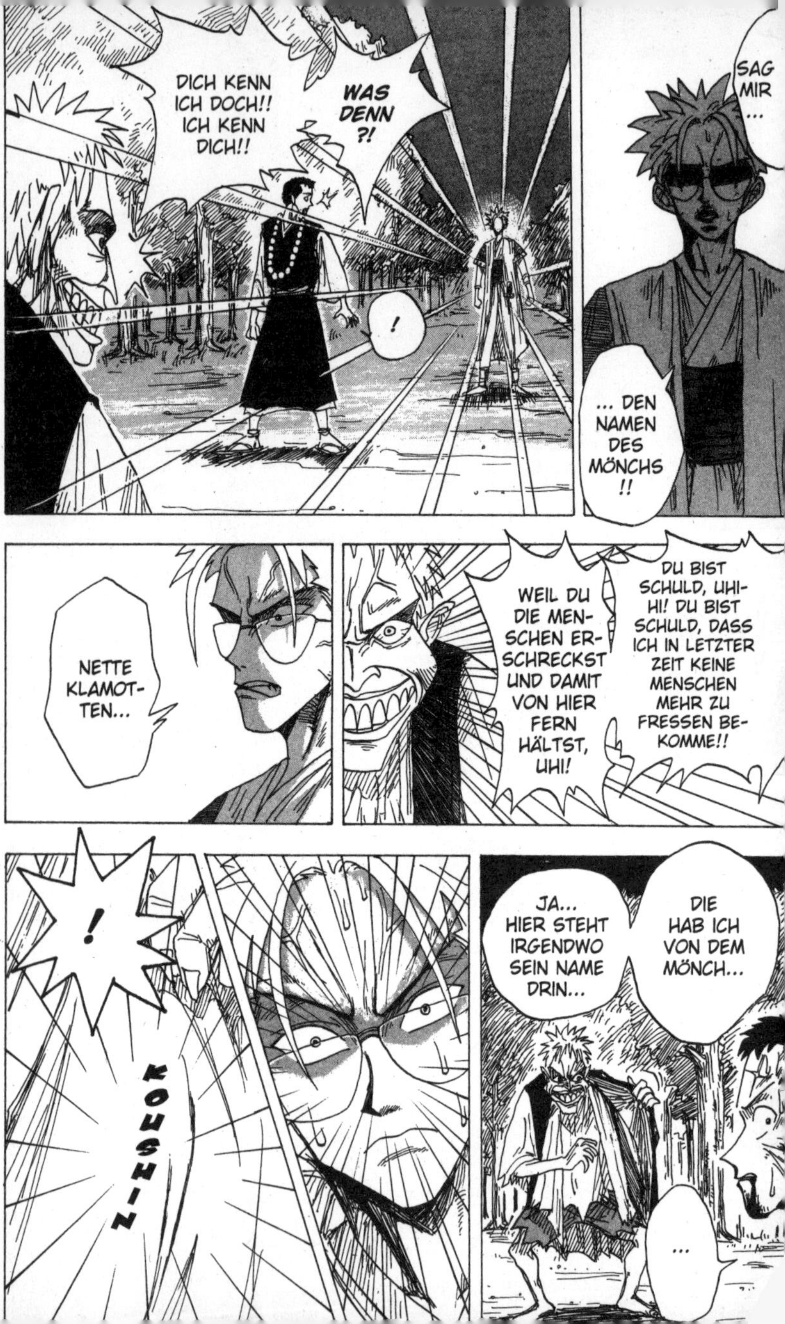
SAG MIR ...
... DEN NAMEN DES MÖNCHS !!
WAS DENN ?!
DICH KENN ICH DOCH!! ICH KENN DICH!!
!
DU BIST SCHULD, UHI-HI! DU BIST SCHULD, DASS ICH IN LETZTER ZEIT KEINE MENSCHEN MEHR ZU FRESSEN BE-KOMME!!
WEIL DU DIE MEN-SCHEN ER-SCHRECKST UND DAMIT VON HIER FERN HÄLTST, UHI!
NETTE KLAMOT-TEN...
DIE HAB ICH VON DEM MÖNCH...
JA... HIER STEHT IRGENDWO SEIN NAME DRIN...
...
!
KOUSHIN

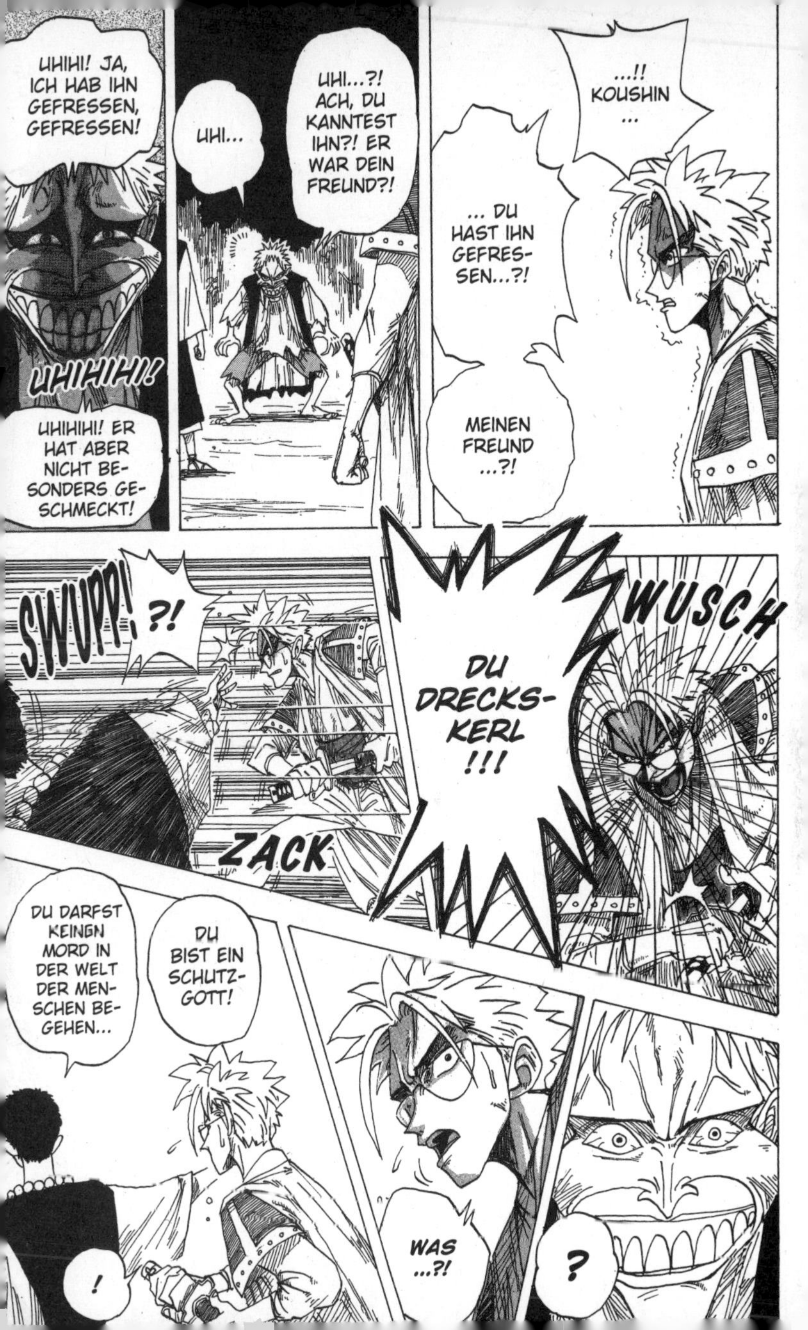

...!! KOUSHIN ...
... DU HAST IHN GEFRESSEN...?!
MEINEN FREUND ...?!
UHI...?! ACH, DU KANNTEST IHN?! ER WAR DEIN FREUND?!
UHI...
UHIHI! JA, ICH HAB IHN GEFRESSEN, GEFRESSEN!
UHIHIHI!
UHIHIHI! ER HAT ABER NICHT BESONDERS GESCHMECKT!
WUSCH
DU DRECKSKERL !!!
SWUPP!
?!
ZACK
?
WAS ...?!
DU BIST EIN SCHUTZGOTT!
DU DARFST KEINEN MORD IN DER WELT DER MENSCHEN BEGEHEN...
!

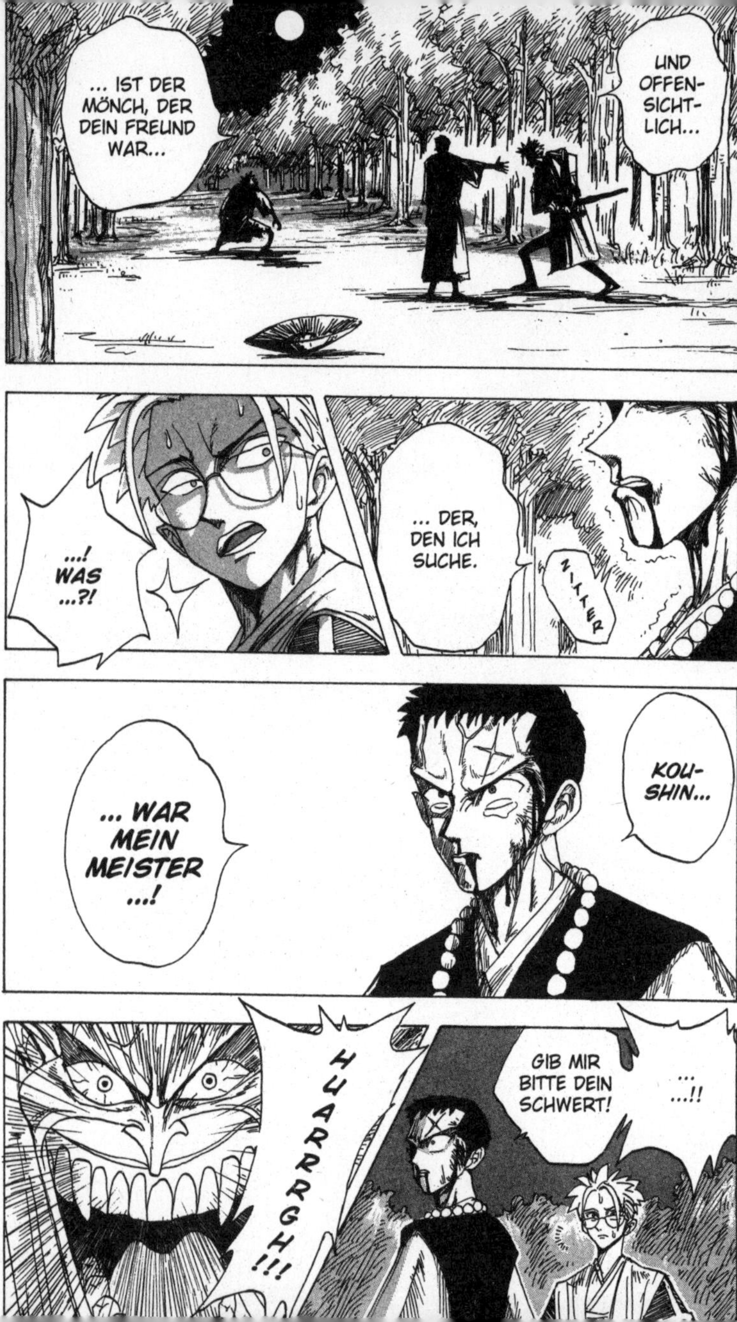
UND OFFEN-SICHT-LICH...
... IST DER MÖNCH, DER DEIN FREUND WAR...
ZITTER
... DER, DEN ICH SUCHE.
...! WAS ...?!
KOU-SHIN...
... WAR MEIN MEISTER ...!
... ...!!
GIB MIR BITTE DEIN SCHWERT!
HUARRRGH!!!

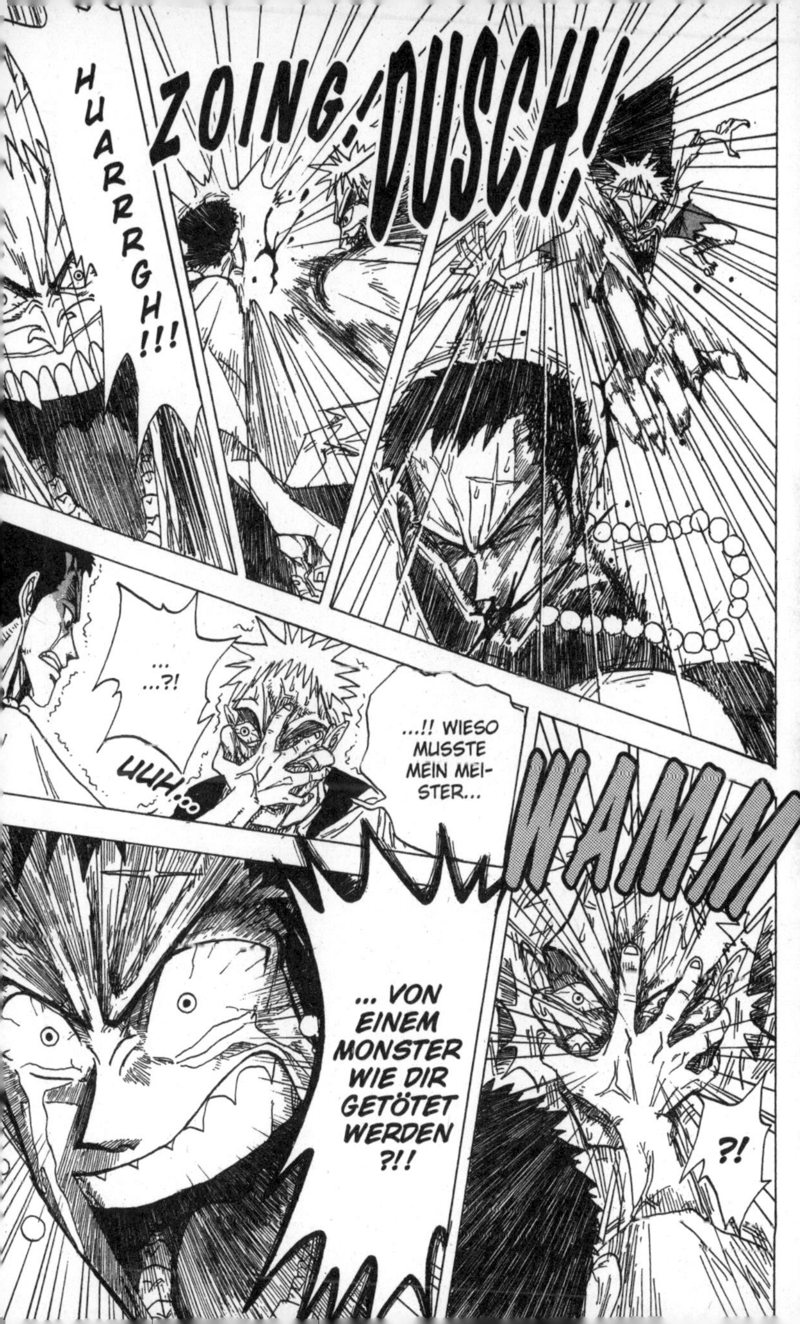
DUSCH!
ZOING!
HUARRRGH!!!
...!! WIESO MUSSTE MEIN MEISTER...
... ...?!
UUH...
WAMM
?!
... VON EINEM MONSTER WIE DIR GETÖTET WERDEN ?!!

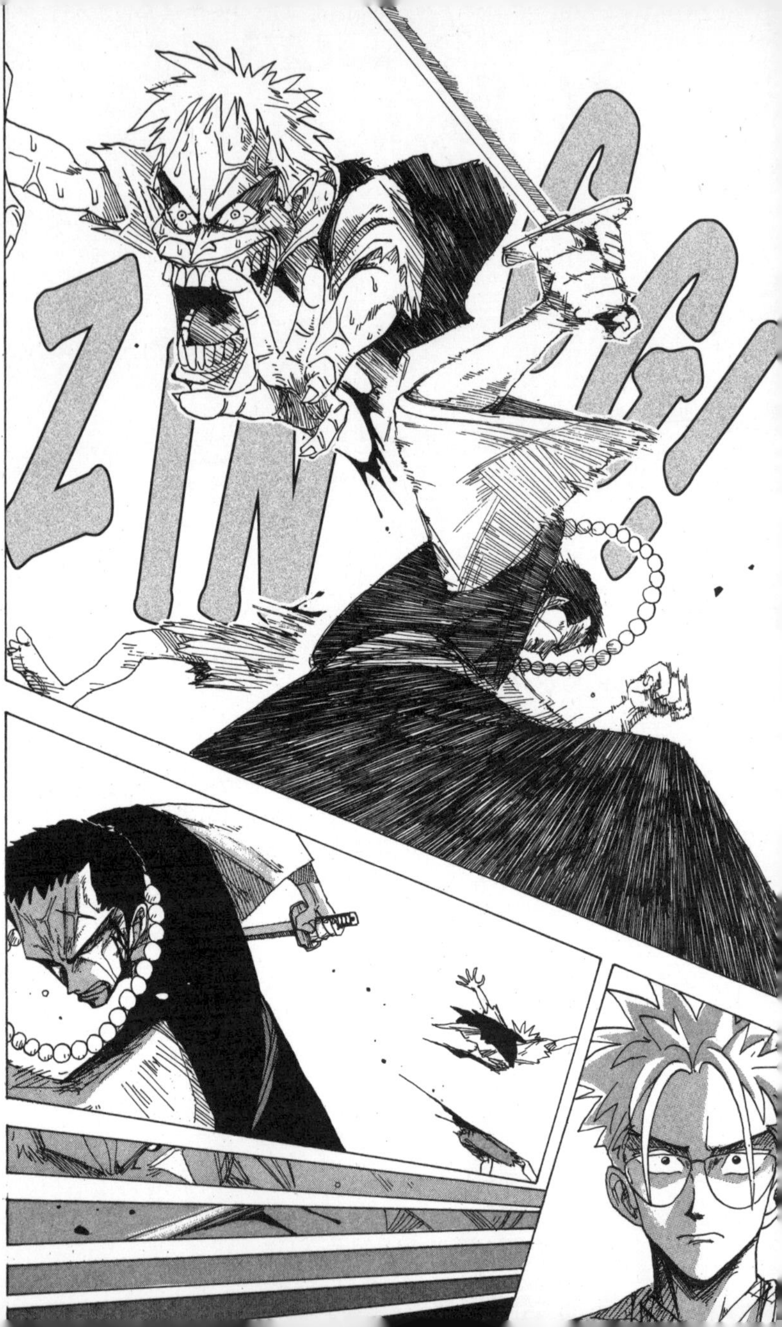
ZINGG!

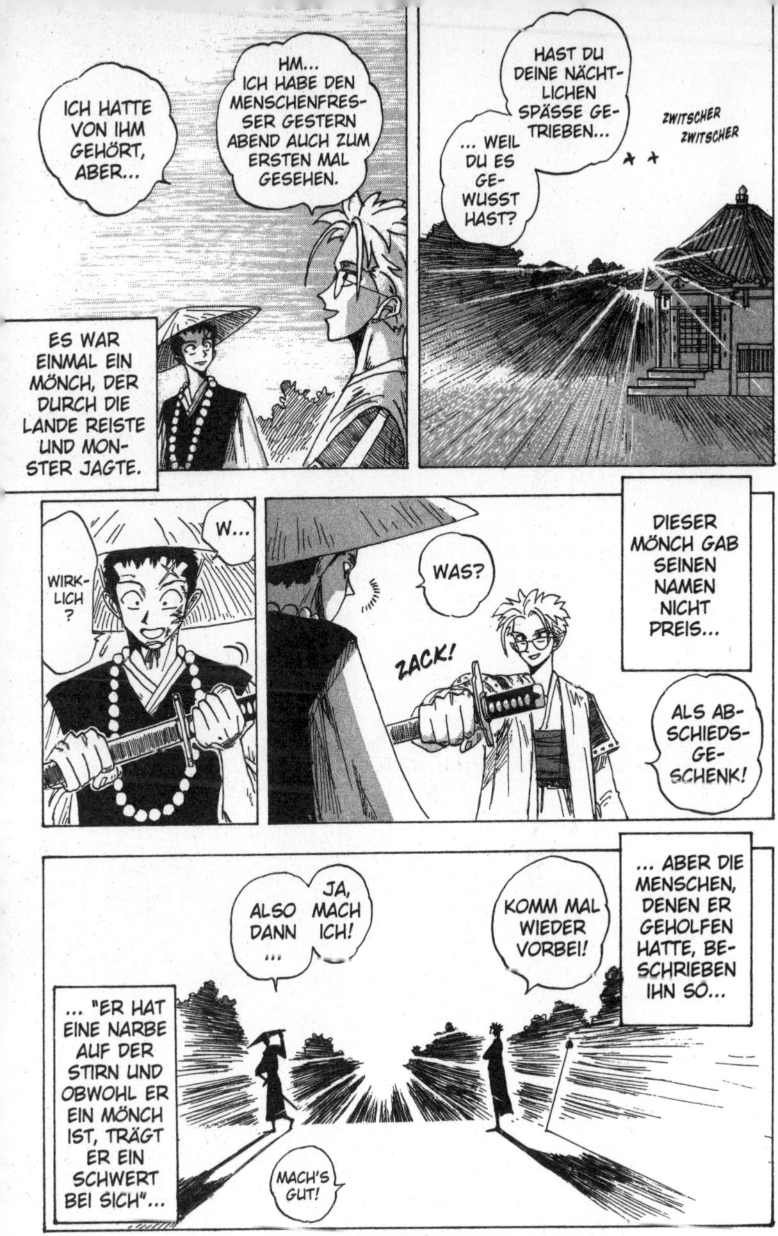

GEISTER IN DER NACHT – ENDE

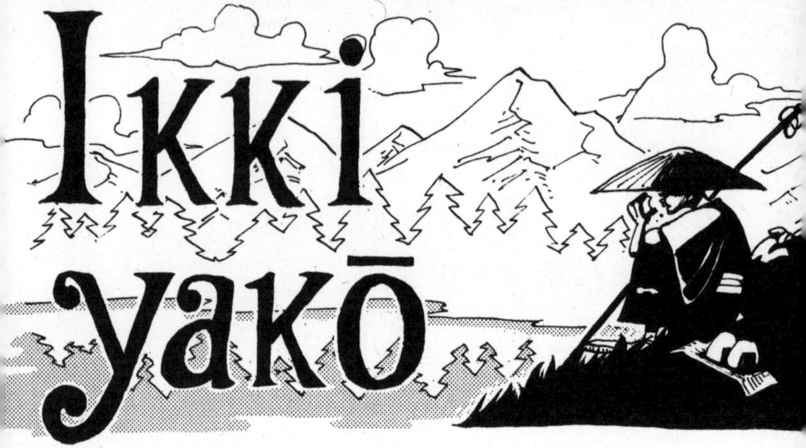

- EIN MANGA ÜBER EINEN MÖNCH. ICH HATTE PLÖTZLICH LUST, EINEN KÄMPFENDEN MÖNCH ZU ZEICHNEN. MAN KÖNNTE MEINEN, DASS ICH EINEN KÄMPFER FÜR DIE GERECHTIGKEIT IM KOPF HATTE, DER DIE WELT RETTET UND DAS BÖSE VERTREIBT, EINEN ECHTEN HELDEN EBEN. ABER ICH HABE ÜBERHAUPT NICHT AN ETWAS IN DER ART GEDACHT, ALS ICH DEN MANGA GEZEICHNET HABE, ICH DACHTE NUR, DASS ICH EINEN KÄMPFENDEN MÖNCH COOL FÄNDE.

- MENSCHENFRESSER... ICH DACHTE, WENN ES SCHON EIN KÄMPFENDER MÖNCH SEIN SOLLTE, DANN MUSSTE ER AUCH EINEN ENTSPRECHENDEN GEGNER HABEN, ALSO WURDE EIN MENSCHENFRESSER DARAUS. DAS KLINGT WIE EINE BERUFSBEZEICHNUNG, SO WIE SCHAFHIRTE, MALER, FISCHHÄNDLER, TELLERWÄSCHER, SEEFAHRER, HAUSIERER, ZAUBERER, SUMO-RINGER ETC... SOLL HEISSEN, DIESE LEUTE WERDEN ALLE SO GENANNT, WEIL DAS IHR BERUF IST!! DIE BEZEICHNUNG IST JEWEILS EIN SUBSTANTIV, ABER DAS VERB STECKT NETTERWEISE SCHON MIT DRIN, DADURCH HAT SO EINE BEZEICHNUNG GAR NICHTS BESCHWERLICHES, SONDERN KLINGT SEHR ERFRISCHEND. JA, AUS DIESEM GRUND HABE ICH DEN MENSCHENFRESSER ALS GEGNER AUSGEWÄHLT.

- DAS UNIVERSUM IST ECHT *GROOVY!* SONNE UND MOND WECHSELN SICH AB, UND DURCH DIESEN SELBSTVERSTÄNDLICHEN RHYTHMUS BESITZT ES DIE MACHT, GANZ UNBEMERKT DAS HERZ DER MENSCHEN ZU BERÜHREN. ICH STEHE ZWAR AUF EFFEKTVOLLE SZENEN, ABER GENAUSO AUF RUHIGE MOMENTE. ICH DENKE, DAVON WERDE ICH IN ZUKUNFT AUCH NOCH MEHR ZEICHNEN...

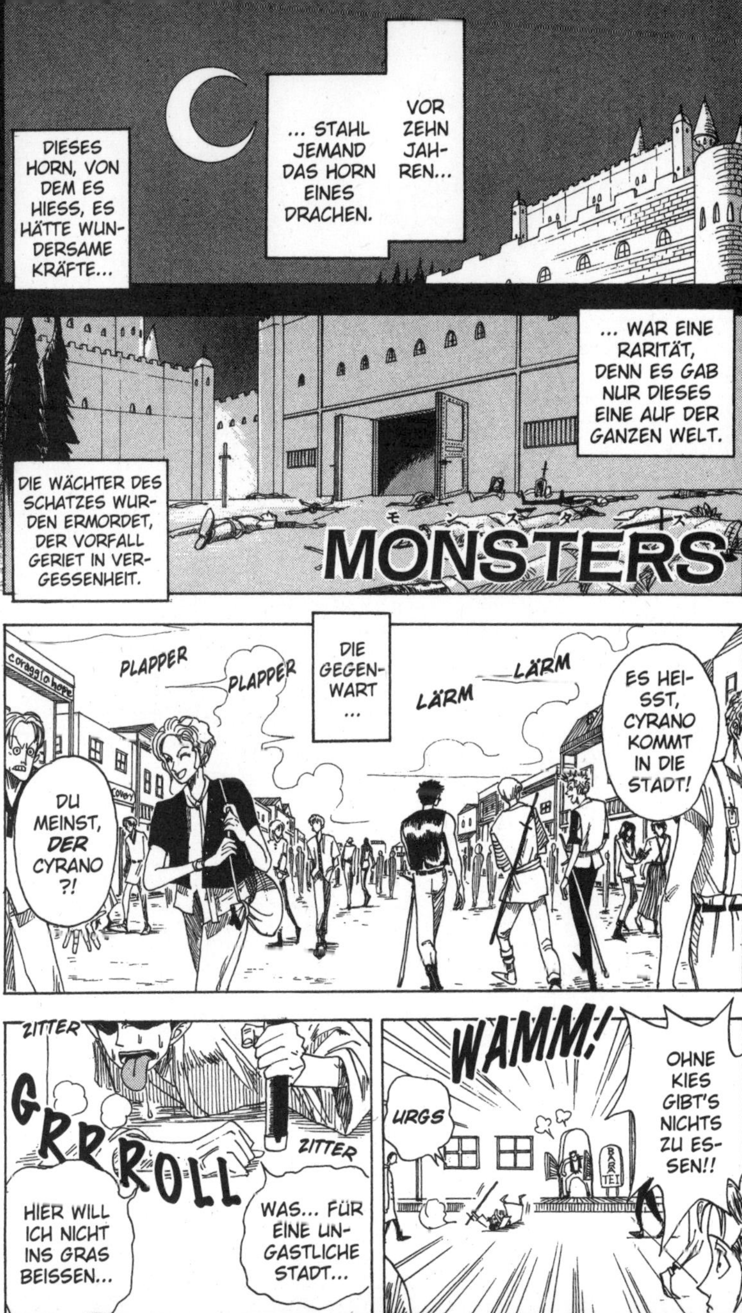

VOR ZEHN JAHREN...
... STAHL JEMAND DAS HORN EINES DRACHEN.
DIESES HORN, VON DEM ES HIESS, ES HÄTTE WUNDERSAME KRÄFTE...
... WAR EINE RARITÄT, DENN ES GAB NUR DIESES EINE AUF DER GANZEN WELT.
DIE WÄCHTER DES SCHATZES WURDEN ERMORDET, DER VORFALL GERIET IN VERGESSENHEIT.
モンスターズ
MONSTERS
DIE GEGENWART ...
LÄRM
LÄRM
ES HEISST, CYRANO KOMMT IN DIE STADT!
PLAPPER
PLAPPER
DU MEINST, DER CYRANO ?!
WAMM!
OHNE KIES GIBT'S NICHTS ZU ESSEN!!
URGS
ZITTER
GRRROLL
ZITTER
WAS... FÜR EINE UNGASTLICHE STADT...
HIER WILL ICH NICHT INS GRAS BEISSEN...

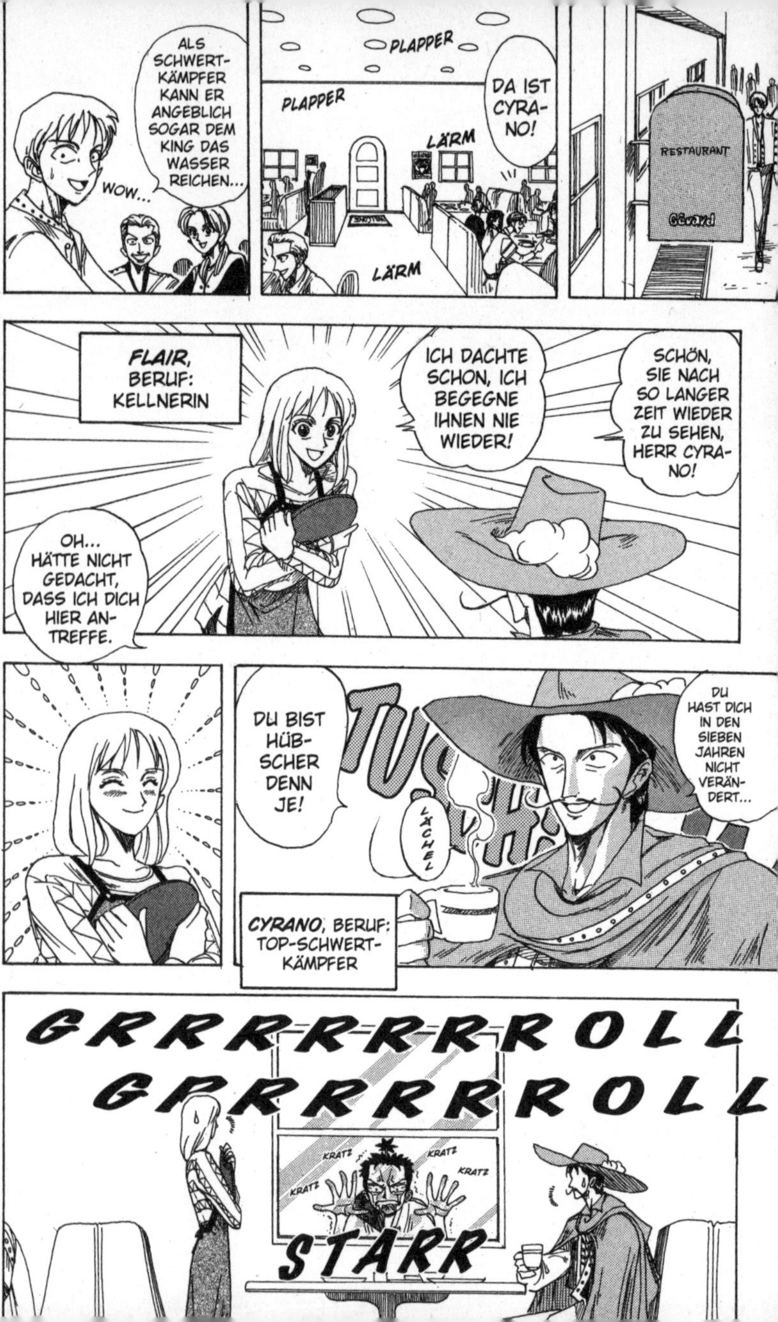
RESTAURANT
DA IST CYRANO!
PLAPPER
PLAPPER
LÄRM
LÄRM
ALS SCHWERTKÄMPFER KANN ER ANGEBLICH SOGAR DEM KING DAS WASSER REICHEN...
WOW...
SCHÖN, SIE NACH SO LANGER ZEIT WIEDER ZU SEHEN, HERR CYRANO!
ICH DACHTE SCHON, ICH BEGEGNE IHNEN NIE WIEDER!
FLAIR, BERUF: KELLNERIN
OH... HÄTTE NICHT GEDACHT, DASS ICH DICH HIER ANTREFFE.
DU HAST DICH IN DEN SIEBEN JAHREN NICHT VERÄNDERT...
LÄCHEL
DU BIST HÜBSCHER DENN JE!
CYRANO, BERUF: TOP-SCHWERTKÄMPFER
GRRRRRRROLL
GRRRRRROLL
KRATZ
KRATZ
KRATZ
KRATZ
STARR

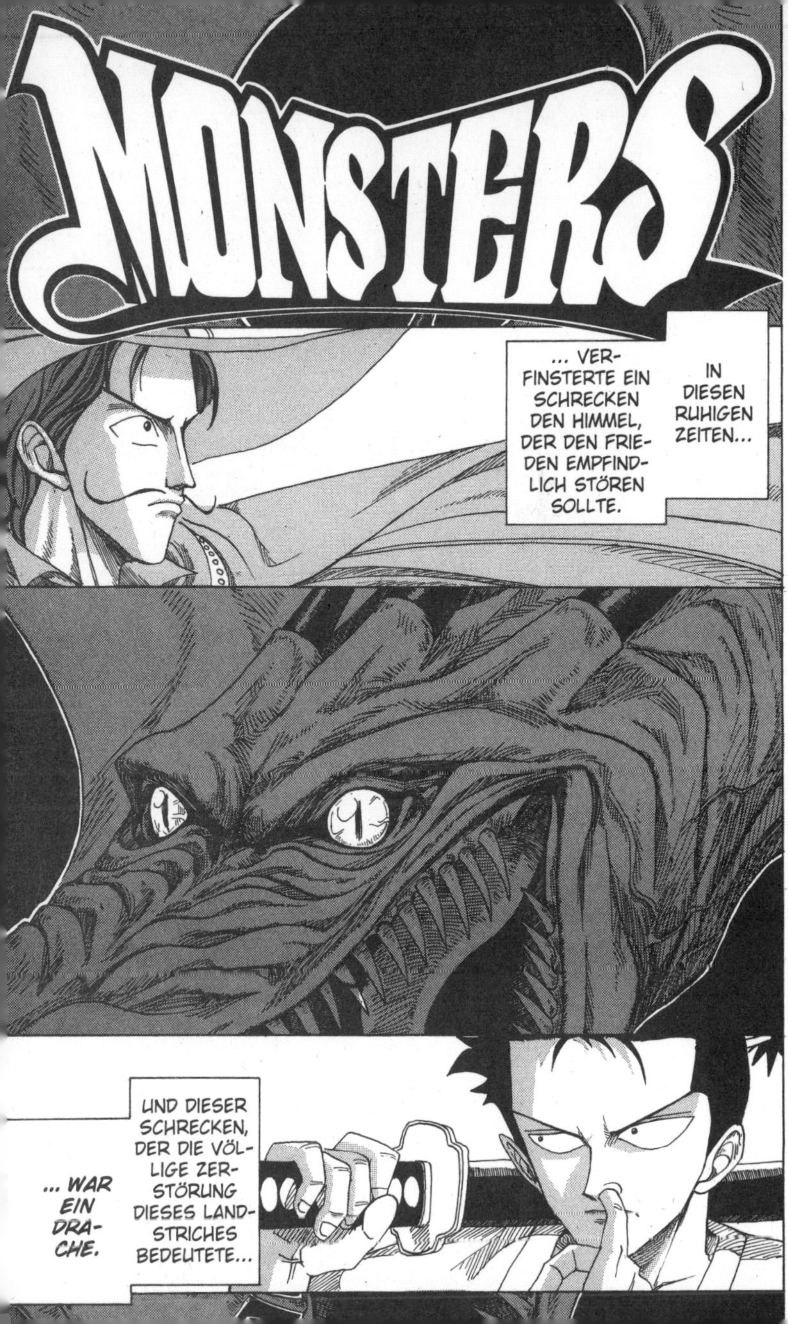
MONSTERS
IN DIESEN RUHIGEN ZEITEN...
... VERFINSTERTE EIN SCHRECKEN DEN HIMMEL, DER DEN FRIEDEN EMPFINDLICH STÖREN SOLLTE.
UND DIESER SCHRECKEN, DER DIE VÖLLIGE ZERSTÖRUNG DIESES LANDSTRICHES BEDEUTETE...
... WAR EIN DRACHE.

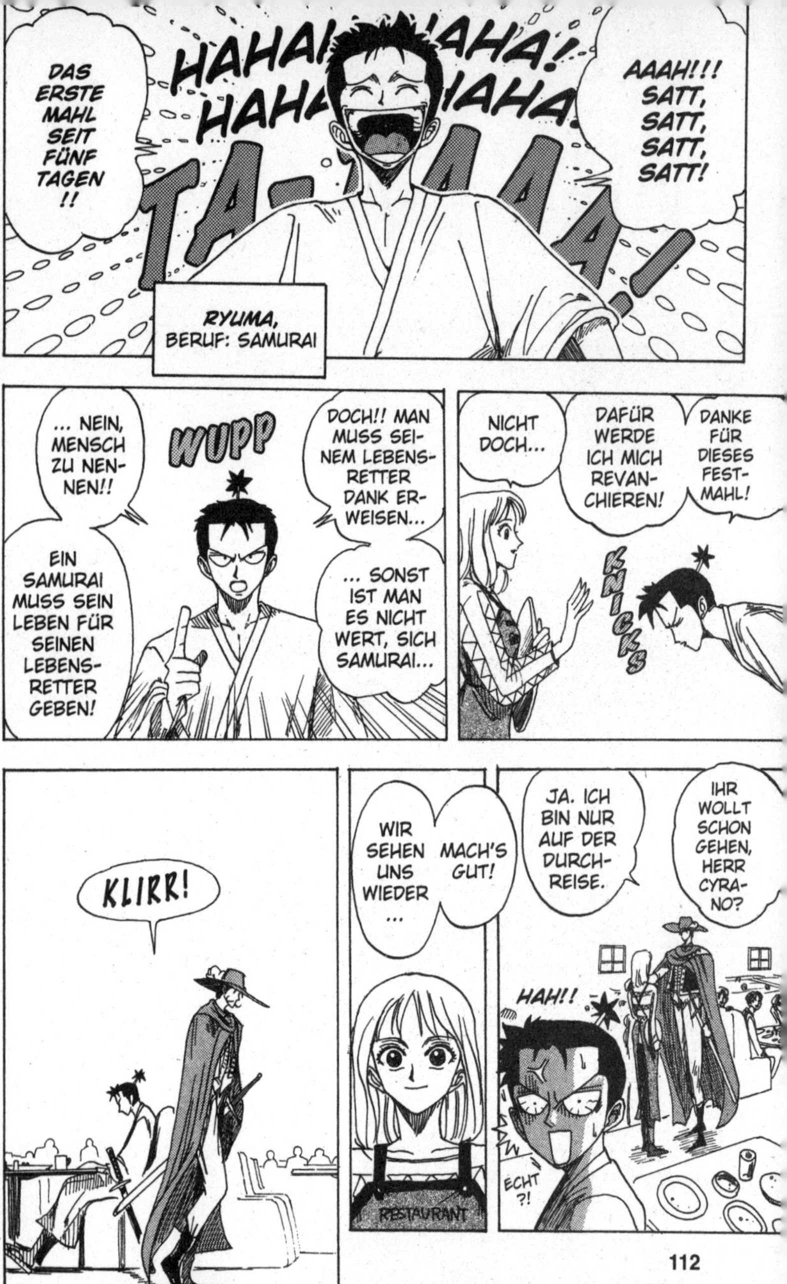
AAAH!!! SATT, SATT, SATT, SATT!
DAS ERSTE MAHL SEIT FÜNF TAGEN !!
HAHAHAHA! HAHAHAHA!
TA-DAAAA!
RYUMA, BERUF: SAMURAI
DANKE FÜR DIESES FEST-MAHL!
DAFÜR WERDE ICH MICH REVAN-CHIEREN!
NICHT DOCH...
KNICKS
DOCH!! MAN MUSS SEI-NEM LEBENS-RETTER DANK ER-WEISEN...
... SONST IST MAN ES NICHT WERT, SICH SAMURAI...
WUPP
... NEIN, MENSCH ZU NEN-NEN!!
EIN SAMURAI MUSS SEIN LEBEN FÜR SEINEN LEBENS-RETTER GEBEN!
IHR WOLLT SCHON GEHEN, HERR CYRA-NO?
JA. ICH BIN NUR AUF DER DURCH-REISE.
HAH!!
ECHT ?!
MACH'S GUT!
WIR SEHEN UNS WIEDER ...
RESTAURANT
KLIRR!

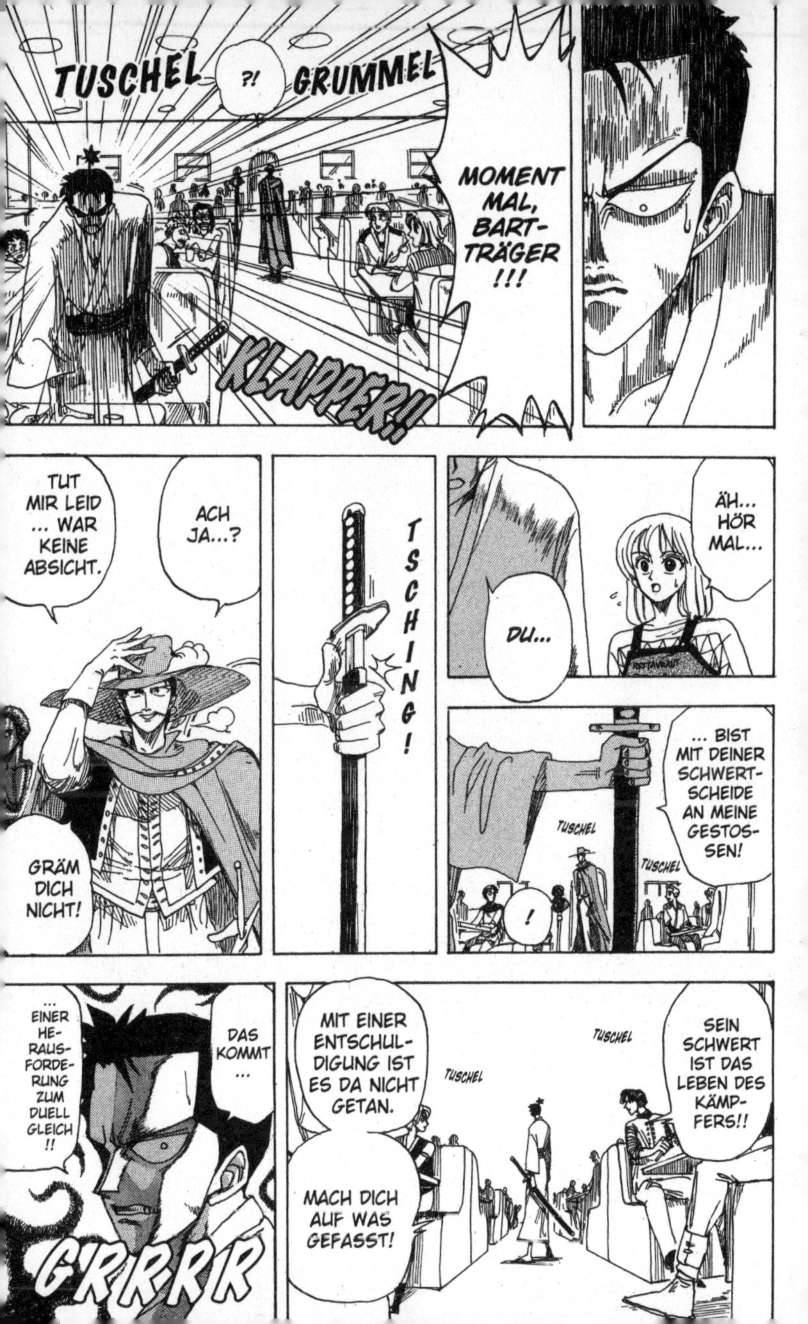
MOMENT MAL, BART-TRÄGER !!!
TUSCHEL
?!
GRUMMEL
KLAPPER!!
ÄH... HÖR MAL...
DU...
TSCHING!
ACH JA...?
TUT MIR LEID ... WAR KEINE ABSICHT.
... BIST MIT DEINER SCHWERT-SCHEIDE AN MEINE GESTOS-SEN!
TUSCHEL
TUSCHEL
!
GRÄM DICH NICHT!
SEIN SCHWERT IST DAS LEBEN DES KÄMP-FERS!!
TUSCHEL
TUSCHEL
MIT EINER ENTSCHUL-DIGUNG IST ES DA NICHT GETAN.
MACH DICH AUF WAS GEFASST!
DAS KOMMT ...
... EINER HE-RAUS-FORDE-RUNG ZUM DUELL GLEICH !!
GRRRR

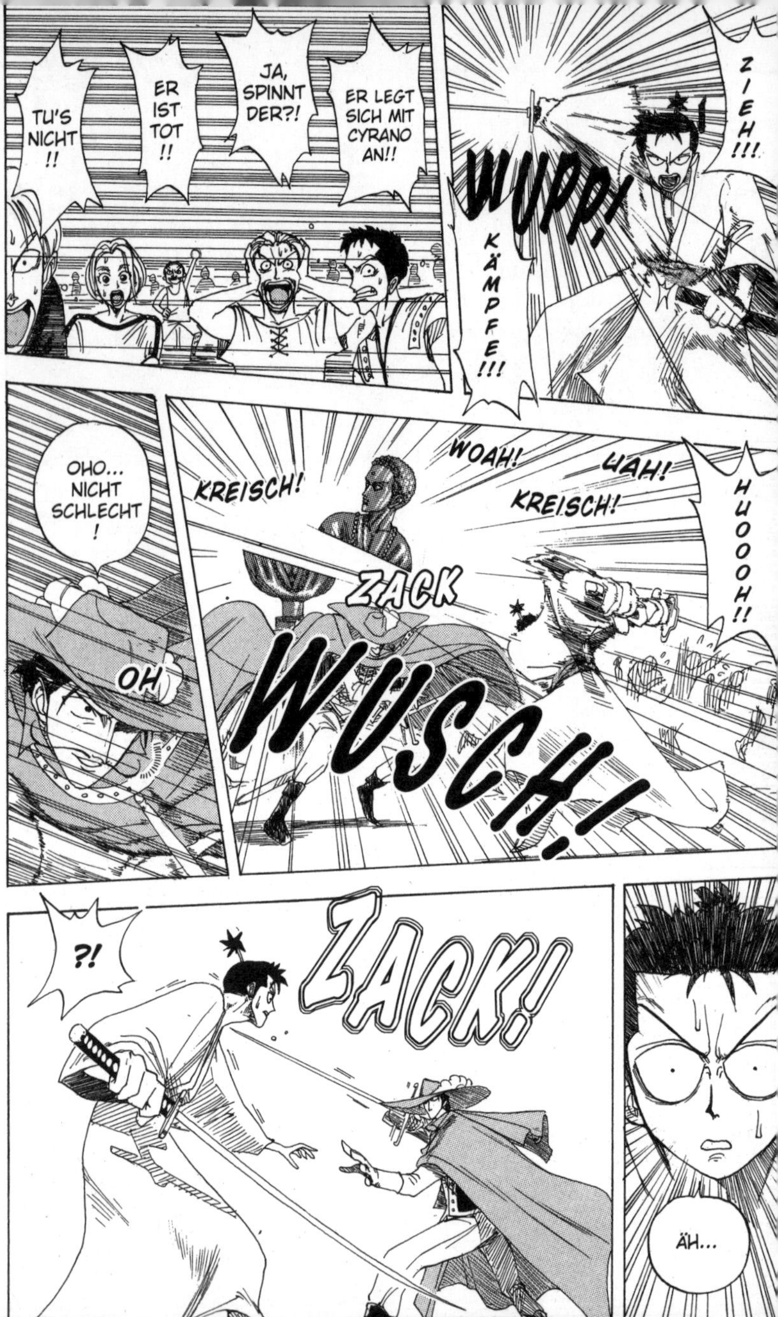
ZIEH!!!
WUPP!
KÄMPFE!!!
ER LEGT SICH MIT CYRANO AN!!
JA, SPINNT DER?!
ER IST TOT!!
TU'S NICHT!!
HUOOOOH!!
UAH!
KREISCH!
WOAH!
KREISCH!
ZACK
WUSCH!
OHO... NICHT SCHLECHT!
OH
ÄH...
ZACK!
?!

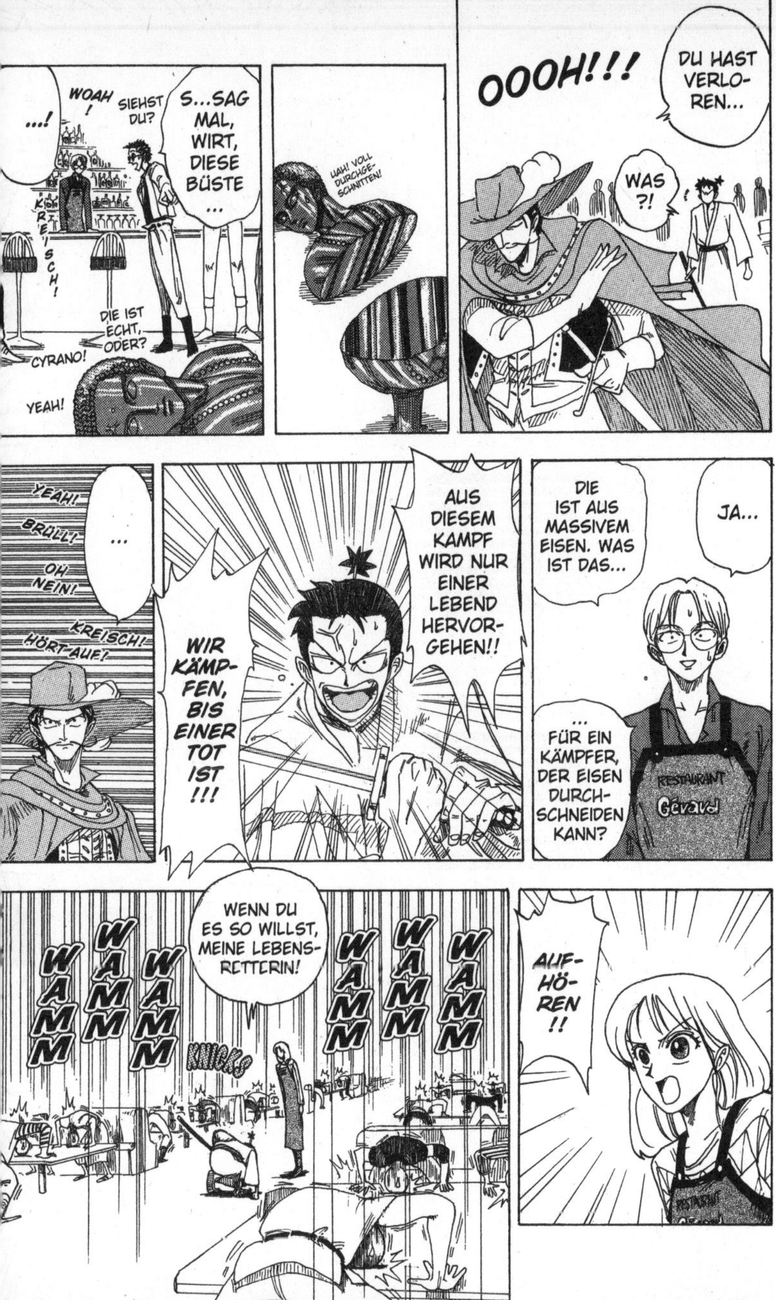

DU HAST VERLOREN...
OOOH!!!
WAS?!
UAH! VOLL DURCHGESCHNITTEN!
S...SAG MAL, WIRT, DIESE BÜSTE...
SIEHST DU?
WOAH!
...!
KREISCH!
DIE IST ECHT, ODER?
CYRANO!
YEAH!
JA...
DIE IST AUS MASSIVEM EISEN. WAS IST DAS...
... FÜR EIN KÄMPFER, DER EISEN DURCHSCHNEIDEN KANN?
AUS DIESEM KAMPF WIRD NUR EINER LEBEND HERVORGEHEN!!
WIR KÄMPFEN, BIS EINER TOT IST!!!
...
YEAH!
BRÜLL!
OH NEIN!
KREISCH!
HÖRT AUF!
AUFHÖREN!!
WENN DU ES SO WILLST, MEINE LEBENSRETTERIN!
WAMM
WAMM
WAMM
WAMM
WAMM
WAMM
KNICKS

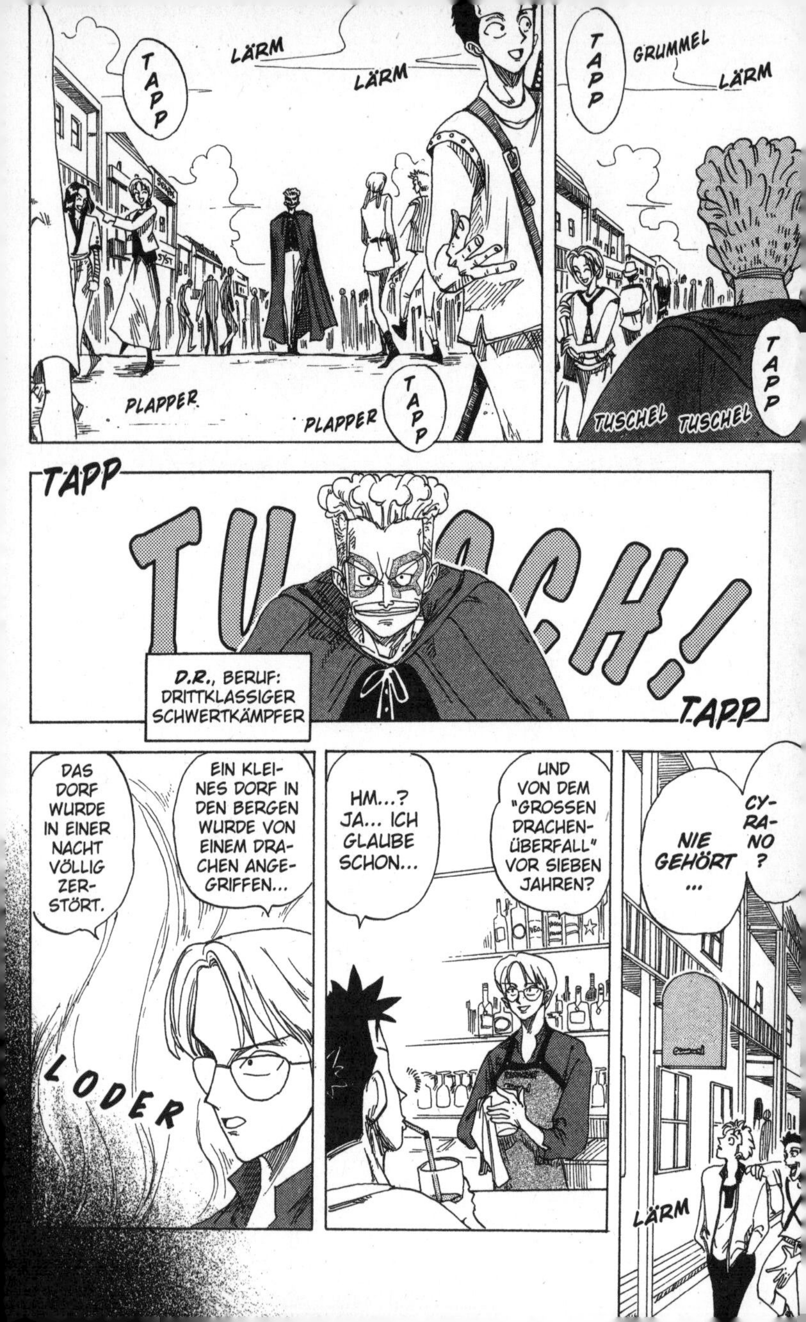
TAPP
GRUMMEL
LÄRM
TAPP
TUSCHEL TUSCHEL
TAPP
LÄRM
LÄRM
TAPP
PLAPPER
PLAPPER
TAPP
TUSCH!
TAPP
D.R., BERUF: DRITTKLASSIGER SCHWERTKÄMPFER
CY-RA-NO?
NIE GEHÖRT ...
LÄRM
UND VON DEM "GROSSEN DRACHEN-ÜBERFALL" VOR SIEBEN JAHREN?
HM...? JA... ICH GLAUBE SCHON...
EIN KLEI-NES DORF IN DEN BERGEN WURDE VON EINEM DRA-CHEN ANGE-GRIFFEN...
DAS DORF WURDE IN EINER NACHT VÖLLIG ZER-STÖRT.
LODER

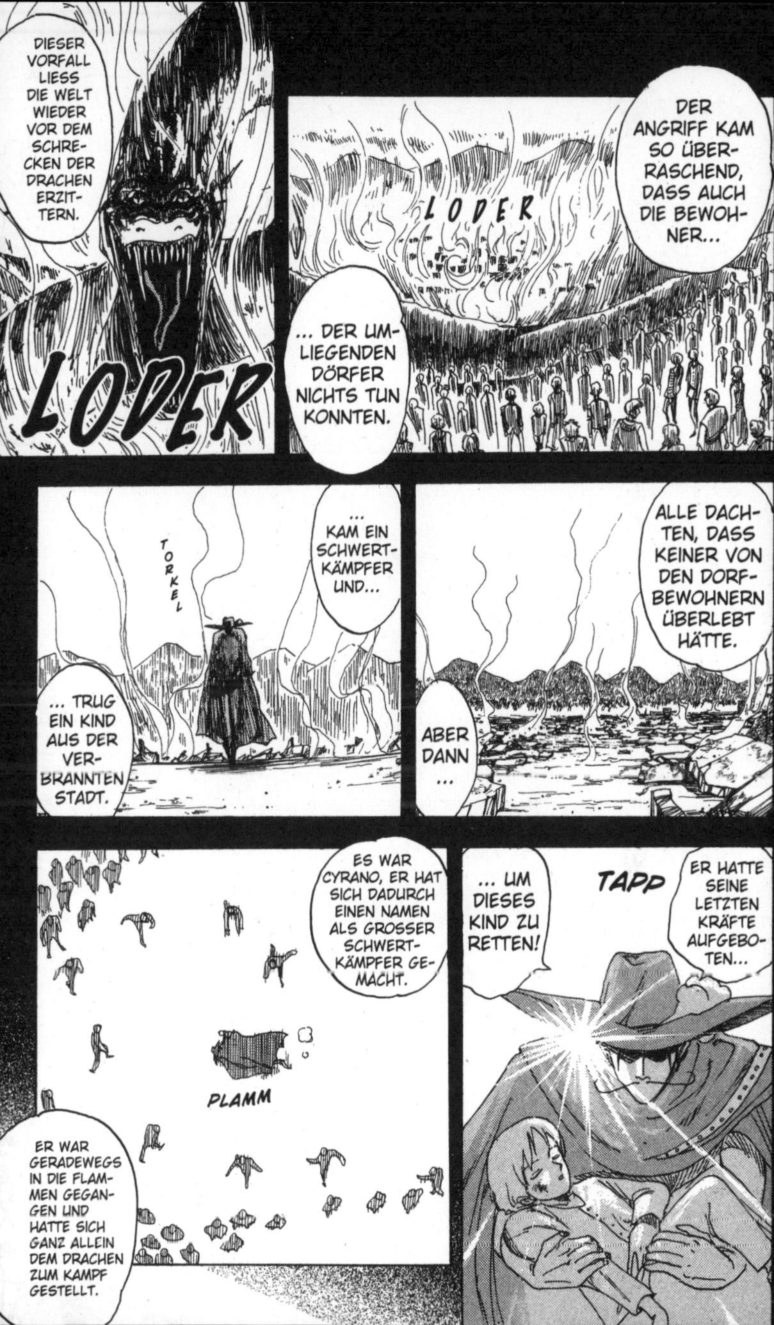

DER ANGRIFF KAM SO ÜBERRASCHEND, DASS AUCH DIE BEWOHNER...
LODER
... DER UMLIEGENDEN DÖRFER NICHTS TUN KONNTEN.
DIESER VORFALL LIESS DIE WELT WIEDER VOR DEM SCHRECKEN DER DRACHEN ERZITTERN.
LODER
ALLE DACHTEN, DASS KEINER VON DEN DORFBEWOHNERN ÜBERLEBT HÄTTE.
ABER DANN ...
... KAM EIN SCHWERTKÄMPFER UND...
TORKEL
... TRUG EIN KIND AUS DER VERBRANNTEN STADT.
TAPP
ER HATTE SEINE LETZTEN KRÄFTE AUFGEBOTEN...
... UM DIESES KIND ZU RETTEN!
ES WAR CYRANO, ER HAT SICH DADURCH EINEN NAMEN ALS GROSSER SCHWERTKÄMPFER GEMACHT.
PLAMM
ER WAR GERADEWEGS IN DIE FLAMMEN GEGANGEN UND HATTE SICH GANZ ALLEIN DEM DRACHEN ZUM KAMPF GESTELLT.

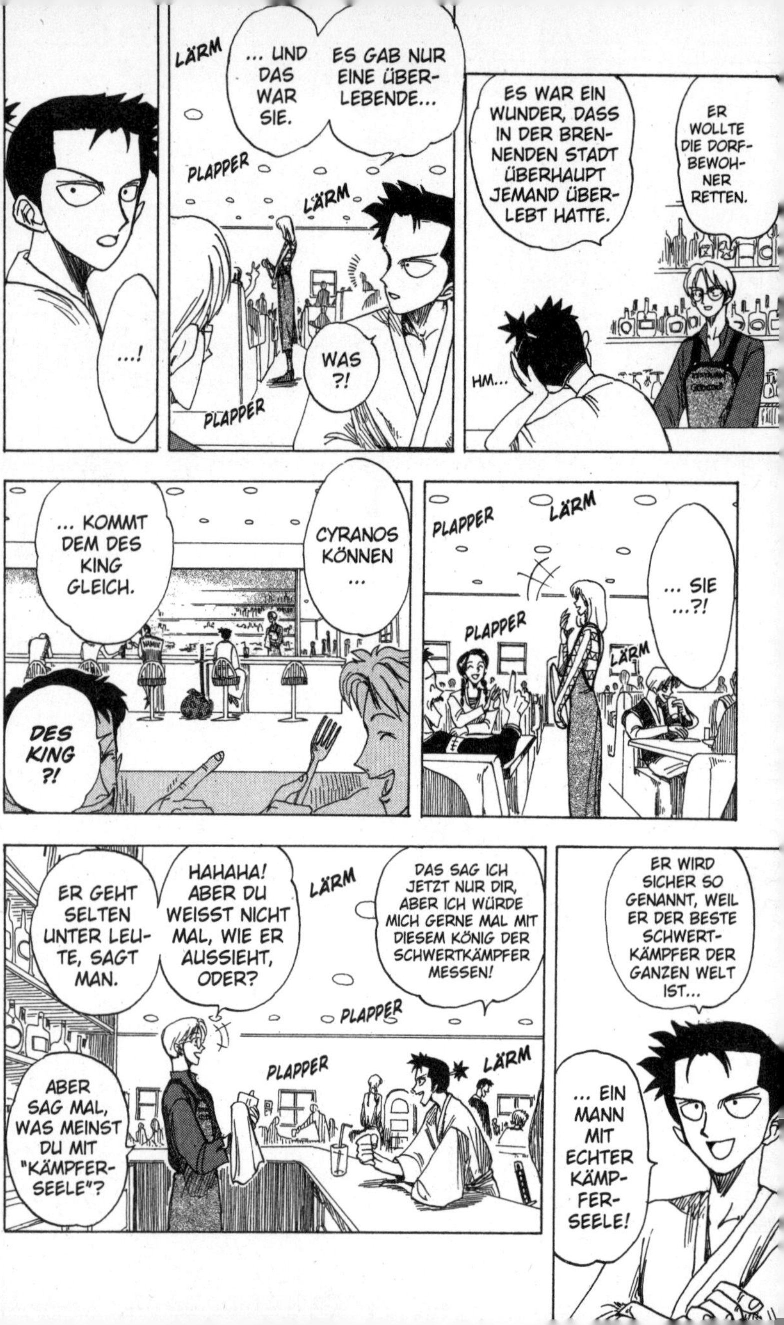
ER WOLLTE DIE DORFBEWOHNER RETTEN.
ES WAR EIN WUNDER, DASS IN DER BRENNENDEN STADT ÜBERHAUPT JEMAND ÜBERLEBT HATTE.
HM...
LÄRM
ES GAB NUR EINE ÜBERLEBENDE...
... UND DAS WAR SIE.
PLAPPER
LÄRM
WAS ?!
PLAPPER
...!
PLAPPER
LÄRM
... SIE ...?!
PLAPPER
LÄRM
CYRANOS KÖNNEN ...
... KOMMT DEM DES KING GLEICH.
DES KING ?!
ER WIRD SICHER SO GENANNT, WEIL ER DER BESTE SCHWERTKÄMPFER DER GANZEN WELT IST...
... EIN MANN MIT ECHTER KÄMPFERSEELE!
DAS SAG ICH JETZT NUR DIR, ABER ICH WÜRDE MICH GERNE MAL MIT DIESEM KÖNIG DER SCHWERTKÄMPFER MESSEN!
LÄRM
HAHAHA! ABER DU WEISST NICHT MAL, WIE ER AUSSIEHT, ODER?
ER GEHT SELTEN UNTER LEUTE, SAGT MAN.
PLAPPER
LÄRM
PLAPPER
ABER SAG MAL, WAS MEINST DU MIT "KÄMPFERSEELE"?

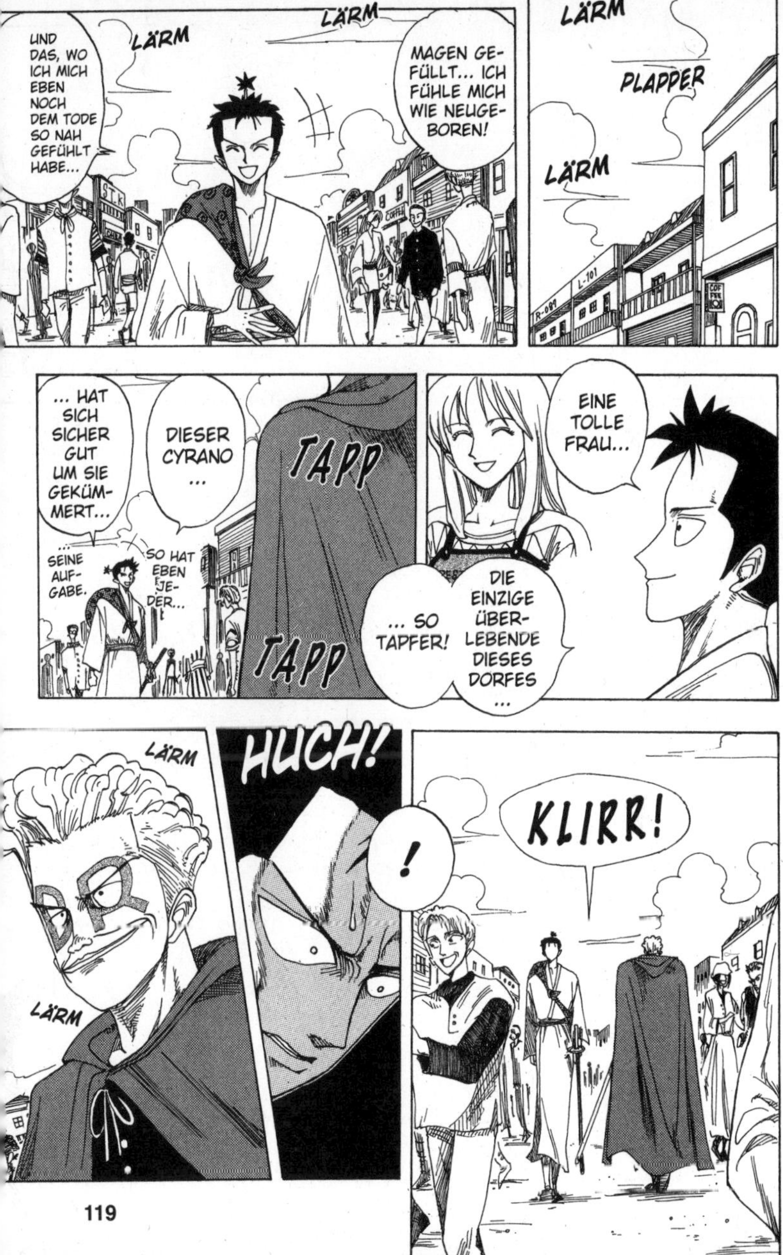
LÄRM
PLAPPER
LÄRM
LÄRM
MAGEN GE-FÜLLT... ICH FÜHLE MICH WIE NEUGE-BOREN!
LÄRM
UND DAS, WO ICH MICH EBEN NOCH DEM TODE SO NAH GEFÜHLT HABE...
EINE TOLLE FRAU...
DIE EINZIGE ÜBER-LEBENDE DIESES DORFES ...
... SO TAPFER!
TAPP
TAPP
DIESER CYRANO ...
... HAT SICH SICHER GUT UM SIE GEKÜM-MERT...
SO HAT EBEN JE-DER...
... SEINE AUF-GABE.
KLIRR!
!
HUCH!
LÄRM
LÄRM

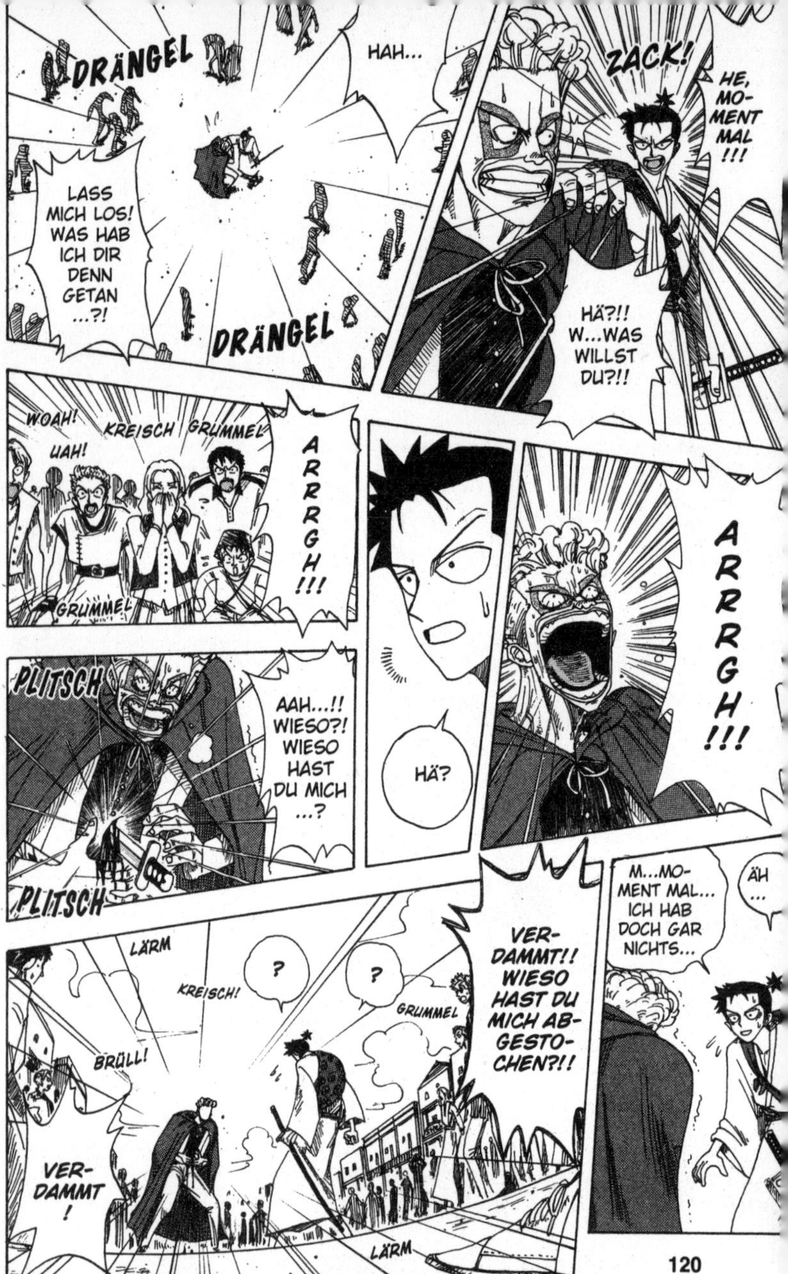
ZACK!
HE, MOMENT MAL!!!
HÄ?!! W...WAS WILLST DU?!!
HAH...
LASS MICH LOS! WAS HAB ICH DIR DENN GETAN ...?!
DRÄNGEL
DRÄNGEL
ARRRGH!!!
HÄ?
ARRRGH!!!
WOAH!
UAH!
KREISCH
GRUMMEL
GRUMMEL
AAH...!! WIESO?! WIESO HAST DU MICH ...?
PLITSCH
PLITSCH
ÄH ...
M...MOMENT MAL... ICH HAB DOCH GAR NICHTS...
VERDAMMT!! WIESO HAST DU MICH ABGESTOCHEN?!!
?
?
GRUMMEL
LÄRM
KREISCH!
BRÜLL!
VERDAMMT!
LÄRM

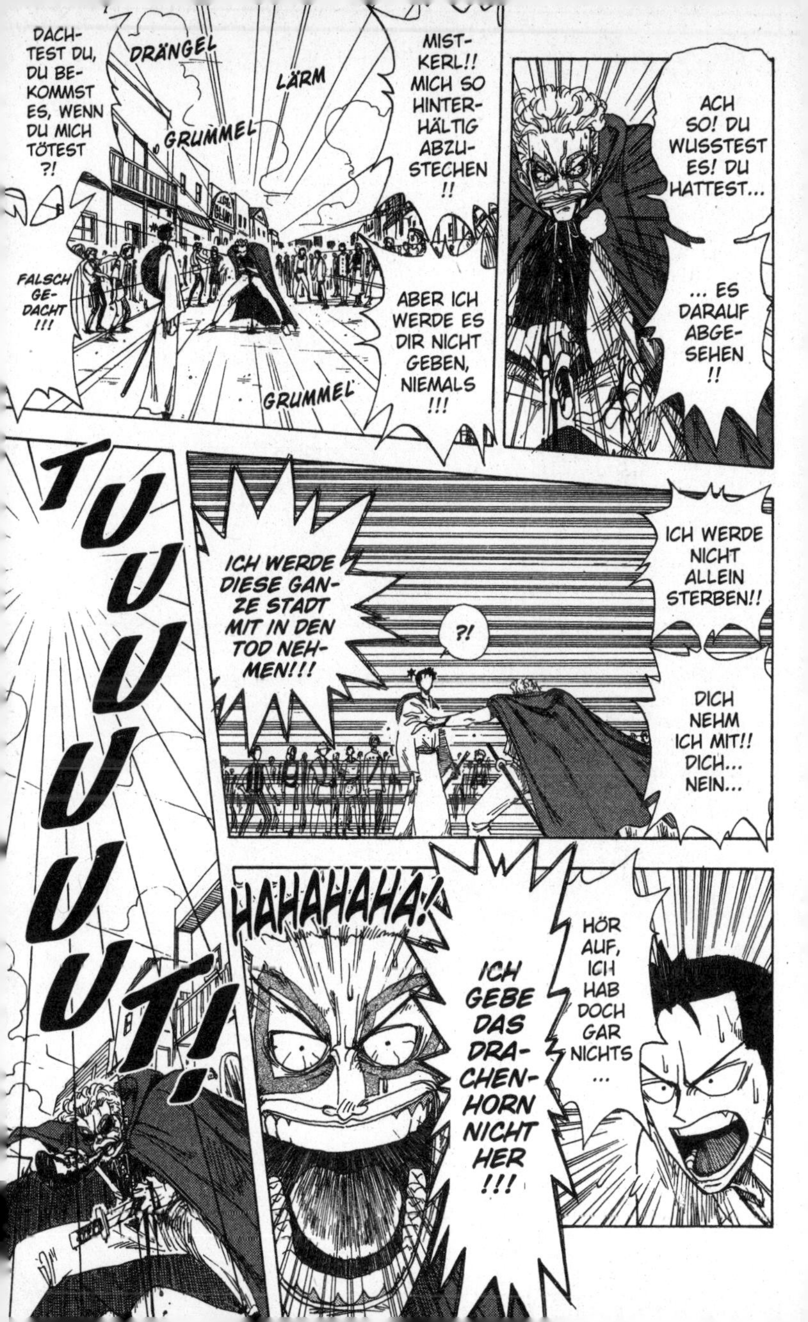
ACH SO! DU WUSSTEST ES! DU HATTEST...
... ES DARAUF ABGESEHEN!!
MISTKERL!! MICH SO HINTERHÄLTIG ABZUSTECHEN!!
ABER ICH WERDE ES DIR NICHT GEBEN, NIEMALS!!!
DACHTEST DU, DU BEKOMMST ES, WENN DU MICH TÖTEST?!
FALSCH GEDACHT!!!
DRÄNGEL
LÄRM
GRUMMEL
GRUMMEL
ICH WERDE NICHT ALLEIN STERBEN!!
DICH NEHM ICH MIT!! DICH... NEIN...
?!
ICH WERDE DIESE GANZE STADT MIT IN DEN TOD NEHMEN!!!
HÖR AUF, ICH HAB DOCH GAR NICHTS ...
ICH GEBE DAS DRACHENHORN NICHT HER!!!
HAHAHAHA!
TUUUUUUUT!

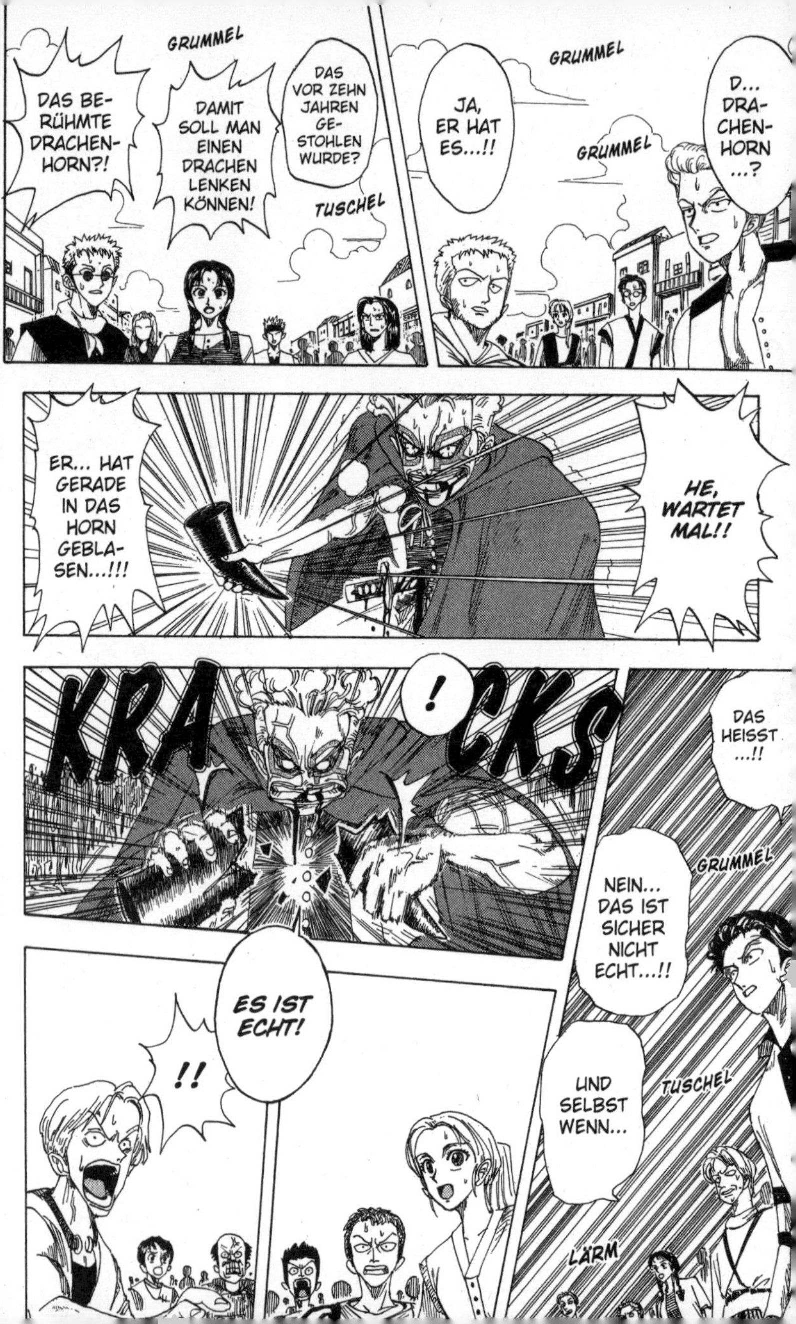

D... DRACHENHORN ...?
GRUMMEL
GRUMMEL
JA, ER HAT ES...!!
DAS VOR ZEHN JAHREN GESTOHLEN WURDE?
TUSCHEL
DAMIT SOLL MAN EINEN DRACHEN LENKEN KÖNNEN!
GRUMMEL
DAS BERÜHMTE DRACHENHORN?!
HE, WARTET MAL!!
ER... HAT GERADE IN DAS HORN GEBLASEN...!!!
DAS HEISST ...!!
!
KRACKS
GRUMMEL
NEIN... DAS IST SICHER NICHT ECHT...!!
TUSCHEL
UND SELBST WENN...
LÄRM
ES IST ECHT!
!!

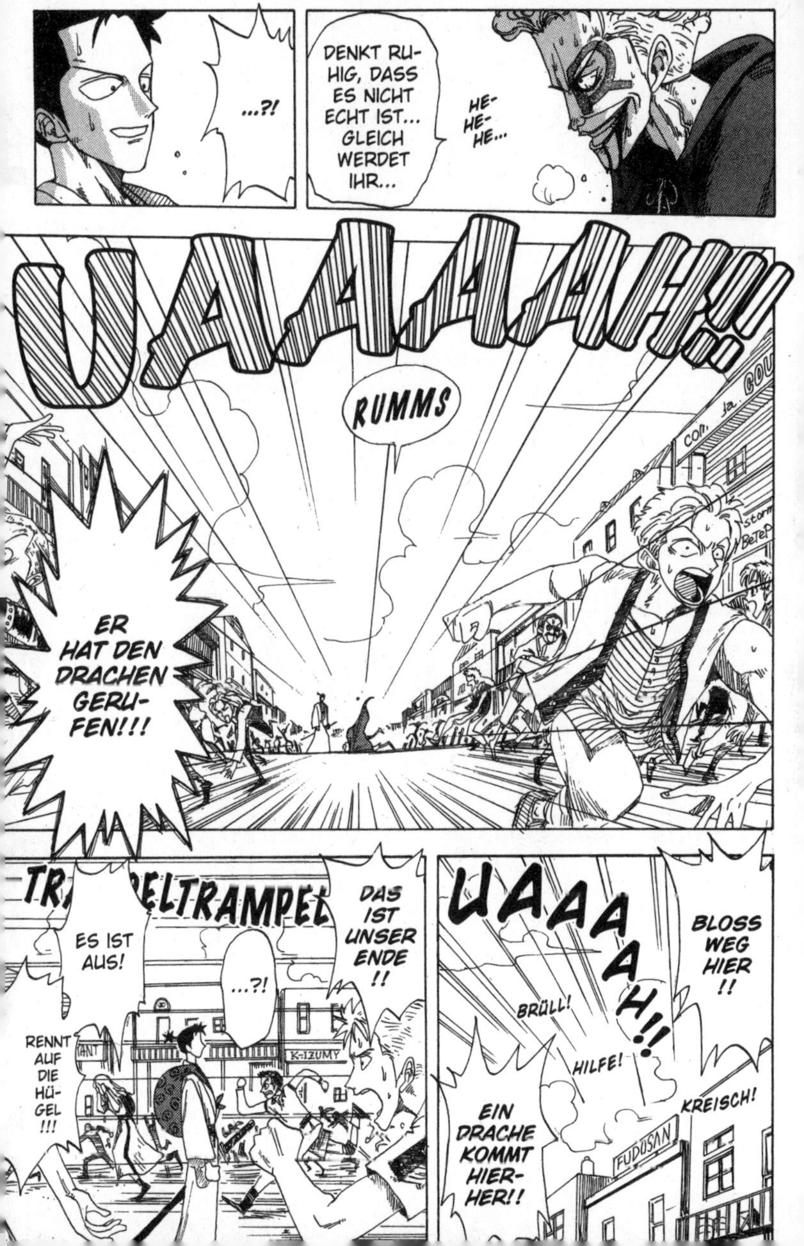

...?!
DENKT RUHIG, DASS ES NICHT ECHT IST... GLEICH WERDET IHR...
HE-HE-HE...
UAAAAAH!!!
RUMMS
ER HAT DEN DRACHEN GERUFEN!!!
TRAMPELTRAMPEL
DAS IST UNSER ENDE!!
...?!
ES IST AUS!
RENNT AUF DIE HÜGEL!!!
K-IZUMY
UAAAAAH!!
BLOSS WEG HIER!!
BRÜLL!
HILFE!
KREISCH!
EIN DRACHE KOMMT HIERHER!!
FUDOSAN

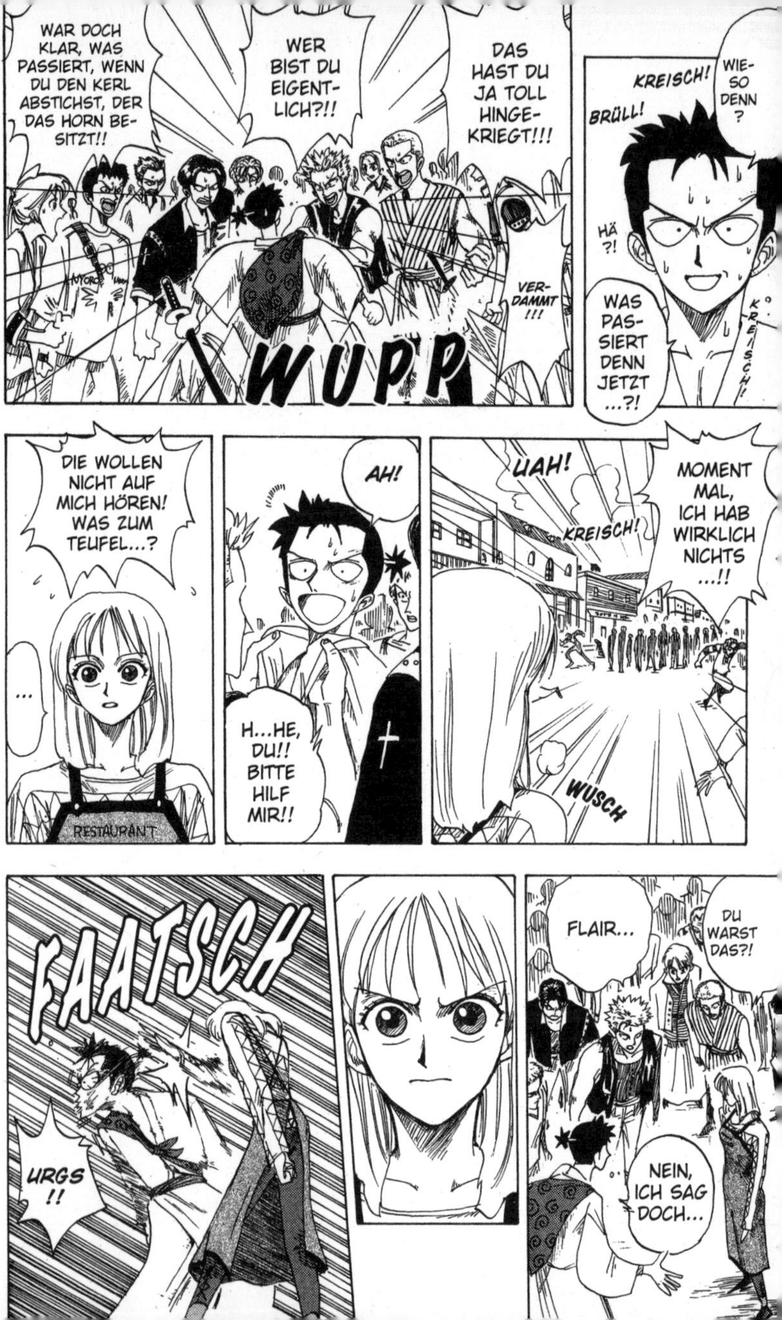
WIESO DENN?
KREISCH!
BRÜLL!
HÄ?!
WAS PASSIERT DENN JETZT...?!
KREISCH!
DAS HAST DU JA TOLL HINGEKRIEGT!!!
WER BIST DU EIGENTLICH?!!
WAR DOCH KLAR, WAS PASSIERT, WENN DU DEN KERL ABSTICHST, DER DAS HORN BESITZT!!
VERDAMMT!!!
WUPP
MOMENT MAL, ICH HAB WIRKLICH NICHTS...!!
UAH!
KREISCH!
WUSCH
AH!
H...HE, DU!! BITTE HILF MIR!!
DIE WOLLEN NICHT AUF MICH HÖREN! WAS ZUM TEUFEL...?
...
RESTAURANT
DU WARST DAS?!
FLAIR...
NEIN, ICH SAG DOCH...
FAATSCH
URGS!!

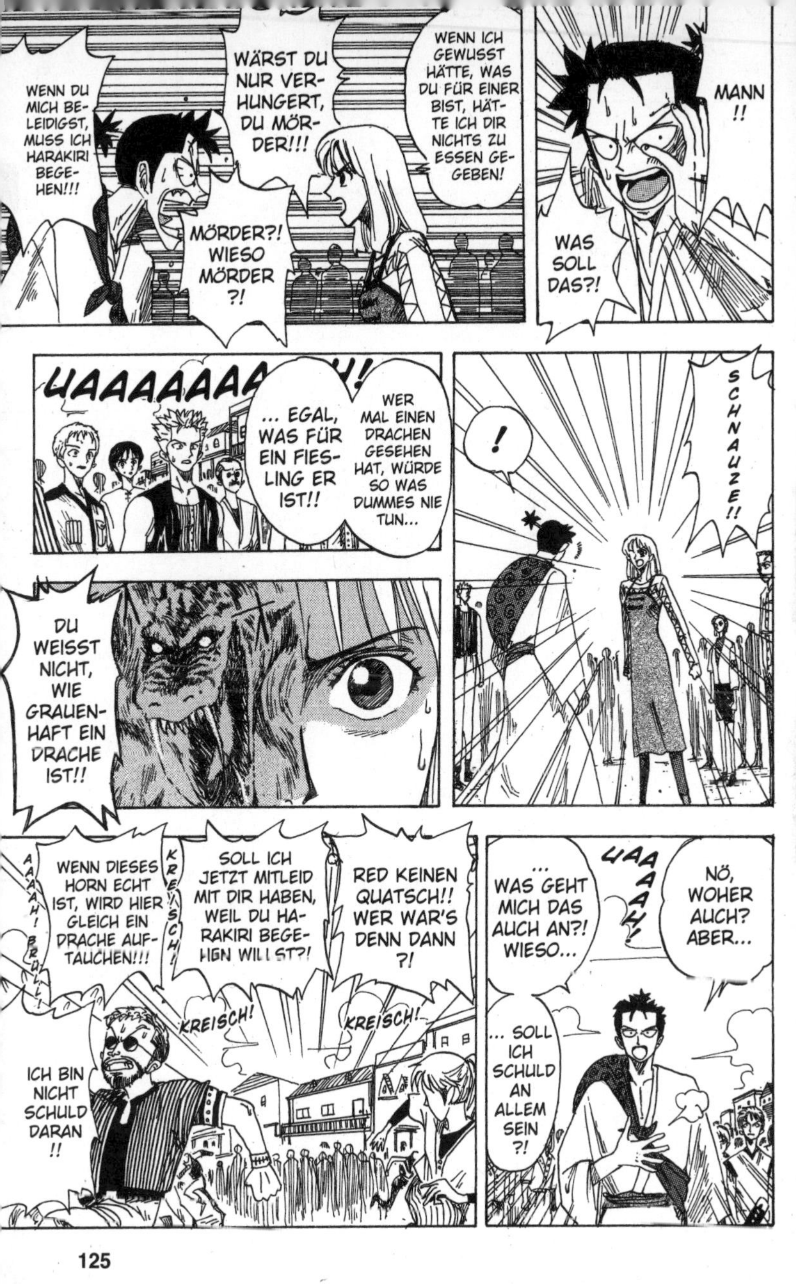
MANN!!
WAS SOLL DAS?!
WENN ICH GEWUSST HÄTTE, WAS DU FÜR EINER BIST, HÄTTE ICH DIR NICHTS ZU ESSEN GEGEBEN!
WÄRST DU NUR VERHUNGERT, DU MÖRDER!!!
MÖRDER?! WIESO MÖRDER?!
WENN DU MICH BELEIDIGST, MUSS ICH HARAKIRI BEGEHEN!!!
SCHNAUZE!!
!
WER MAL EINEN DRACHEN GESEHEN HAT, WÜRDE SO WAS DUMMES NIE TUN...
... EGAL, WAS FÜR EIN FIESLING ER IST!!
DU WEISST NICHT, WIE GRAUENHAFT EIN DRACHE IST!!
NÖ, WOHER AUCH? ABER...
UAAAAAH!
... WAS GEHT MICH DAS AUCH AN?! WIESO...
... SOLL ICH SCHULD AN ALLEM SEIN?!
RED KEINEN QUATSCH!! WER WAR'S DENN DANN?!
SOLL ICH JETZT MITLEID MIT DIR HABEN, WEIL DU HARAKIRI BEGEHEN WILLST?!
KREISCH!
WENN DIESES HORN ECHT IST, WIRD HIER GLEICH EIN DRACHE AUFTAUCHEN!!!
AAAAH! BRÜLL!
KREISCH!
KREISCH!
ICH BIN NICHT SCHULD DARAN!!

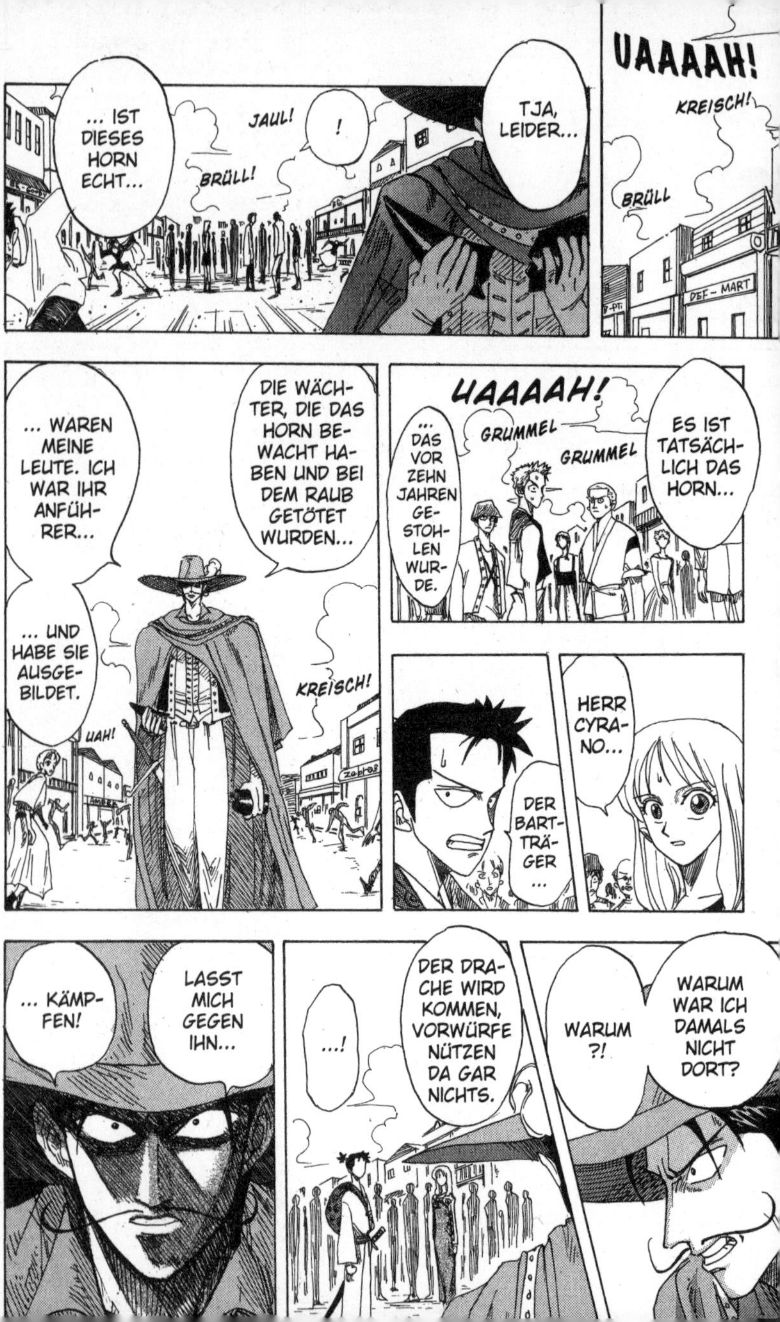
UAAAAH!
KREISCH!
BRÜLL
TJA, LEIDER...
!
JAUL!
BRÜLL!
... IST DIESES HORN ECHT...
ES IST TATSÄCHLICH DAS HORN...
UAAAAH!
GRUMMEL
GRUMMEL
... DAS VOR ZEHN JAHREN GESTOHLEN WURDE.
DIE WÄCHTER, DIE DAS HORN BEWACHT HABEN UND BEI DEM RAUB GETÖTET WURDEN...
... WAREN MEINE LEUTE. ICH WAR IHR ANFÜHRER...
... UND HABE SIE AUSGEBILDET.
KREISCH!
UAH!
HERR CYRANO...
DER BARTTRÄGER ...
WARUM WAR ICH DAMALS NICHT DORT?
WARUM ?!
DER DRACHE WIRD KOMMEN, VORWÜRFE NÜTZEN DA GAR NICHTS.
...!
LASST MICH GEGEN IHN...
... KÄMPFEN!

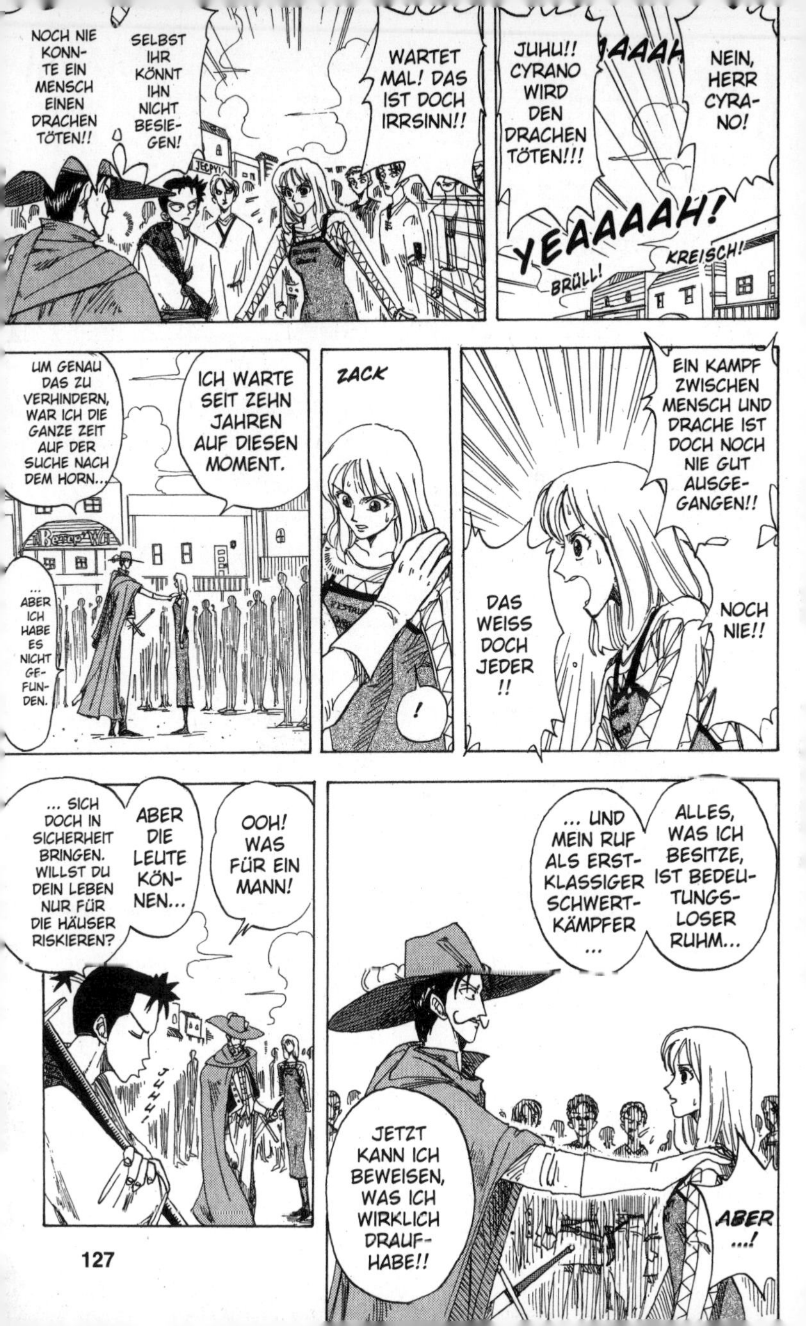
NEIN, HERR CYRANO!
AAAAH
JUHU!! CYRANO WIRD DEN DRACHEN TÖTEN!!!
YEAAAAAH!
KREISCH!
BRÜLL!
WARTET MAL! DAS IST DOCH IRRSINN!!
SELBST IHR KÖNNT IHN NICHT BESIEGEN!
NOCH NIE KONNTE EIN MENSCH EINEN DRACHEN TÖTEN!!
EIN KAMPF ZWISCHEN MENSCH UND DRACHE IST DOCH NOCH NIE GUT AUSGEGANGEN!!
NOCH NIE!!
DAS WEISS DOCH JEDER!!
ZACK
!
ICH WARTE SEIT ZEHN JAHREN AUF DIESEN MOMENT.
UM GENAU DAS ZU VERHINDERN, WAR ICH DIE GANZE ZEIT AUF DER SUCHE NACH DEM HORN...
... ABER ICH HABE ES NICHT GEFUNDEN.
ALLES, WAS ICH BESITZE, IST BEDEUTUNGSLOSER RUHM...
... UND MEIN RUF ALS ERSTKLASSIGER SCHWERTKÄMPFER ...
JETZT KANN ICH BEWEISEN, WAS ICH WIRKLICH DRAUFHABE!!
ABER ...!
OOH! WAS FÜR EIN MANN!
ABER DIE LEUTE KÖNNEN...
... SICH DOCH IN SICHERHEIT BRINGEN. WILLST DU DEIN LEBEN NUR FÜR DIE HÄUSER RISKIEREN?

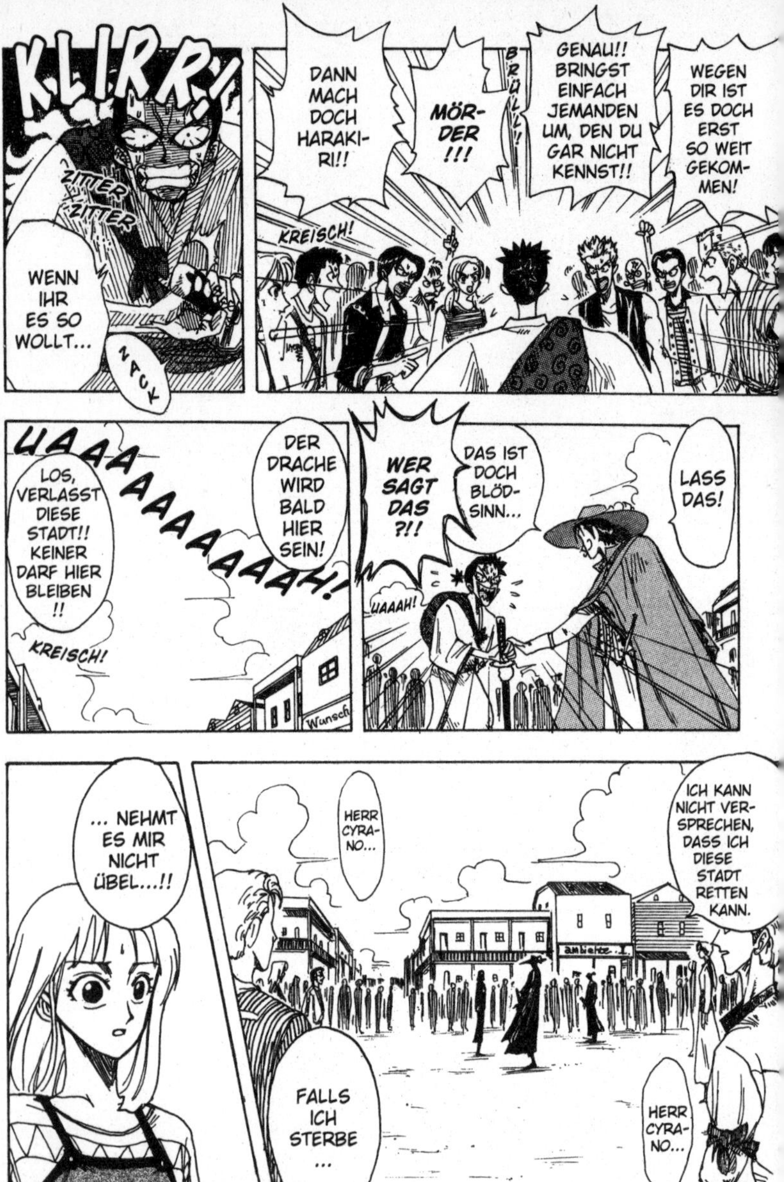
WEGEN DIR IST ES DOCH ERST SO WEIT GEKOMMEN!
GENAU!! BRINGST EINFACH JEMANDEN UM, DEN DU GAR NICHT KENNST!!
BRÜLL!
MÖRDER!!!
DANN MACH DOCH HARAKIRI!!
KREISCH!
KLIRR!
ZITTER ZITTER
WENN IHR ES SO WOLLT...
ZACK
LASS DAS!
DAS IST DOCH BLÖDSINN...
WER SAGT DAS?!!
UAAAH!
DER DRACHE WIRD BALD HIER SEIN!
UAAAAAAAAAAAAH!
LOS, VERLASST DIESE STADT!! KEINER DARF HIER BLEIBEN!!
KREISCH!
Wunsch
ICH KANN NICHT VERSPRECHEN, DASS ICH DIESE STADT RETTEN KANN.
HERR CYRANO...
HERR CYRANO...
FALLS ICH STERBE...
... NEHMT ES MIR NICHT ÜBEL...!!
RESTAURANT

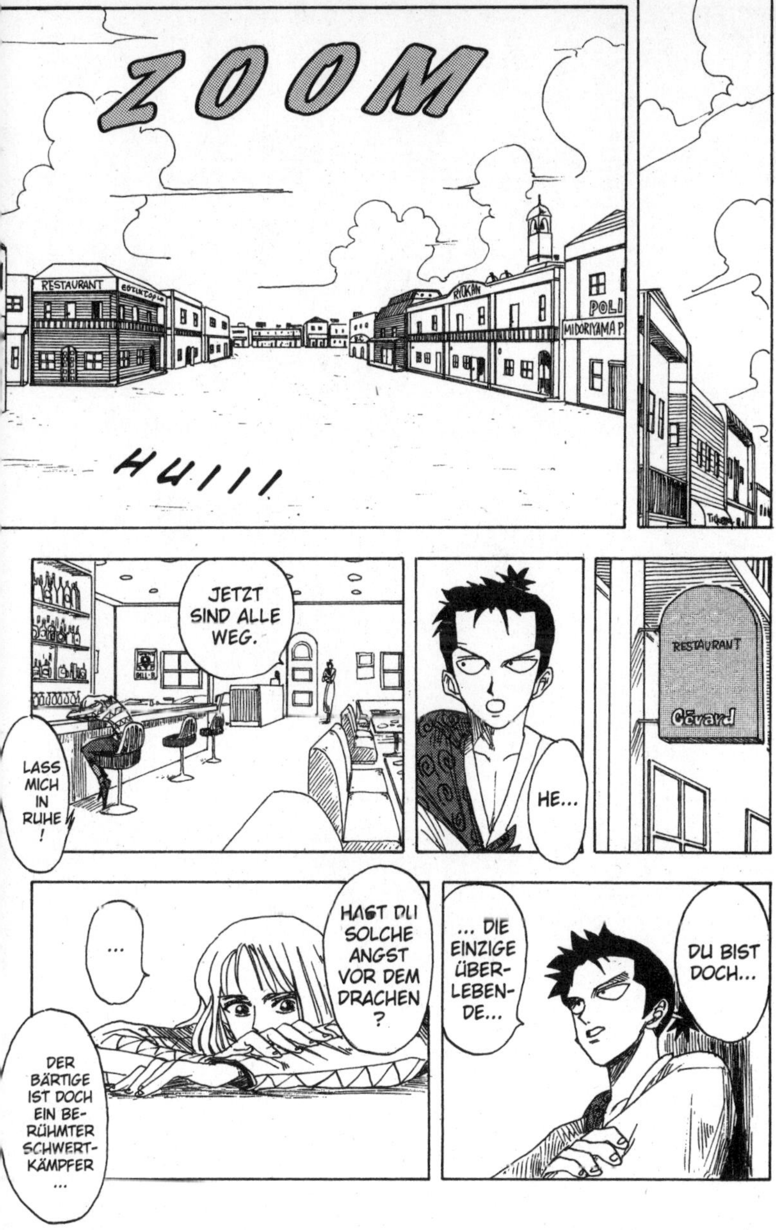
ZOOM
RESTAURANT
RYOKAN
POLI
MIDORIYAMA P.
HUIII
RESTAURANT
Cevard
HE...
JETZT SIND ALLE WEG.
LASS MICH IN RUHE!
DU BIST DOCH...
... DIE EINZIGE ÜBER-LEBEN-DE...
HAST DU SOLCHE ANGST VOR DEM DRACHEN?
...
DER BÄRTIGE IST DOCH EIN BE-RÜHMTER SCHWERT-KÄMPFER ...

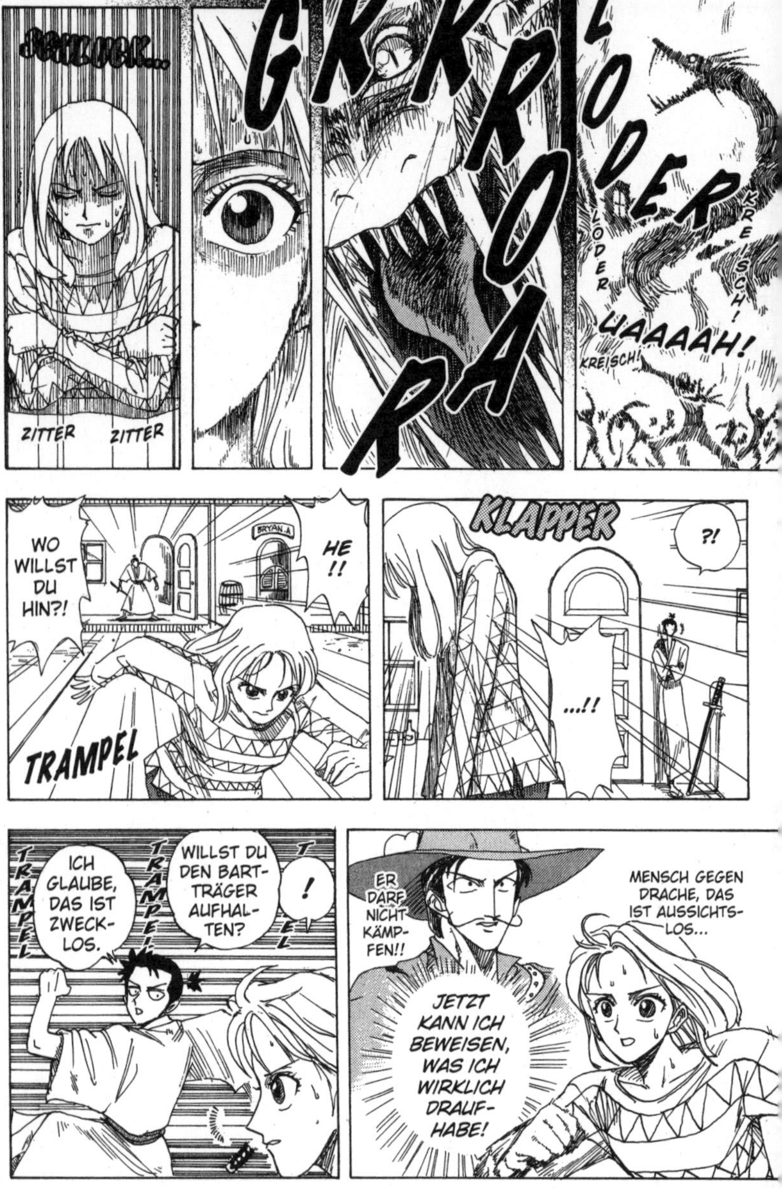
LODER
LODER
KREISCH!
KREISCH!
UAAAAH!
GRRROOAR
SCHLUCK...
ZITTER ZITTER
HE!!
WO WILLST DU HIN?!
TRAMPEL
KLAPPER
?!
...!!
!
TRAMPEL
WILLST DU DEN BARTTRÄGER AUFHALTEN?
TRAMPEL
ICH GLAUBE, DAS IST ZWECKLOS.
MENSCH GEGEN DRACHE, DAS IST AUSSICHTSLOS...
ER DARF NICHT KÄMPFEN!!
JETZT KANN ICH BEWEISEN, WAS ICH WIRKLICH DRAUFHABE!

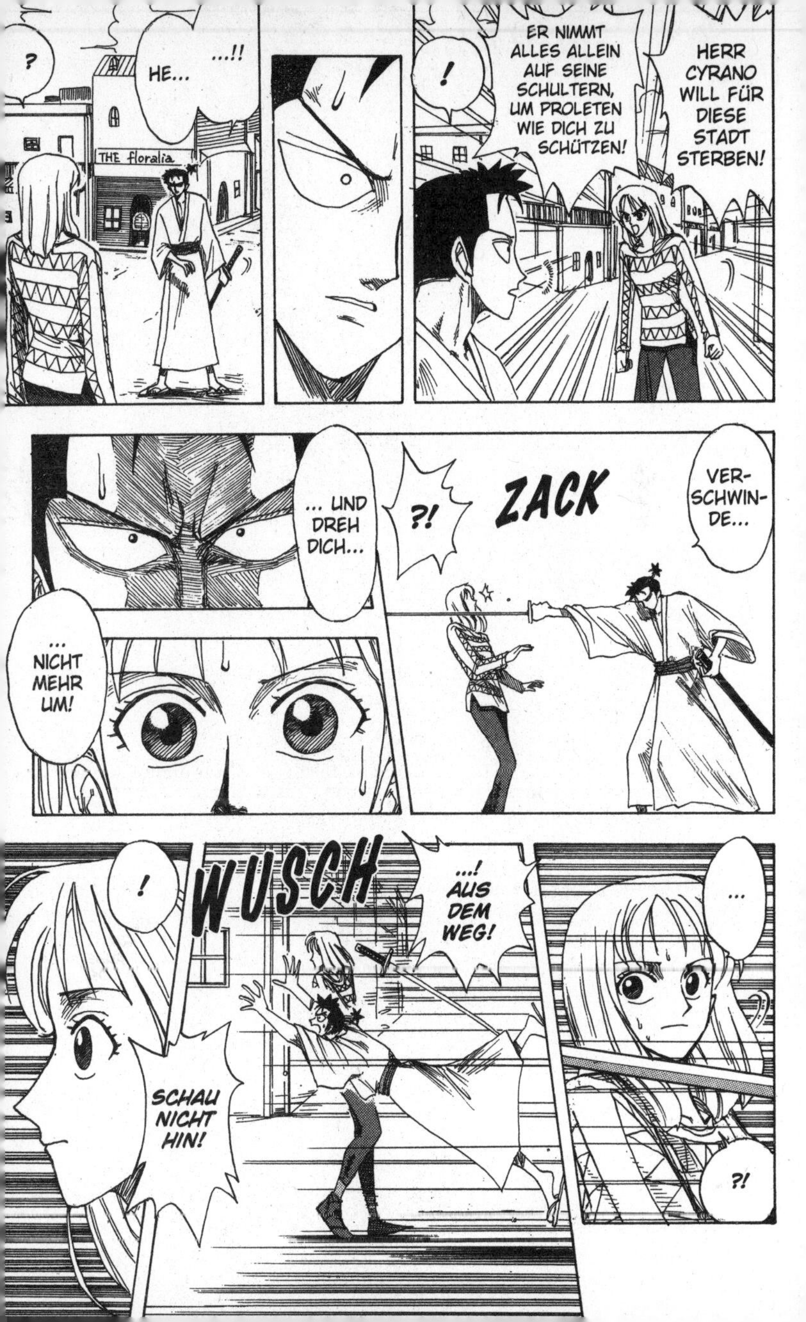

HERR CYRANO WILL FÜR DIESE STADT STERBEN!
ER NIMMT ALLES ALLEIN AUF SEINE SCHULTERN, UM PROLETEN WIE DICH ZU SCHÜTZEN!
!
...!!
HE...
?
THE floralia
VER-SCHWIN-DE...
ZACK
?!
... UND DREH DICH...
... NICHT MEHR UM!
...
?!
...! AUS DEM WEG!
WUSCH
!
SCHAU NICHT HIN!

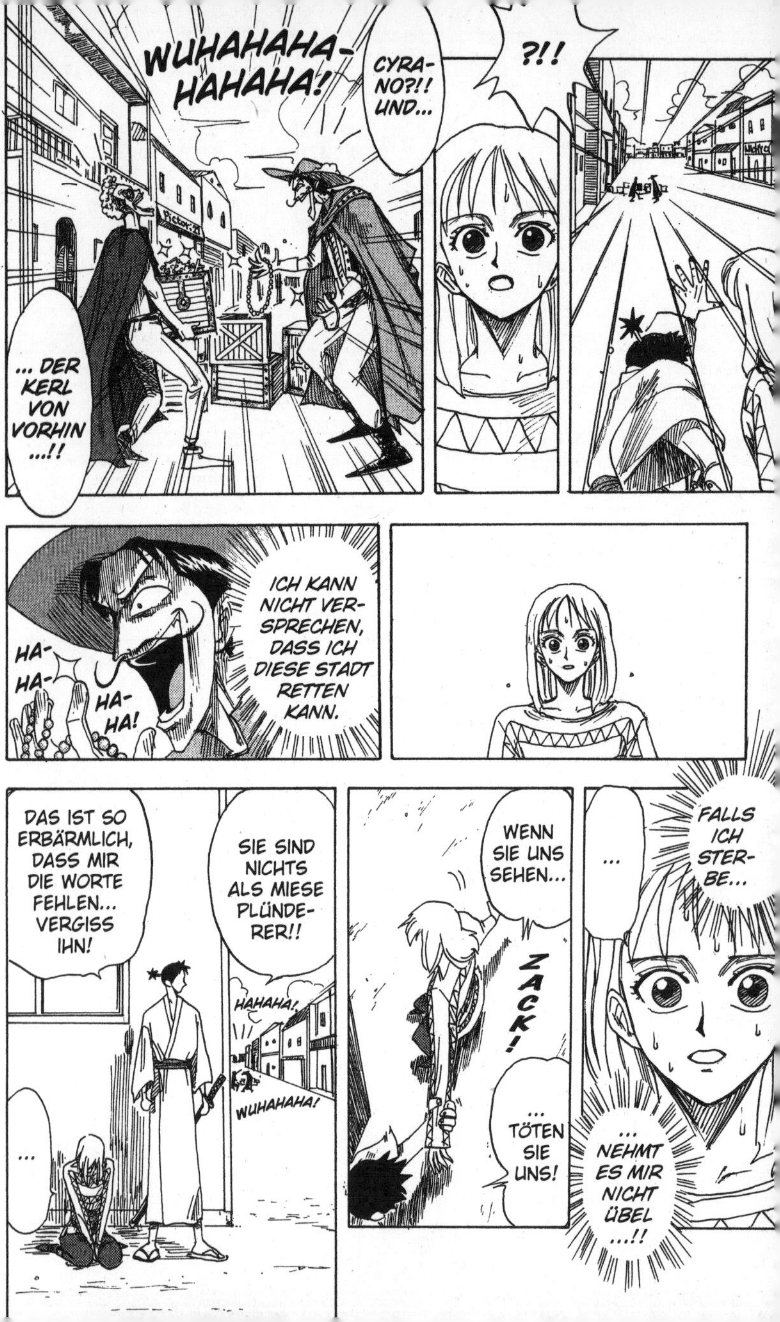
?!!
CYRA-NO?!! UND...
WUHAHAHA-HAHAHA!
... DER KERL VON VORHIN ...!!
ICH KANN NICHT VERSPRECHEN, DASS ICH DIESE STADT RETTEN KANN.
HA-HA-
HA-HA!
FALLS ICH STERBE...
...
... NEHMT ES MIR NICHT ÜBEL ...!!
WENN SIE UNS SEHEN...
ZACK!
... TÖTEN SIE UNS!
SIE SIND NICHTS ALS MIESE PLÜNDERER!!
DAS IST SO ERBÄRMLICH, DASS MIR DIE WORTE FEHLEN... VERGISS IHN!
HAHAHA!
WUHAHAHA!
...

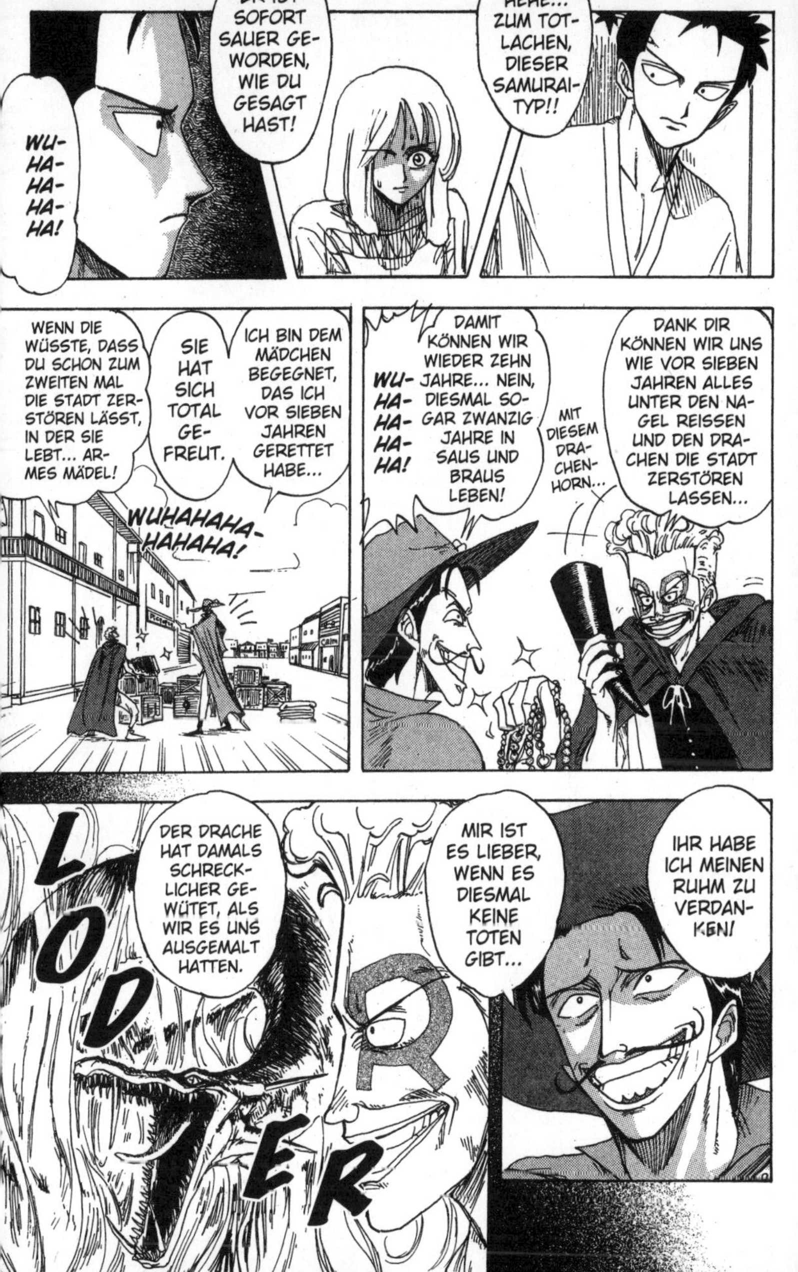
HEHE-HEHE... ZUM TOT-LACHEN, DIESER SAMURAI-TYP!!
ER IST SOFORT SAUER GE-WORDEN, WIE DU GESAGT HAST!
WU-HA-HA-HA-HA!
DANK DIR KÖNNEN WIR UNS WIE VOR SIEBEN JAHREN ALLES UNTER DEN NA-GEL REISSEN UND DEN DRA-CHEN DIE STADT ZERSTÖREN LASSEN...
MIT DIESEM DRA-CHEN-HORN...
DAMIT KÖNNEN WIR WIEDER ZEHN JAHRE... NEIN, DIESMAL SO-GAR ZWANZIG JAHRE IN SAUS UND BRAUS LEBEN!
WU-HA-HA-HA-HA!
ICH BIN DEM MÄDCHEN BEGEGNET, DAS ICH VOR SIEBEN JAHREN GERETTET HABE...
SIE HAT SICH TOTAL GE-FREUT.
WENN DIE WÜSSTE, DASS DU SCHON ZUM ZWEITEN MAL DIE STADT ZER-STÖREN LÄSST, IN DER SIE LEBT... AR-MES MÄDEL!
WUHAHAHA-HAHAHA!
IHR HABE ICH MEINEN RUHM ZU VERDAN-KEN!
MIR IST ES LIEBER, WENN ES DIESMAL KEINE TOTEN GIBT...
DER DRACHE HAT DAMALS SCHRECK-LICHER GE-WÜTET, ALS WIR ES UNS AUSGEMALT HATTEN.
LODER

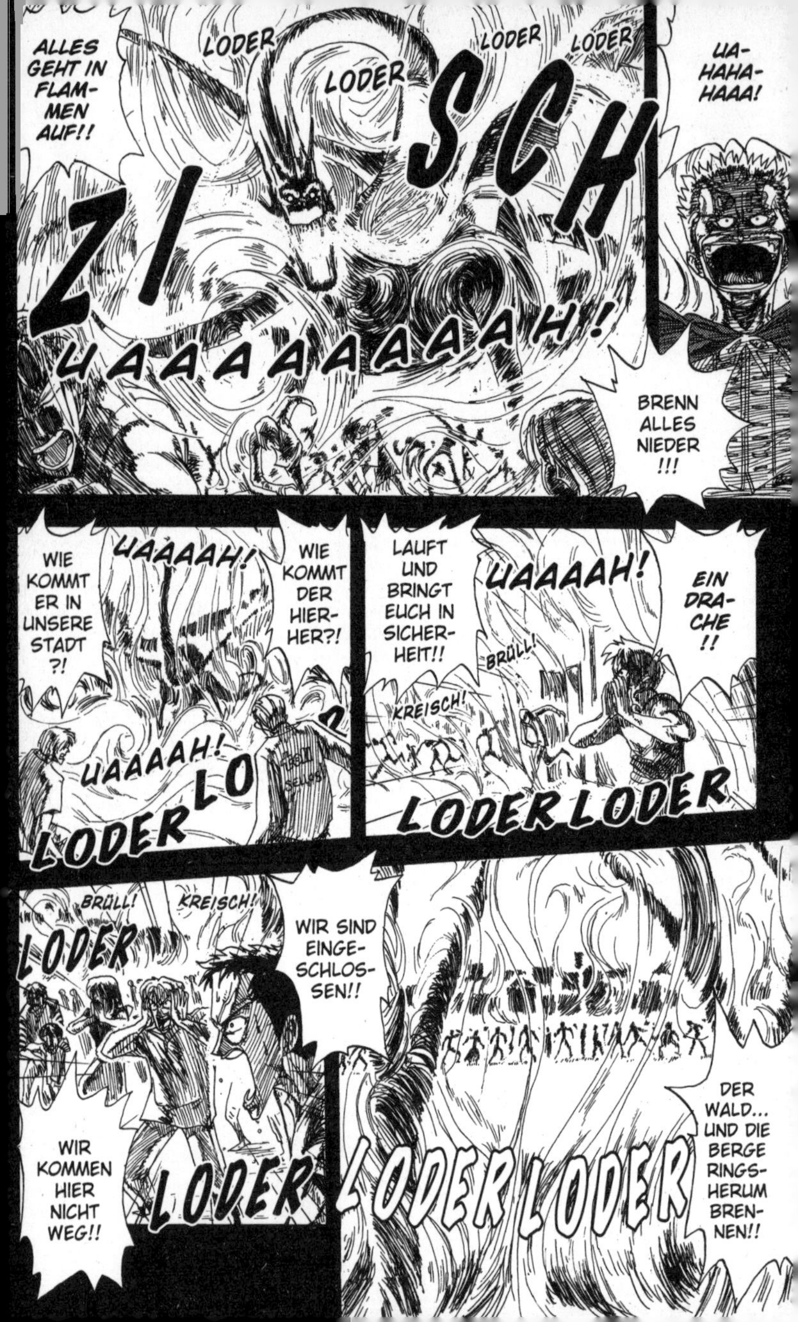

UA-HAHA-HAAA!
BRENN ALLES NIEDER!!!
ALLES GEHT IN FLAM-MEN AUF!!
LODER
LODER
LODER
LODER
ZISCH
UAAAAAAAAAH!
EIN DRA-CHE!!
UAAAAH!
LAUFT UND BRINGT EUCH IN SICHER-HEIT!!
BRÜLL!
KREISCH!
LODER LODER
WIE KOMMT DER HIER-HER?!
UAAAAH!
WIE KOMMT ER IN UNSERE STADT?!
UAAAAH!
LODER LO
DER WALD... UND DIE BERGE RINGS-HERUM BREN-NEN!!
LODER LODER
WIR SIND EINGE-SCHLOS-SEN!!
KREISCH!
BRÜLL!
LODER
WIR KOMMEN HIER NICHT WEG!!
LODER

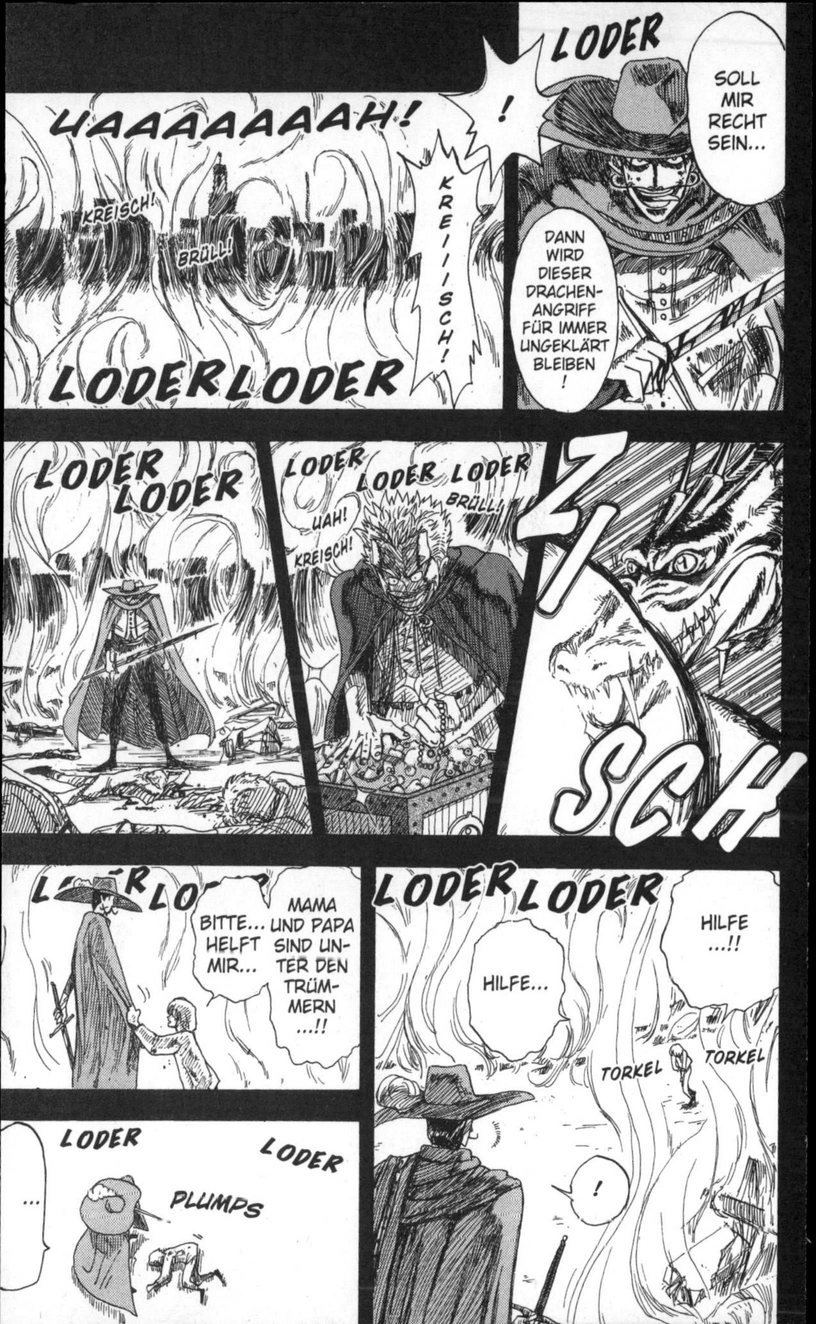
LODER
SOLL MIR RECHT SEIN...
DANN WIRD DIESER DRACHEN-ANGRIFF FÜR IMMER UNGEKLÄRT BLEIBEN!
!
KREIIISCH!
UAAAAAAAAH!
KREISCH!
BRÜLL!
LODERLODER
ZISCH
LODER LODER LODER
BRÜLL!
UAH!
KREISCH!
LODER LODER
LODER LODER
HILFE ...!!
HILFE...
TORKEL
TORKEL
!
MAMA UND PAPA SIND UNTER DEN TRÜMMERN ...!!
BITTE... HELFT MIR...
LODER
LODER
PLUMPS
...

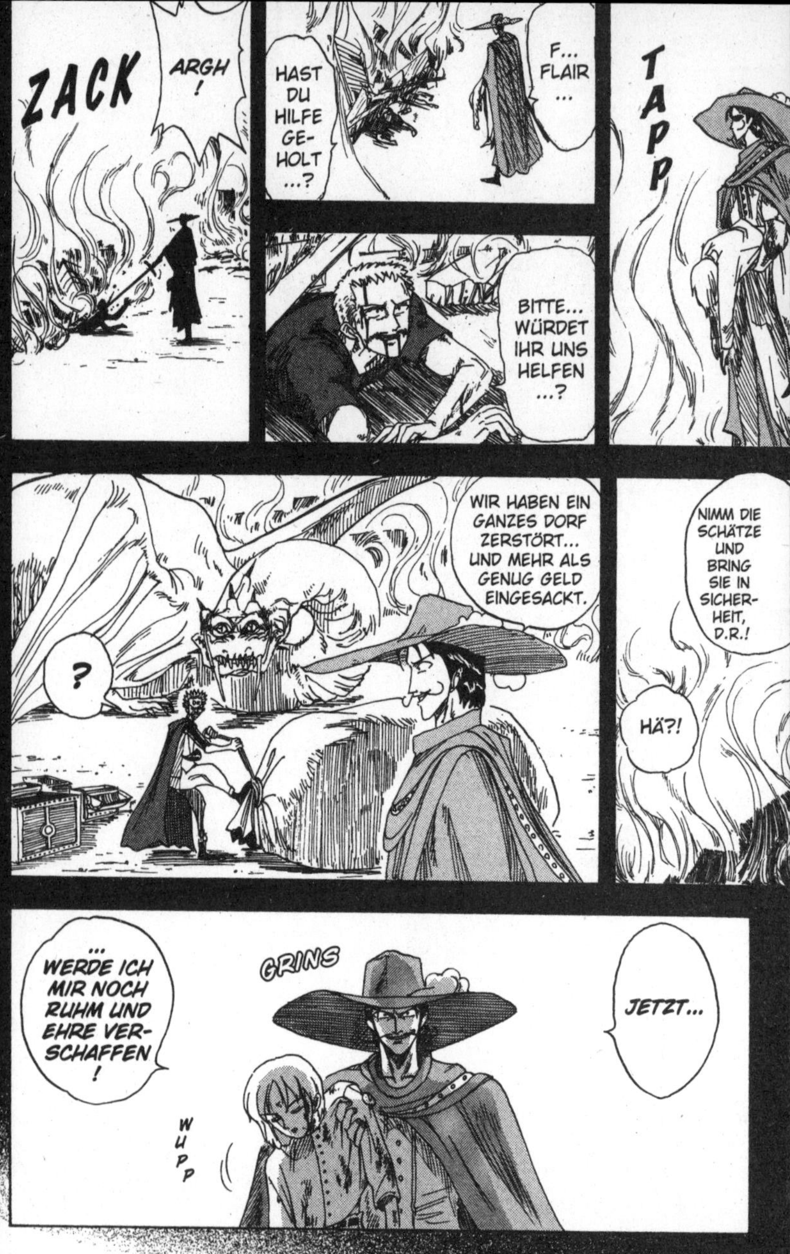
TAPP
F... FLAIR ...
HAST DU HILFE GE-HOLT ...?
BITTE... WÜRDET IHR UNS HELFEN ...?
ZACK
ARGH !
NIMM DIE SCHÄTZE UND BRING SIE IN SICHER-HEIT, D.R.!
HÄ?!
WIR HABEN EIN GANZES DORF ZERSTÖRT... UND MEHR ALS GENUG GELD EINGESACKT.
?
JETZT...
GRINS
... WERDE ICH MIR NOCH RUHM UND EHRE VER-SCHAFFEN !
WUPP

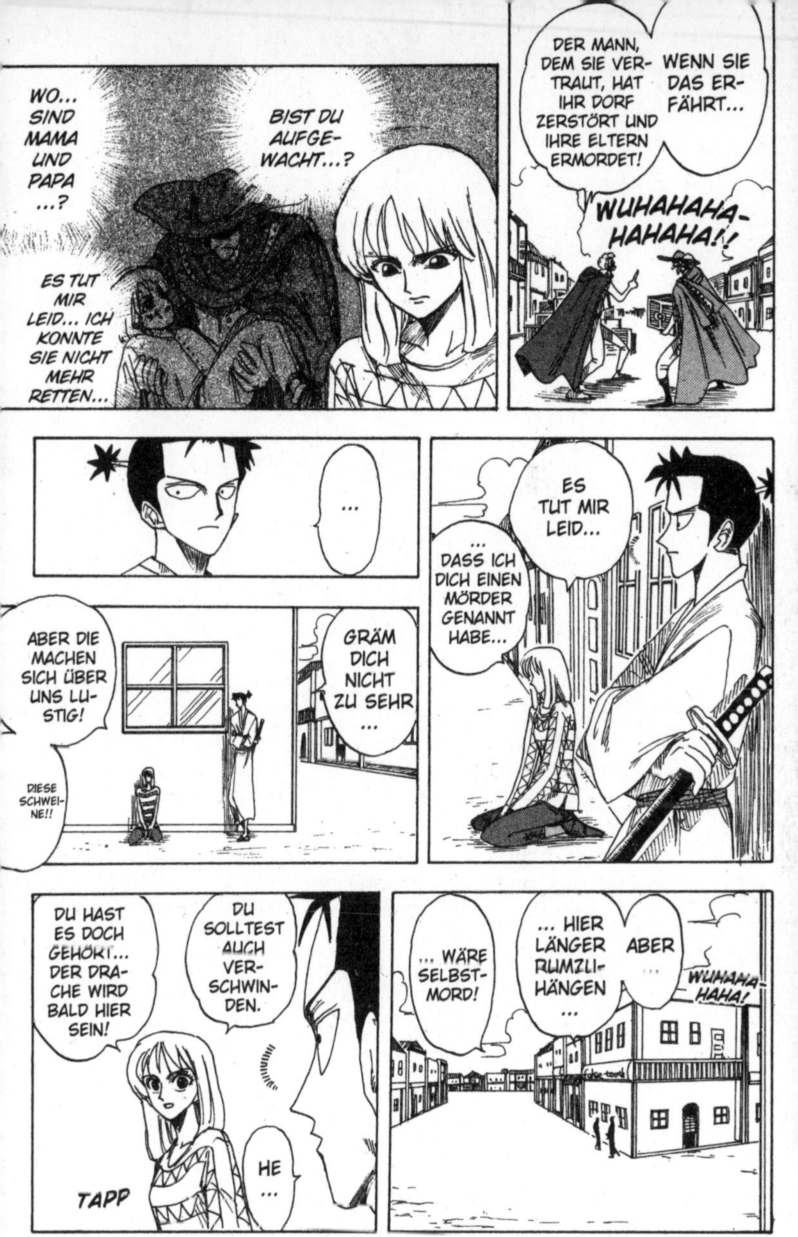
WENN SIE DAS ERFÄHRT...
DER MANN, DEM SIE VERTRAUT, HAT IHR DORF ZERSTÖRT UND IHRE ELTERN ERMORDET!
WUHAHAHA-HAHAHA!!
BIST DU AUFGEWACHT...?
WO... SIND MAMA UND PAPA...?
ES TUT MIR LEID... ICH KONNTE SIE NICHT MEHR RETTEN...
ES TUT MIR LEID...
... DASS ICH DICH EINEN MÖRDER GENANNT HABE...
...
GRÄM DICH NICHT ZU SEHR...
ABER DIE MACHEN SICH ÜBER UNS LUSTIG!
DIESE SCHWEINE!!
ABER...
... HIER LÄNGER RUMZUHÄNGEN...
... WÄRE SELBSTMORD!
WUHAHAHAHA!
DU SOLLTEST AUCH VERSCHWINDEN.
DU HAST ES DOCH GEHÖRT... DER DRACHE WIRD BALD HIER SEIN!
HE...
TAPP

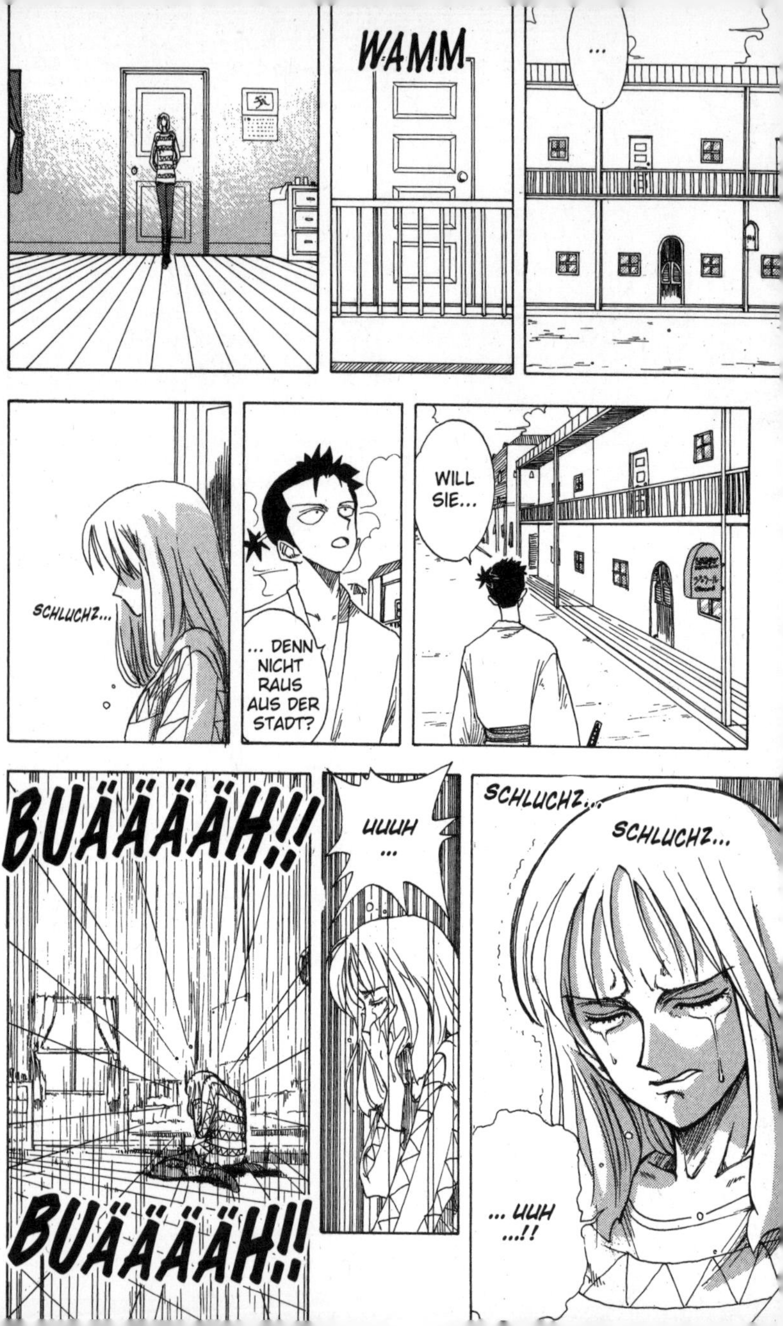
...
WAMM
WILL SIE...
... DENN NICHT RAUS AUS DER STADT?
SCHLUCHZ...
SCHLUCHZ...
SCHLUCHZ...
... UUH ...!!
UUUH ...
BUÄÄÄÄH!!
BUÄÄÄÄH!!

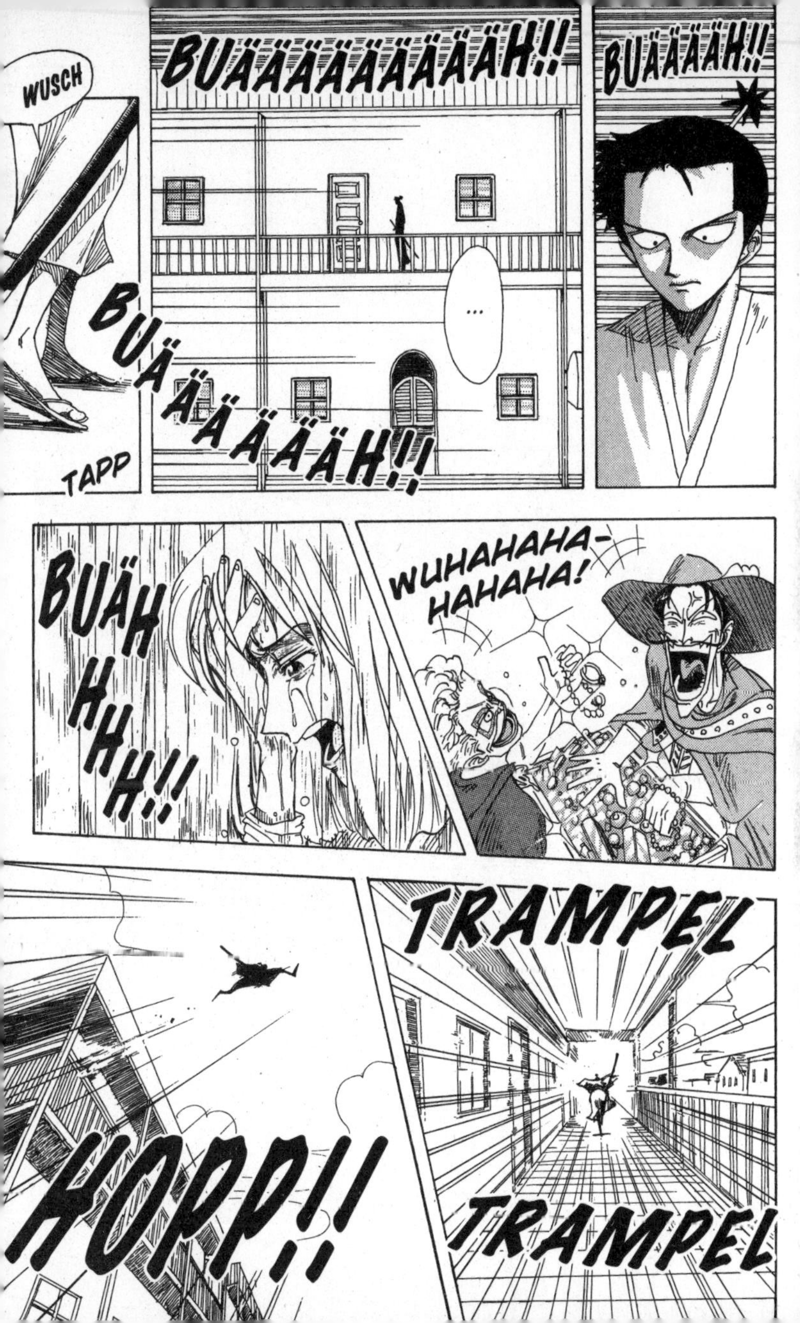
BUÄÄÄÄH!!
BUÄÄÄÄÄÄÄÄÄH!!
...
BUÄÄÄÄÄH!!
WUSCH
TAPP
WUHAHAHA-
HAHAHA!
BUÄH
HHH!!
TRAMPEL
TRAMPEL
HOPP!!

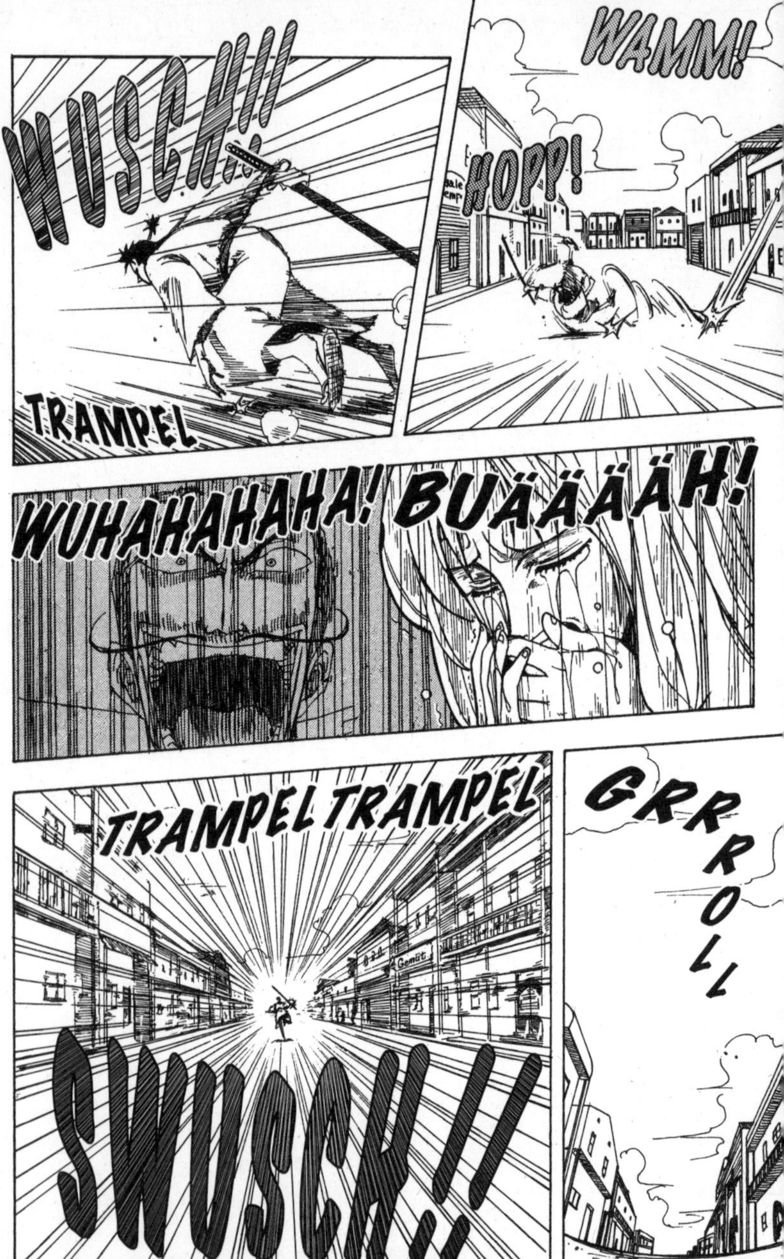
WAMM!
HOPP!
WUSCH!!
TRAMPEL
BUÄÄÄÄH!
WUHAHAHAHA!
GRRROLL
TRAMPEL TRAMPEL
SWUSCH!!

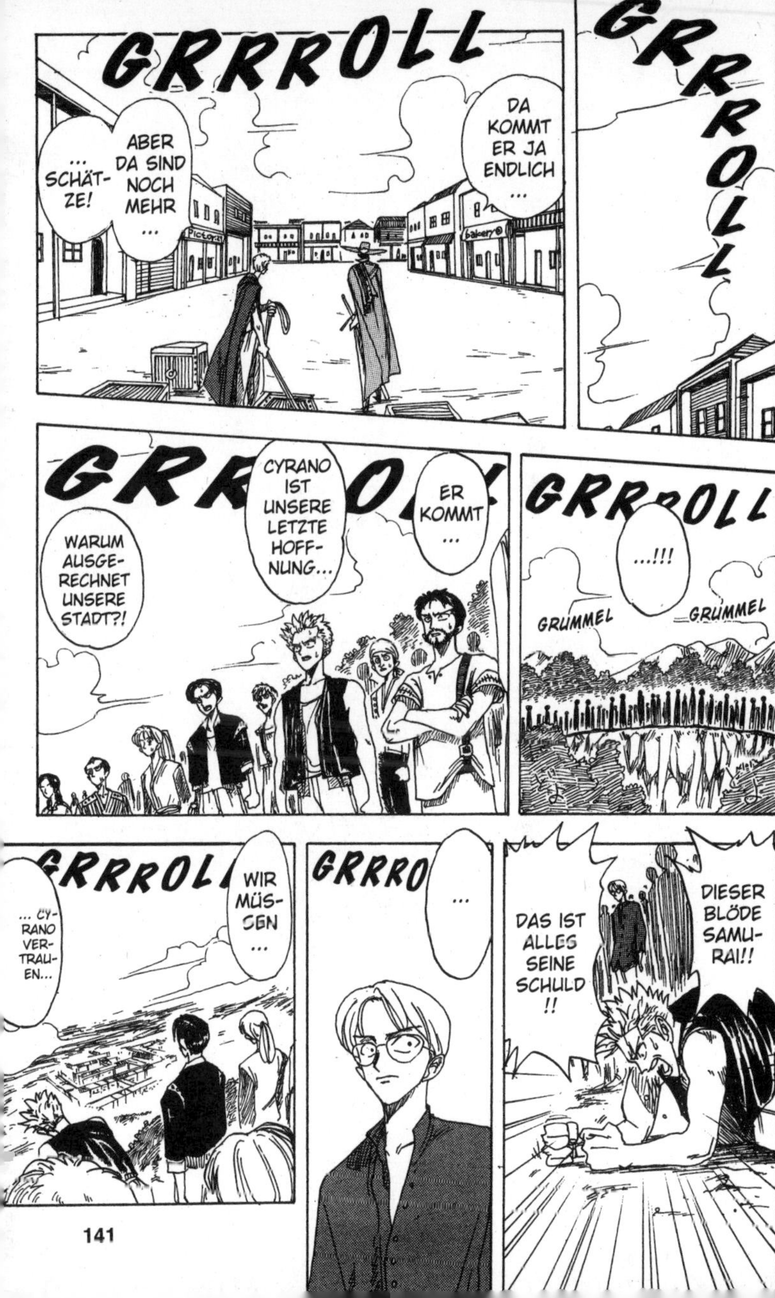
GRRROLL
GRRROLL
DA KOMMT ER JA ENDLICH ...
ABER DA SIND NOCH MEHR ...
... SCHÄTZE!
GRRROLL
...!!!
GRUMMEL
GRUMMEL
GRRROLL
ER KOMMT ...
CYRANO IST UNSERE LETZTE HOFFNUNG...
WARUM AUSGERECHNET UNSERE STADT?!
DIESER BLÖDE SAMURAI!!
DAS IST ALLES SEINE SCHULD !!
GRRRO
...
GRRROLL
WIR MÜSSEN ...
... CYRANO VERTRAUEN...

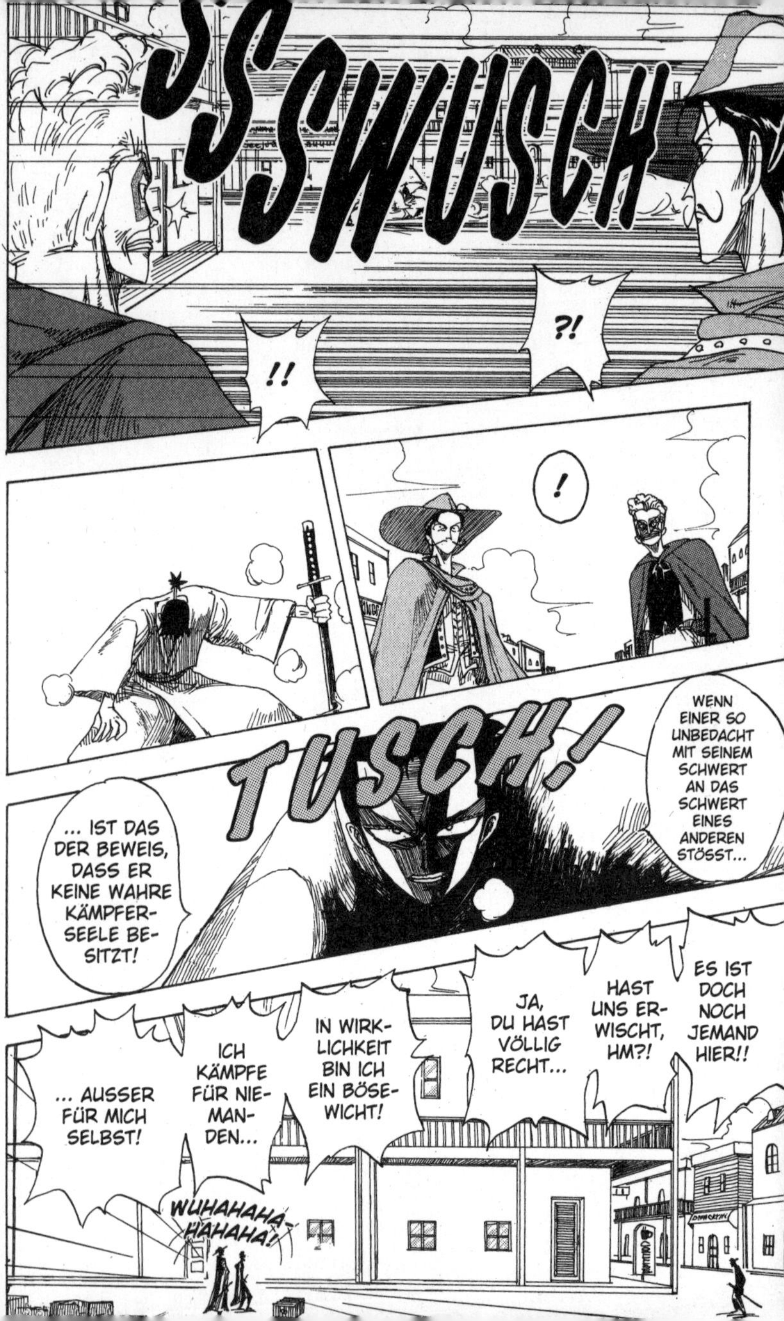
SSWUSCH
?!
!!
!
TUSCH!
WENN EINER SO UNBEDACHT MIT SEINEM SCHWERT AN DAS SCHWERT EINES ANDEREN STÖSST...
... IST DAS DER BEWEIS, DASS ER KEINE WAHRE KÄMPFER-SEELE BE-SITZT!
ES IST DOCH NOCH JEMAND HIER!!
HAST UNS ER-WISCHT, HM?!
JA, DU HAST VÖLLIG RECHT...
IN WIRK-LICHKEIT BIN ICH EIN BÖSE-WICHT!
ICH KÄMPFE FÜR NIE-MAN-DEN...
... AUSSER FÜR MICH SELBST!
WUHAHAHA-HAHAHA!

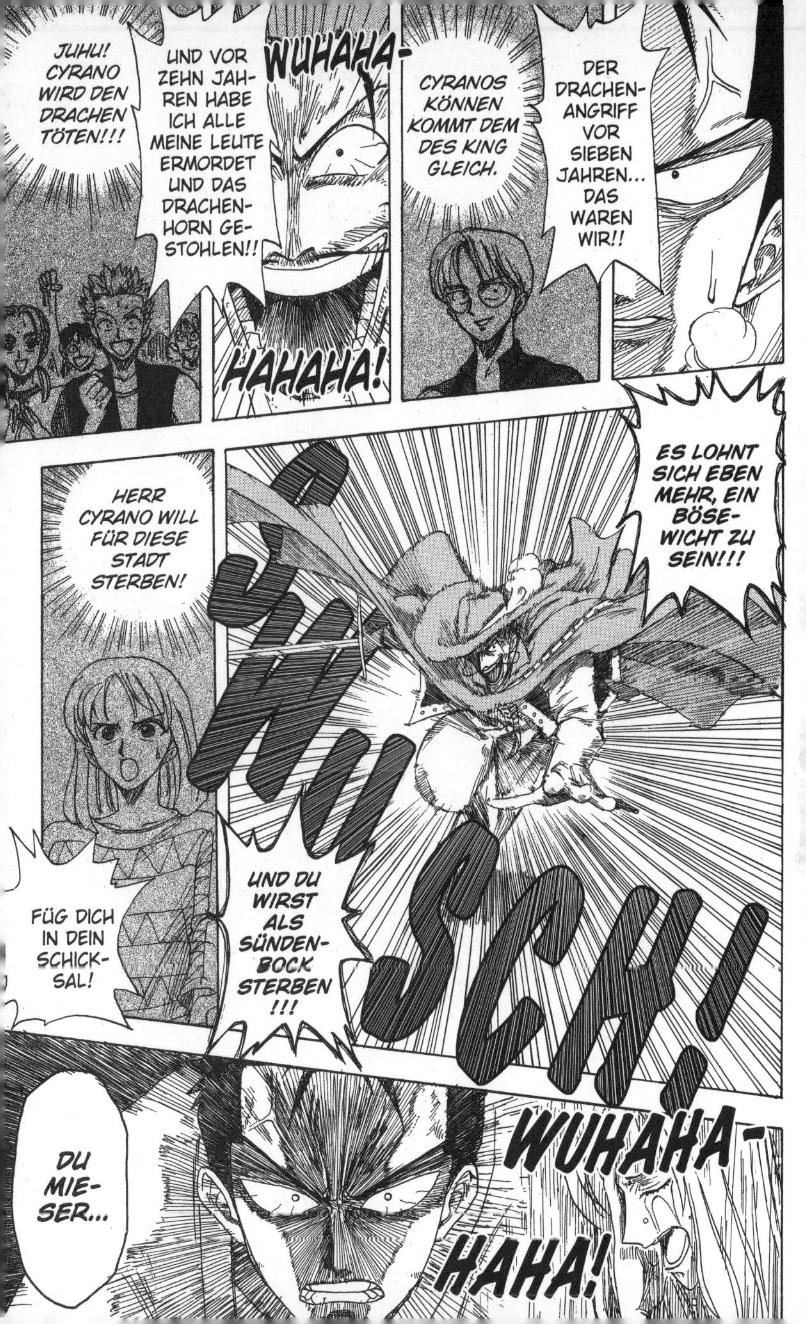
DER DRACHEN-
ANGRIFF VOR SIEBEN JAHREN... DAS WAREN WIR!!
CYRANOS KÖNNEN KOMMT DEM DES KING GLEICH.
WUHAHA-
HAHAHA!
UND VOR ZEHN JAH-
REN HABE ICH ALLE MEINE LEUTE ERMORDET UND DAS DRACHEN-
HORN GE-
STOHLEN!!
JUHU! CYRANO WIRD DEN DRACHEN TÖTEN!!!
ES LOHNT SICH EBEN MEHR, EIN BÖSE-
WICHT ZU SEIN!!!
WUSCH!
UND DU WIRST ALS SÜNDEN-
BOCK STERBEN!!!
HERR CYRANO WILL FÜR DIESE STADT STERBEN!
FÜG DICH IN DEIN SCHICK-
SAL!
WUHAHA-
HAHA!
DU MIE-
SER...

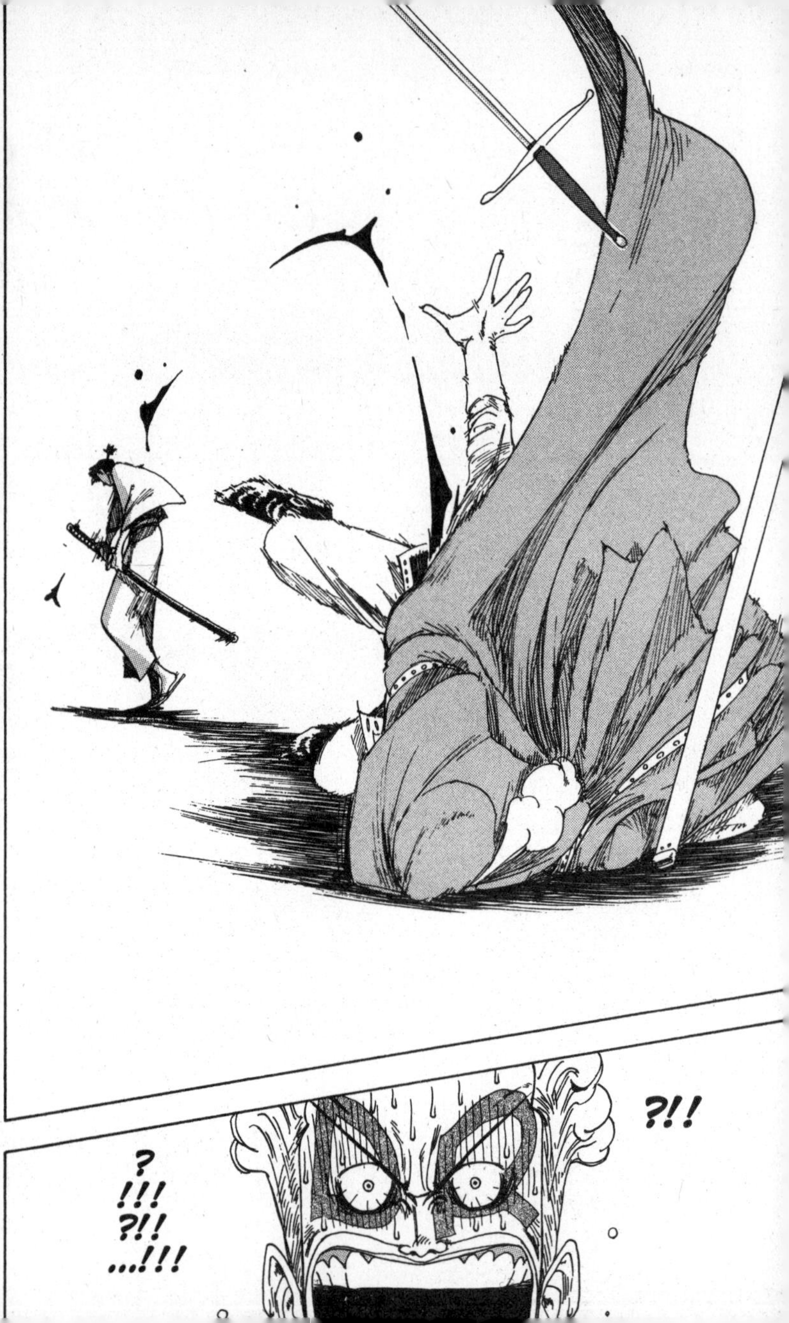

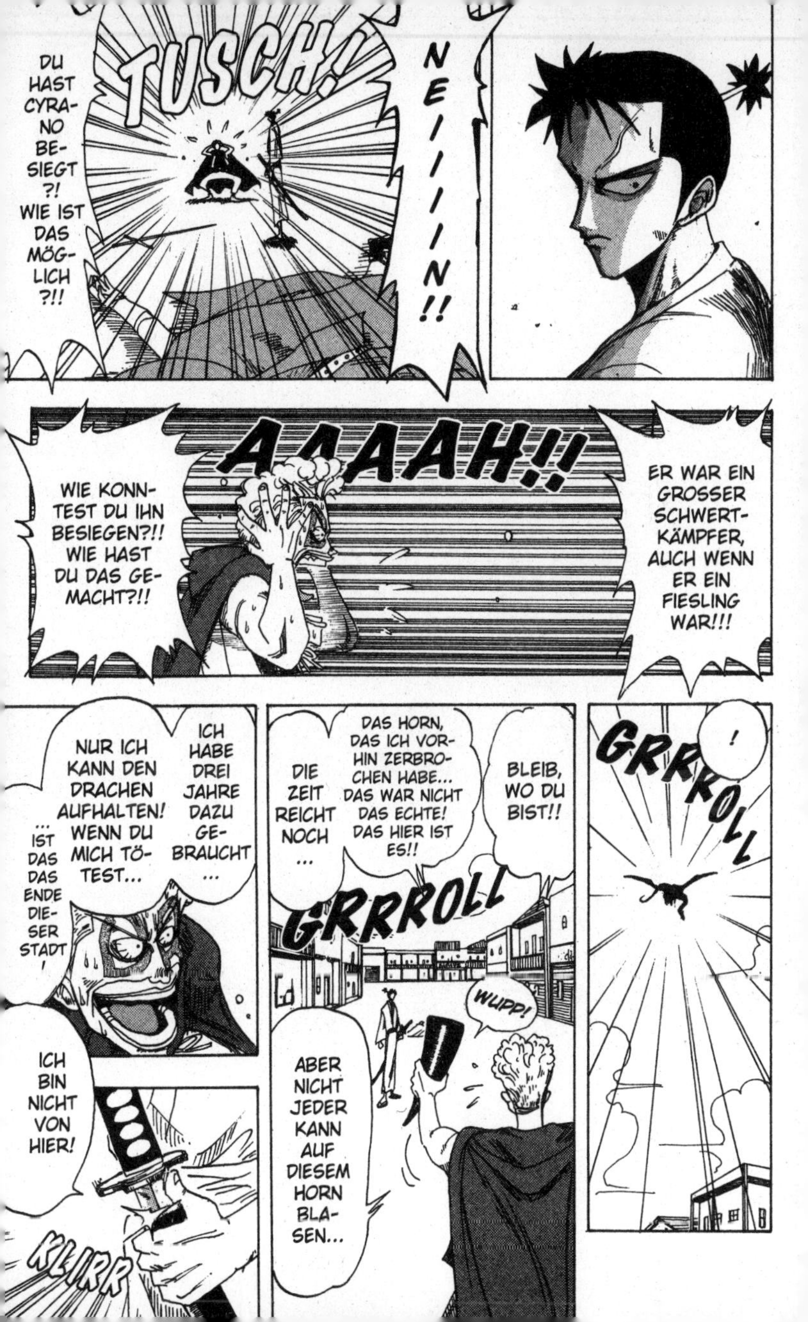
NEIIIIIN!!
TUSCH!!
DU HAST CYRANO BESIEGT?! WIE IST DAS MÖGLICH?!!
AAAAAH!!
ER WAR EIN GROSSER SCHWERTKÄMPFER, AUCH WENN ER EIN FIESLING WAR!!!
WIE KONNTEST DU IHN BESIEGEN?!! WIE HAST DU DAS GEMACHT?!!
!
GRRROLL
BLEIB, WO DU BIST!!
DAS HORN, DAS ICH VORHIN ZERBROCHEN HABE... DAS WAR NICHT DAS ECHTE! DAS HIER IST ES!!
DIE ZEIT REICHT NOCH ...
GRRROLL
WUPP!
ABER NICHT JEDER KANN AUF DIESEM HORN BLASEN...
ICH HABE DREI JAHRE DAZU GEBRAUCHT ...
NUR ICH KANN DEN DRACHEN AUFHALTEN! WENN DU MICH TÖTEST...
... IST DAS DAS ENDE DIESER STADT!
ICH BIN NICHT VON HIER!
KLIRR

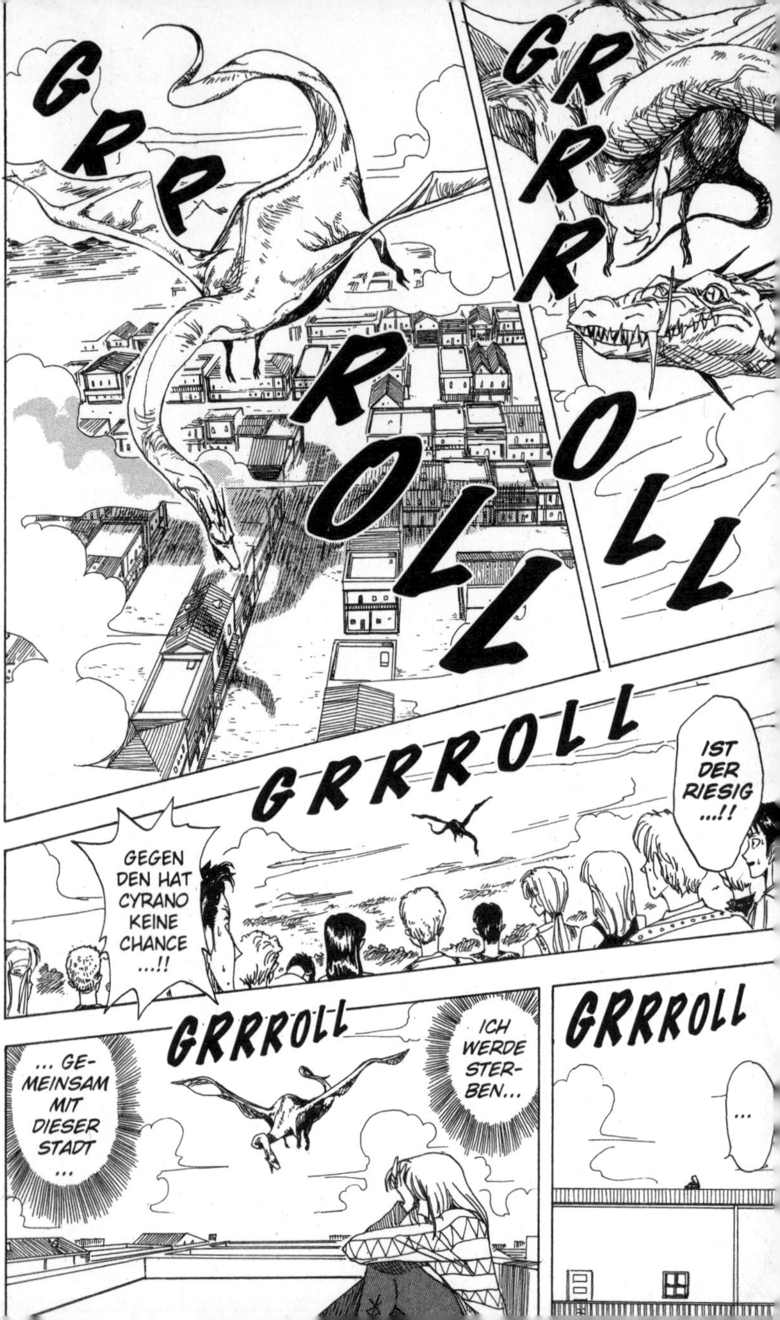
GRRROLL
GRROLL
GRRROLL
IST DER RIESIG ...!!
GEGEN DEN HAT CYRANO KEINE CHANCE ...!!
GRRROLL
...
GRRROLL
ICH WERDE STER-BEN...
... GE-MEINSAM MIT DIESER STADT ...

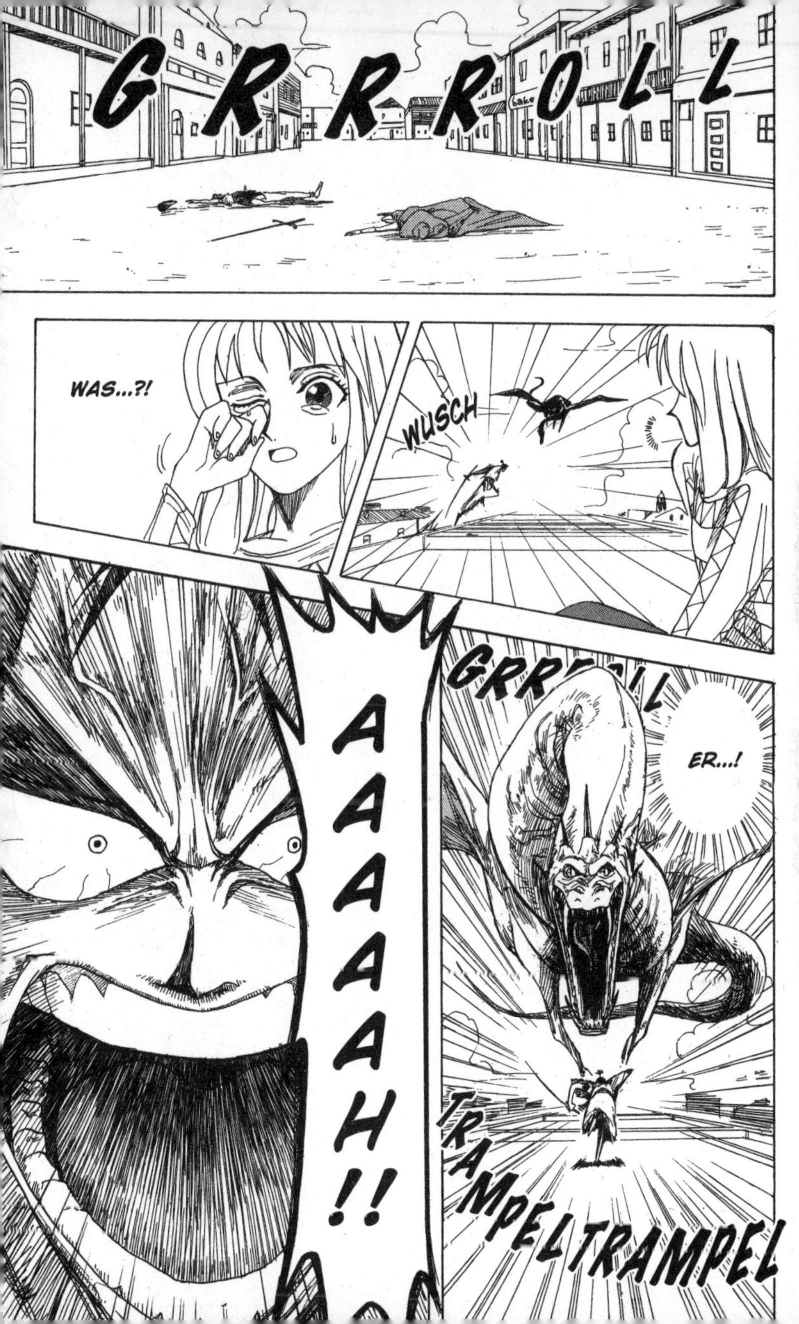
GRRROLL
WAS...?!
WUSCH
AAAAAAH!!
GRRROLL
ER...!
TRAMPELTRAMPEL

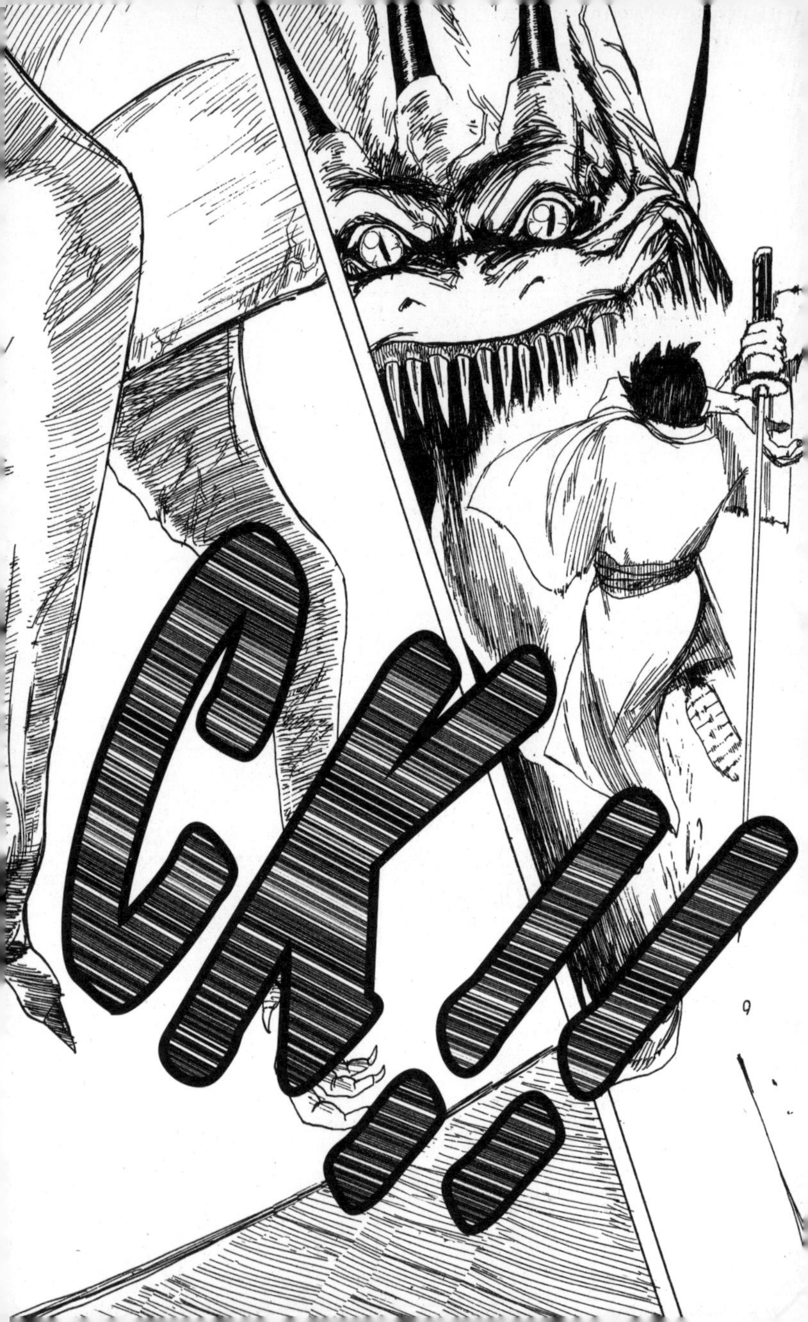
CK!!

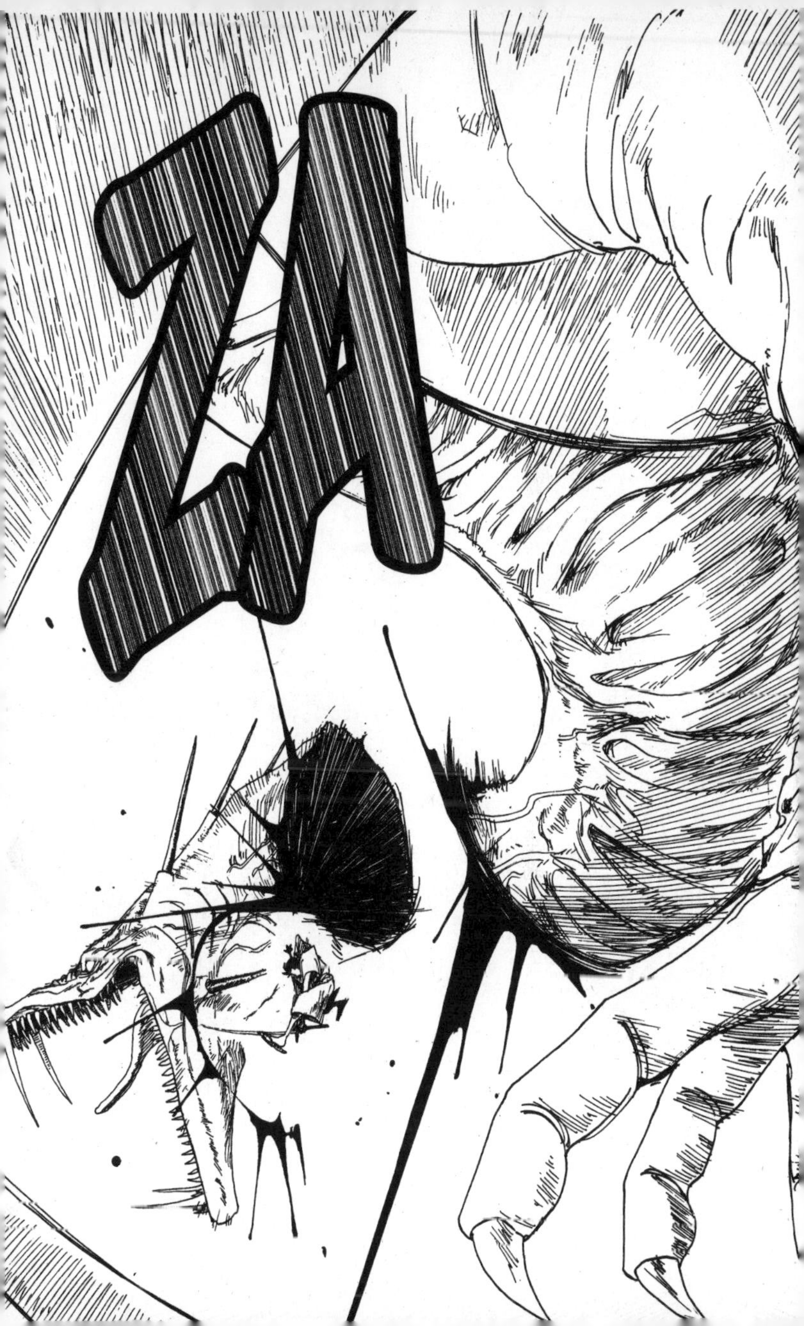
ZA

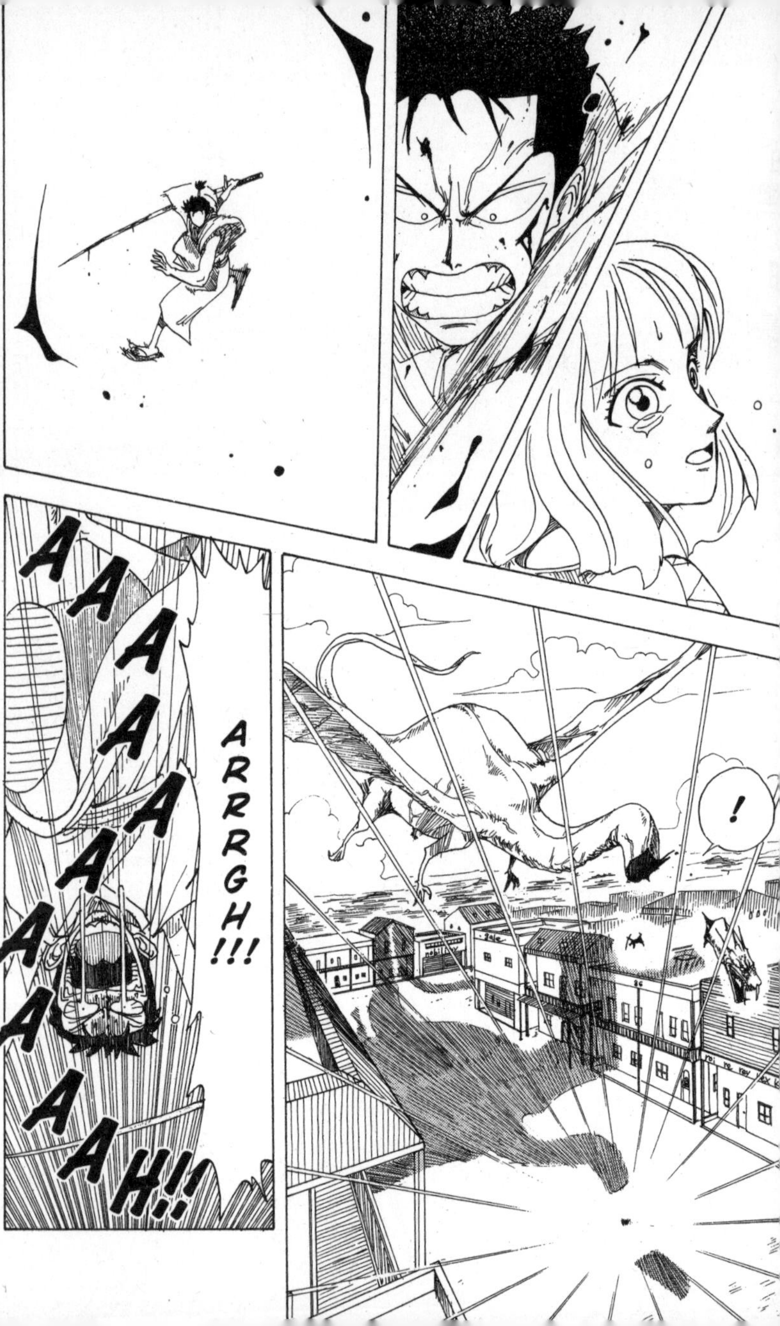
!
ARRRGH!!!
AAAAAAAAAAH!!

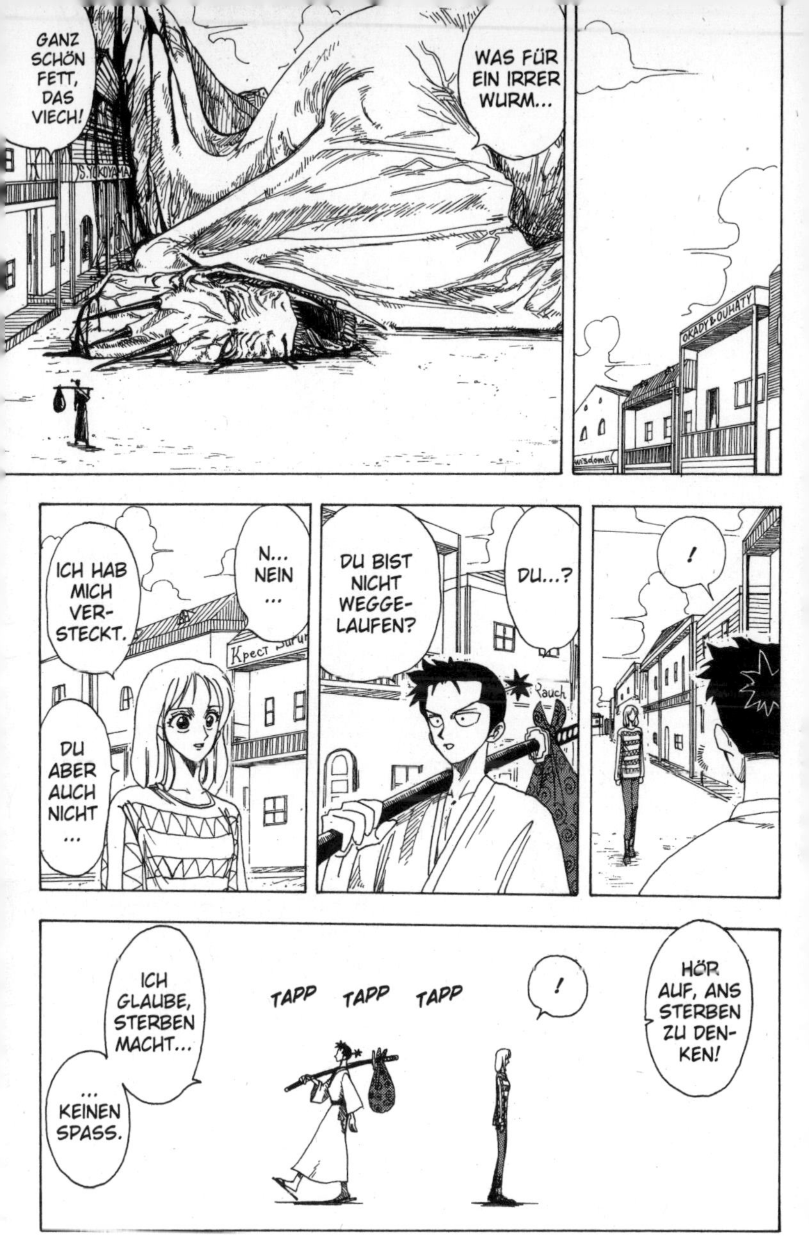

WAS FÜR EIN IRRER WURM...
GANZ SCHÖN FETT, DAS VIECH!
S.YOKOYAMA
OKADY & OUHATY
wisdom!!
!
DU...?
DU BIST NICHT WEGGE-LAUFEN?
Rauch
N... NEIN ...
ICH HAB MICH VER-STECKT.
DU ABER AUCH NICHT ...
HÖR AUF, ANS STERBEN ZU DEN-KEN!
!
TAPP TAPP TAPP
ICH GLAUBE, STERBEN MACHT...
... KEINEN SPASS.

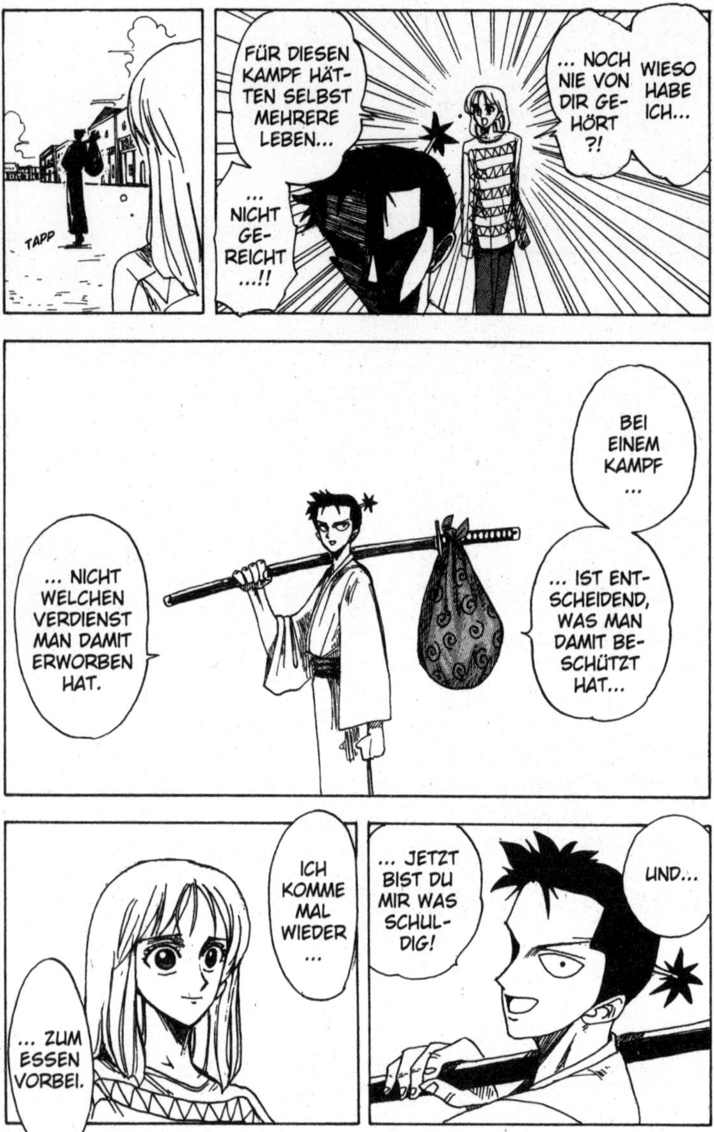
WIESO HABE ICH...
... NOCH NIE VON DIR GEHÖRT ?!
FÜR DIESEN KAMPF HÄTTEN SELBST MEHRERE LEBEN...
... NICHT GEREICHT ...!!
TAPP
BEI EINEM KAMPF ...
... IST ENTSCHEIDEND, WAS MAN DAMIT BESCHÜTZT HAT...
... NICHT WELCHEN VERDIENST MAN DAMIT ERWORBEN HAT.
UND...
... JETZT BIST DU MIR WAS SCHULDIG!
ICH KOMME MAL WIEDER ...
... ZUM ESSEN VORBEI.

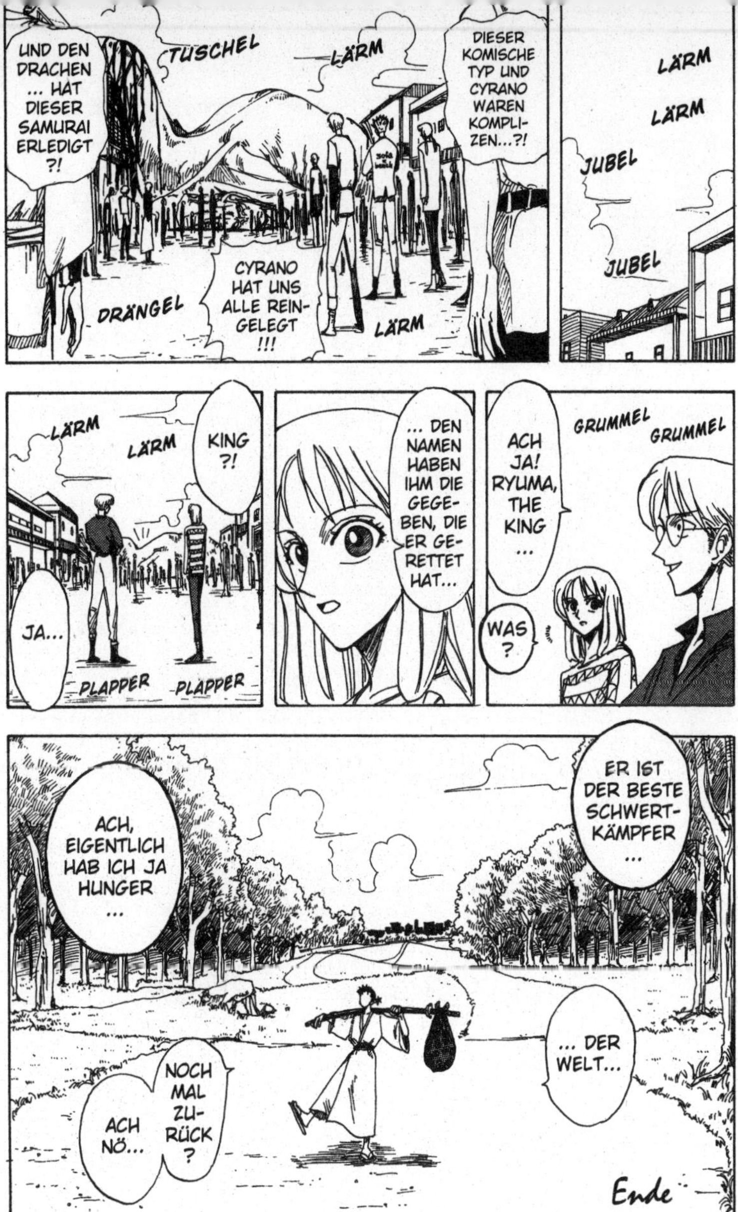
LÄRM
LÄRM
JUBEL
JUBEL
DIESER KOMISCHE TYP UND CYRANO WAREN KOMPLIZEN...?!
LÄRM
TUSCHEL
UND DEN DRACHEN ... HAT DIESER SAMURAI ERLEDIGT ?!
CYRANO HAT UNS ALLE REINGELEGT !!!
LÄRM
DRÄNGEL
GRUMMEL
GRUMMEL
ACH JA! RYUMA, THE KING ...
WAS ?
... DEN NAMEN HABEN IHM DIE GEGEBEN, DIE ER GERETTET HAT...
KING ?!
LÄRM
LÄRM
JA...
PLAPPER
PLAPPER
ER IST DER BESTE SCHWERTKÄMPFER ...
... DER WELT...
ACH, EIGENTLICH HAB ICH JA HUNGER ...
NOCH MAL ZURÜCK ?
ACH NÖ...
Ende

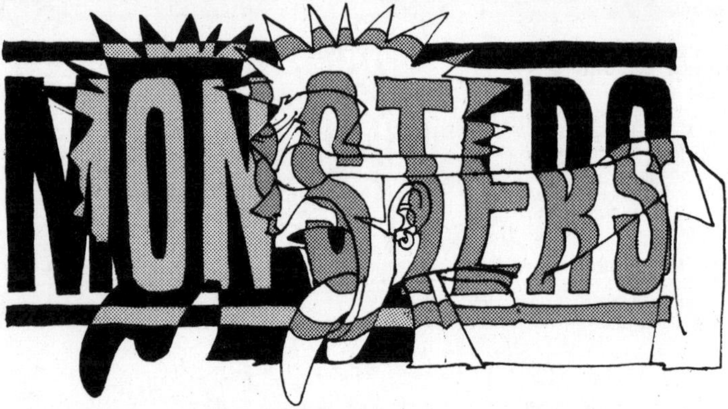

- EIN MANGA ÜBER EINEN DRACHENTÖTER. DER ORIGINALTITEL, "MONSTERS", HAT EINE GESCHICHTE, AUCH WENN SIE ETWAS WEIT HERGEHOLT IST. ES IST NÄMLICH SO, DASS ICH ZU DER ZEIT, ALS ICH DEN MANGA GEZEICHNET HABE, TITEL, DIE AUF "-ERS" ENDEN, TOTAL COOL FAND. SO WIE "DRIFTERS" ODER WIE BEI DEN MANGA "GRIFTERS" UND "MOBSTERS". ES GIBT GANZ VIELE SOLCHER TITEL, UND DIE FAND ICH DAMALS TOLL. ALSO HAB ICH ZU DER ZEIT, ALS SICH DIE IDEE FÜR DIE GESCHICHTE KONKRETISIERT HAT, GEDACHT: "HM, ES KOMMT EIN DRACHE VOR, UND DRACHEN SIND UNGEHEUER, ALSO NENN ICH DIE GESCHICHTE 'MONSTERS'!!".

- DIE STORY: ALLES BEGANN DAMIT, DASS ICH UNBEDINGT EINEN DRACHENTÖTER ZEICHNEN WOLLTE. UND ICH WOLLTE EINEN RUNTERGEKOMMENEN SAMURAI UND EINEN EDLEN RITTER ALS GEGNER ZEICHNEN. UM ES IN FORM EINES REZEPTES AUSZUDRÜCKEN: "HAUSGEMACHTER SAMURAI IN MISO-SOSSE IN EINER MARINADE AUS MITTELALTERLICHEM RITTER MIT EINEM SCHUSS WESTERN", DAZU DRACHENSUPPE UND EINEN FRISCHEN ROSÉ AUS DEM SAMURAI-FASS. GUTEN APPETIT! SO IN ETWA... "UND, WIE HAT ES GESCHMECKT?" "EINE SEHR GEWAGTE GESCHMACKSKOMBINATION, MAÎTRE." "DANKE, MADAME."

- ZU DER ZEIT, ALS DER MANGA ENTSTAND, HATTE ICH MEINE ASSISTENTENTÄTIGKEIT BEI KAI TANISHINOBU BEENDET UND HALF HIROMASA TOKU BEI "JUNGLE NO OUJA TAA-CHAN"... IN WELCHEM JAHR WAR DAS DOCH GLEICH... ÄH... IM SOMMER NEUNZEHNHUNDERT...? ODER HERBST...? ODER FRÜHJAHR...? SOMMER?! K...KUTTELN? OH JA, ICH HÄTTE JETZT LUST AUF KUTTEL-EINTOPF...

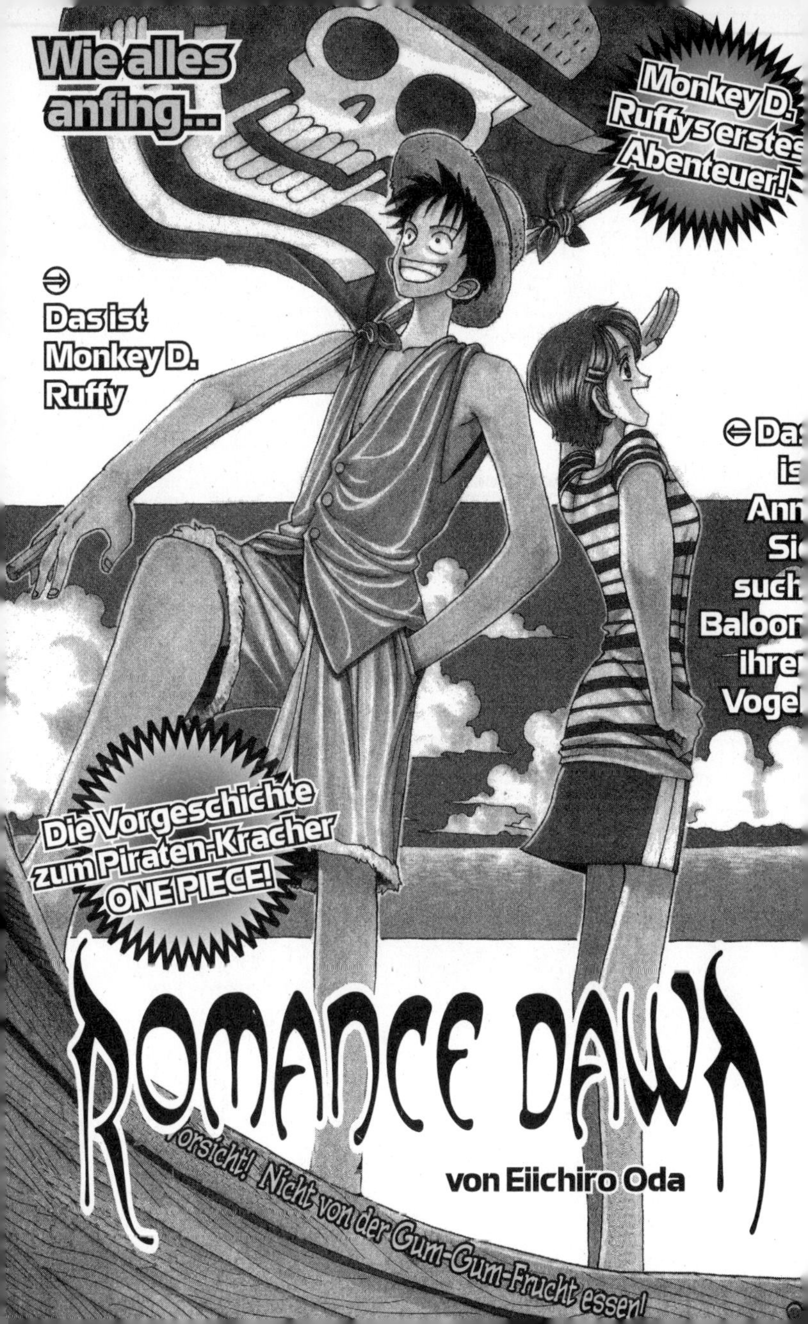
Wie alles anfing...
Monkey D. Ruffys erstes Abenteuer!
Das ist Monkey D. Ruffy
Die Vorgeschichte zum Piraten-Kracher ONE PIECE!
ROMANCE DAWN
Vorsicht! Nicht von der Gum-Gum-Frucht essen!
von Eiichiro Oda

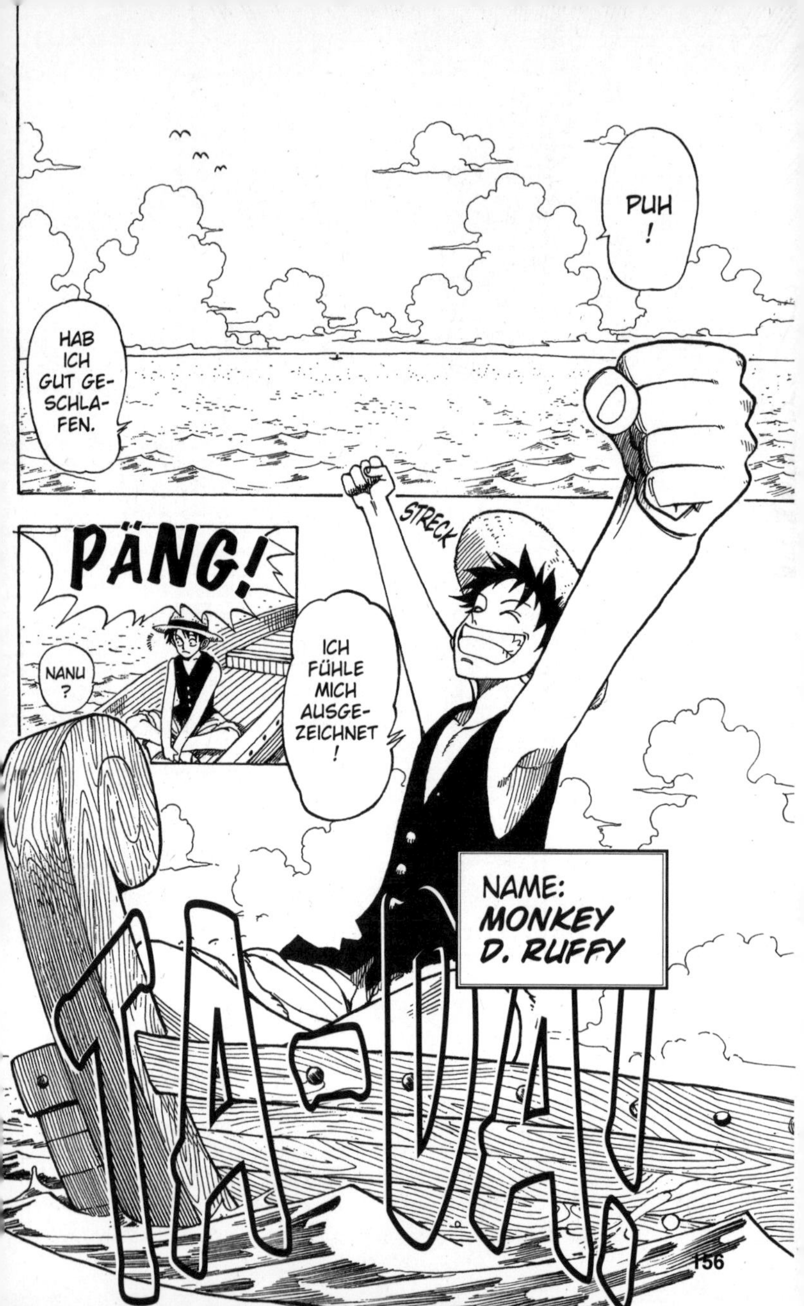
PUH!
HAB ICH GUT GESCHLAFEN.
PÄNG!
NANU?
STRECK
ICH FÜHLE MICH AUSGEZEICHNET!
NAME: MONKEY D. RUFFY
TA-DA!

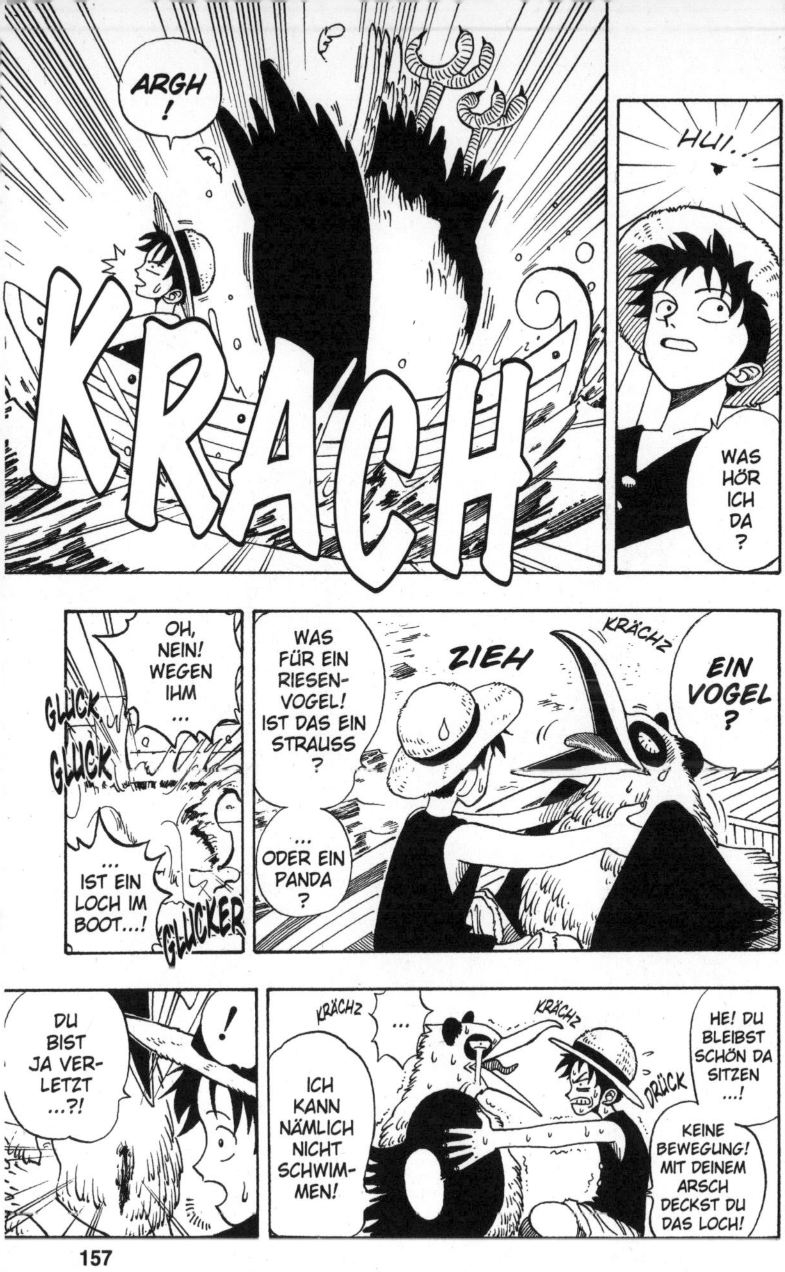
HUI...
WAS HÖR ICH DA ?
ARGH !
KRACH
EIN VOGEL ?
KRÄCHZ
ZIEH
WAS FÜR EIN RIESEN-VOGEL! IST DAS EIN STRAUSS ?
... ODER EIN PANDA ?
OH, NEIN! WEGEN IHM ...
GLUCK GLUCK
... IST EIN LOCH IM BOOT...!
GLUCKER
HE! DU BLEIBST SCHÖN DA SITZEN ...!
DRÜCK
KEINE BEWEGUNG! MIT DEINEM ARSCH DECKST DU DAS LOCH!
KRÄCHZ
...
KRÄCHZ
ICH KANN NÄMLICH NICHT SCHWIMMEN!
!
DU BIST JA VER-LETZT ...?!

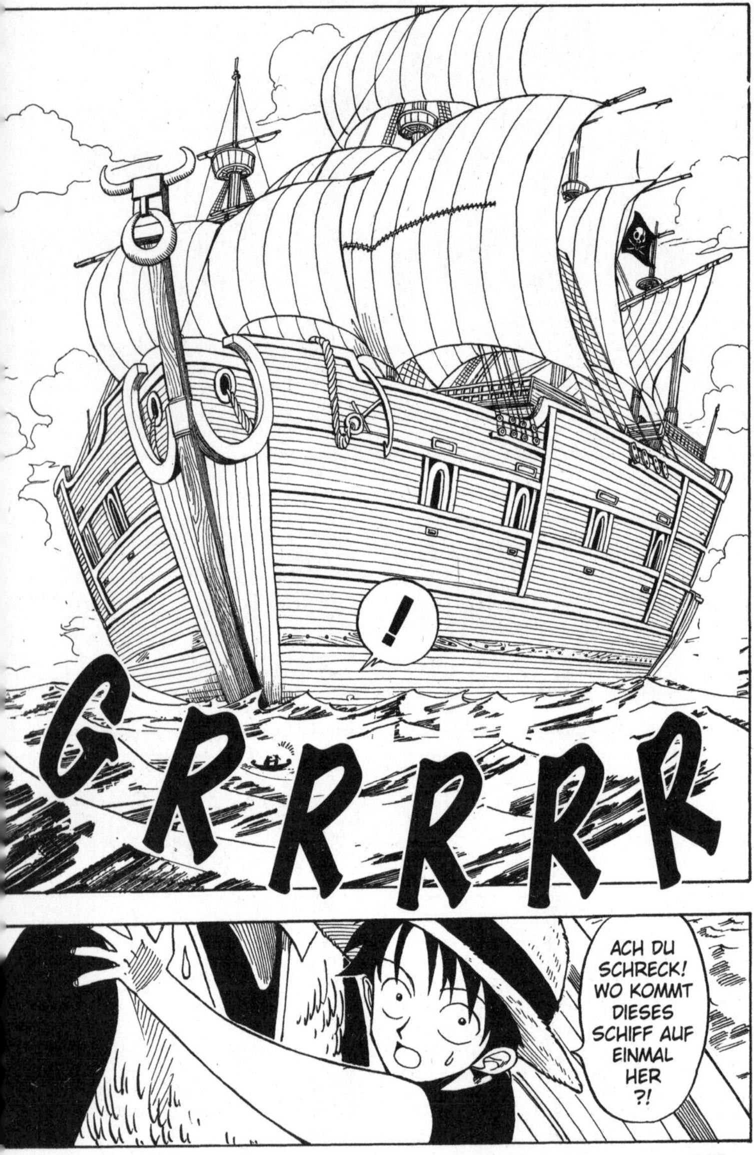
!
GRRRRR
ACH DU SCHRECK! WO KOMMT DIESES SCHIFF AUF EINMAL HER ?!

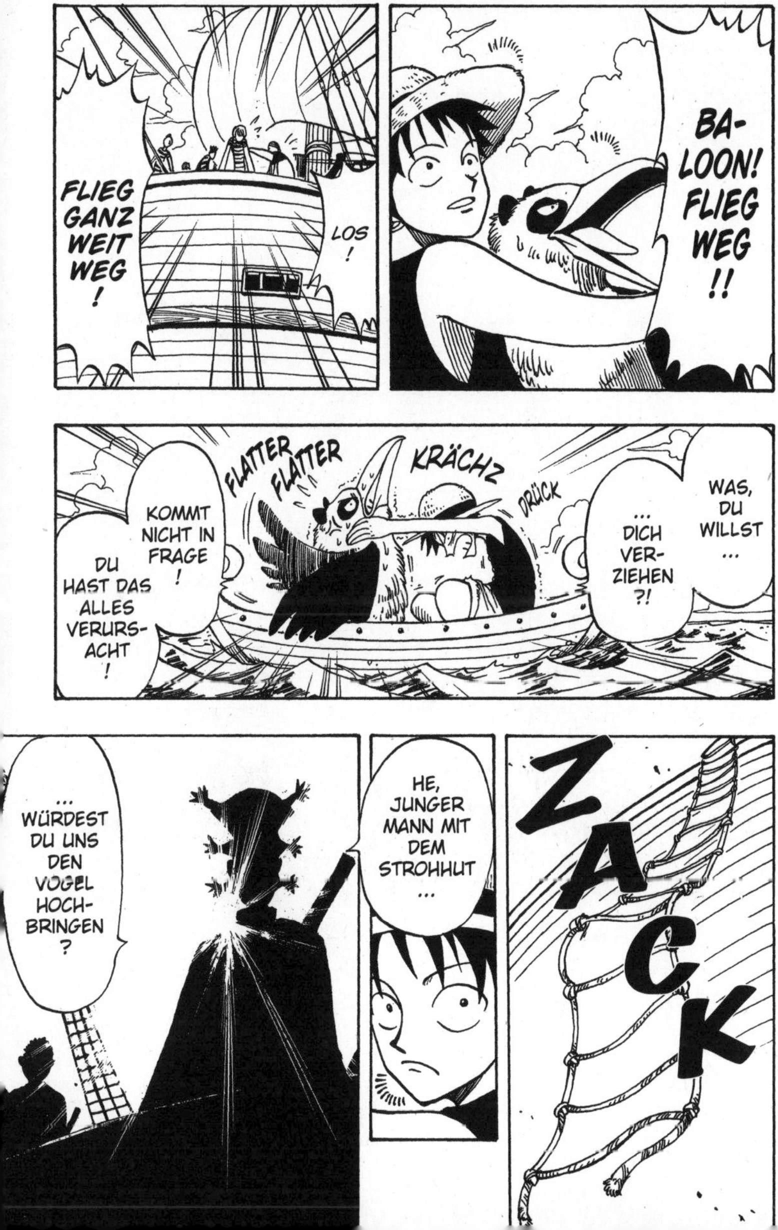
BA-LOON! FLIEG WEG !!
LOS!
FLIEG GANZ WEIT WEG!
WAS, DU WILLST ...
... DICH VER-ZIEHEN ?!
DRÜCK
KRÄCHZ
FLATTER FLATTER
KOMMT NICHT IN FRAGE!
DU HAST DAS ALLES VERURS-ACHT!
ZACK
HE, JUNGER MANN MIT DEM STROHHUT ...
... WÜRDEST DU UNS DEN VOGEL HOCH-BRINGEN ?

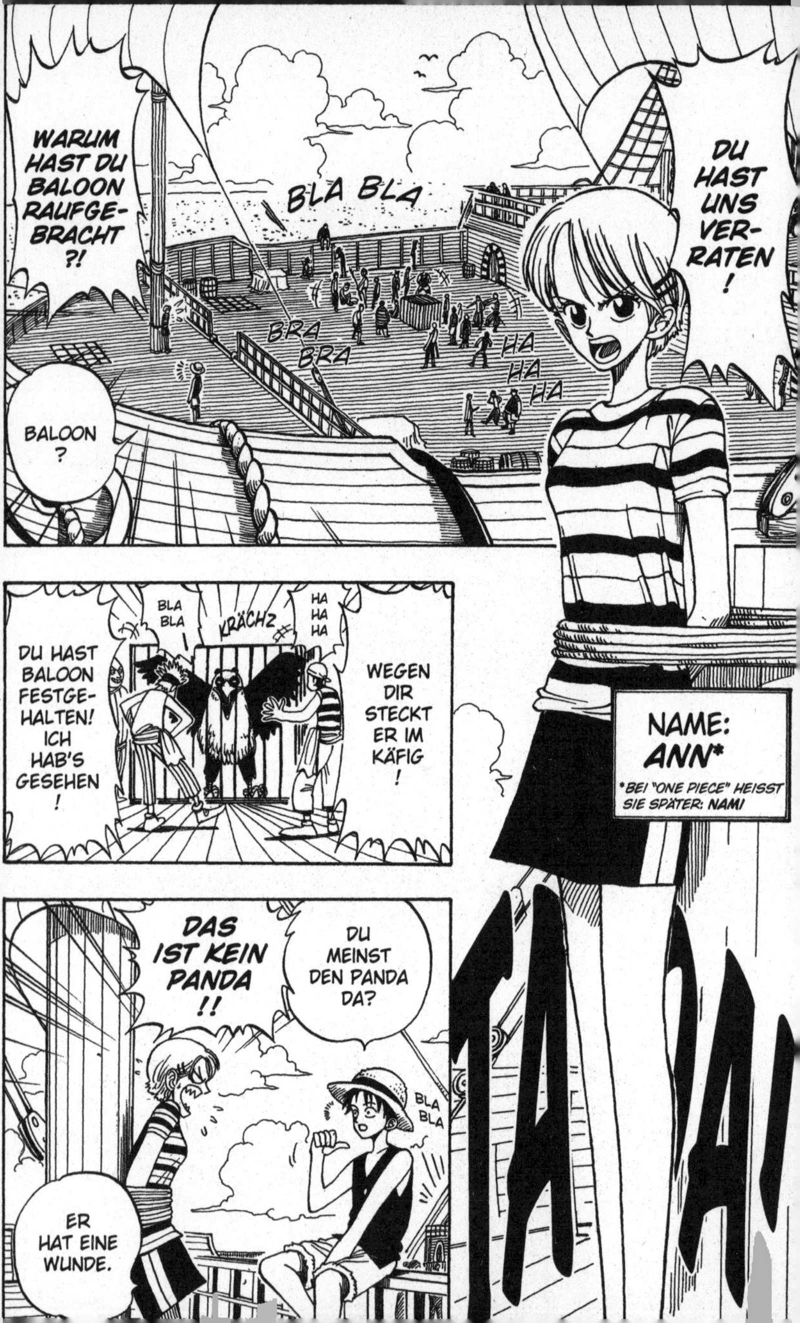
DU HAST UNS VERRATEN!
WARUM HAST DU BALOON RAUFGEBRACHT?!
BLA BLA
BRA BRA
HA HA HA
BALOON?
NAME: ANN*
*BEI "ONE PIECE" HEISST SIE SPÄTER: NAMI
HA HA HA
KRÄCHZ
BLA BLA
WEGEN DIR STECKT ER IM KÄFIG!
DU HAST BALOON FESTGEHALTEN! ICH HAB'S GESEHEN!
DU MEINST DEN PANDA DA?
DAS IST KEIN PANDA!!
BLA BLA
ER HAT EINE WUNDE.
TA TA!

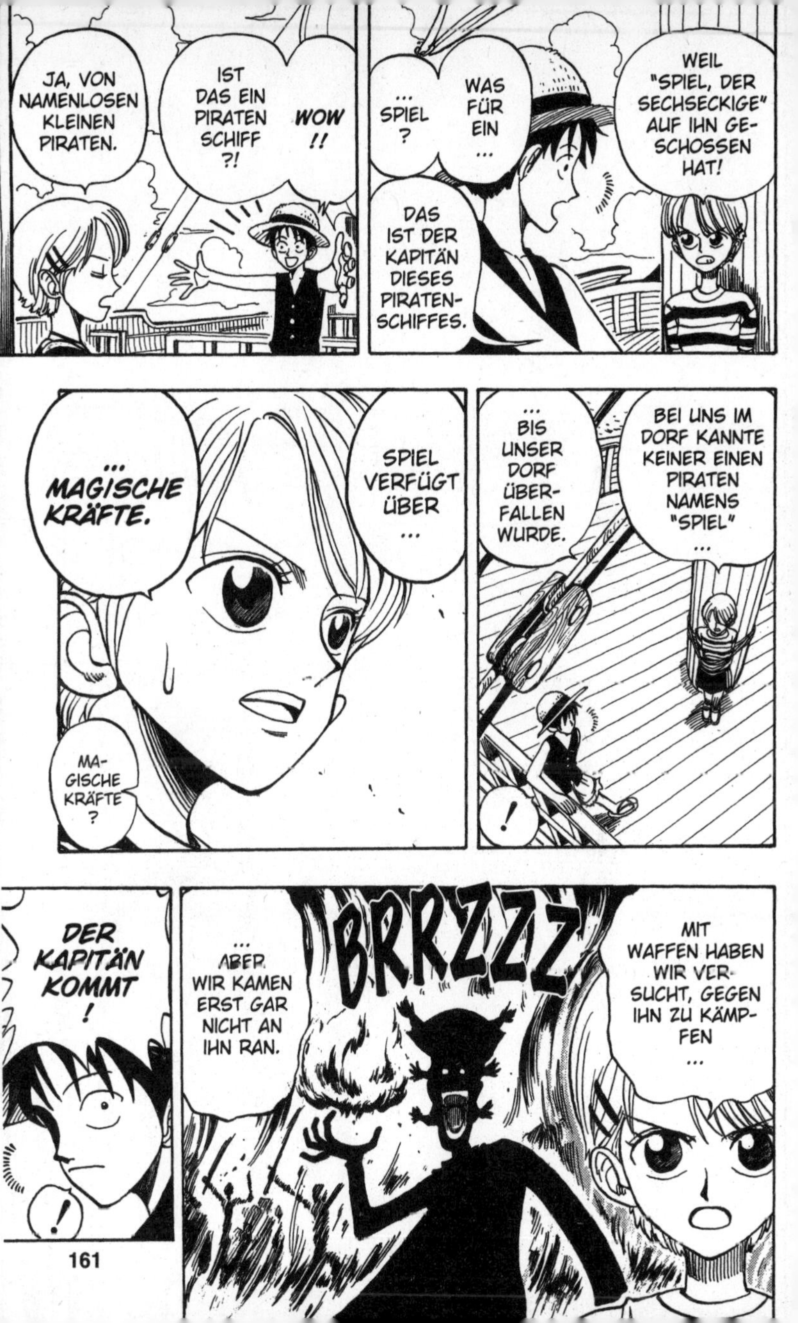
WEIL "SPIEL, DER SECHSECKIGE" AUF IHN GESCHOSSEN HAT!
WAS FÜR EIN ...
... SPIEL ?
DAS IST DER KAPITÄN DIESES PIRATEN-SCHIFFES.
WOW !!
IST DAS EIN PIRATEN SCHIFF ?!
JA, VON NAMENLOSEN KLEINEN PIRATEN.
BEI UNS IM DORF KANNTE KEINER EINEN PIRATEN NAMENS "SPIEL" ...
... BIS UNSER DORF ÜBER-FALLEN WURDE.
!
SPIEL VERFÜGT ÜBER ...
... MAGISCHE KRÄFTE.
MA-GISCHE KRÄFTE ?
MIT WAFFEN HABEN WIR VER-SUCHT, GEGEN IHN ZU KÄMP-FEN ...
BRRZZZ
... ABER WIR KAMEN ERST GAR NICHT AN IHN RAN.
DER KAPITÄN KOMMT !
!

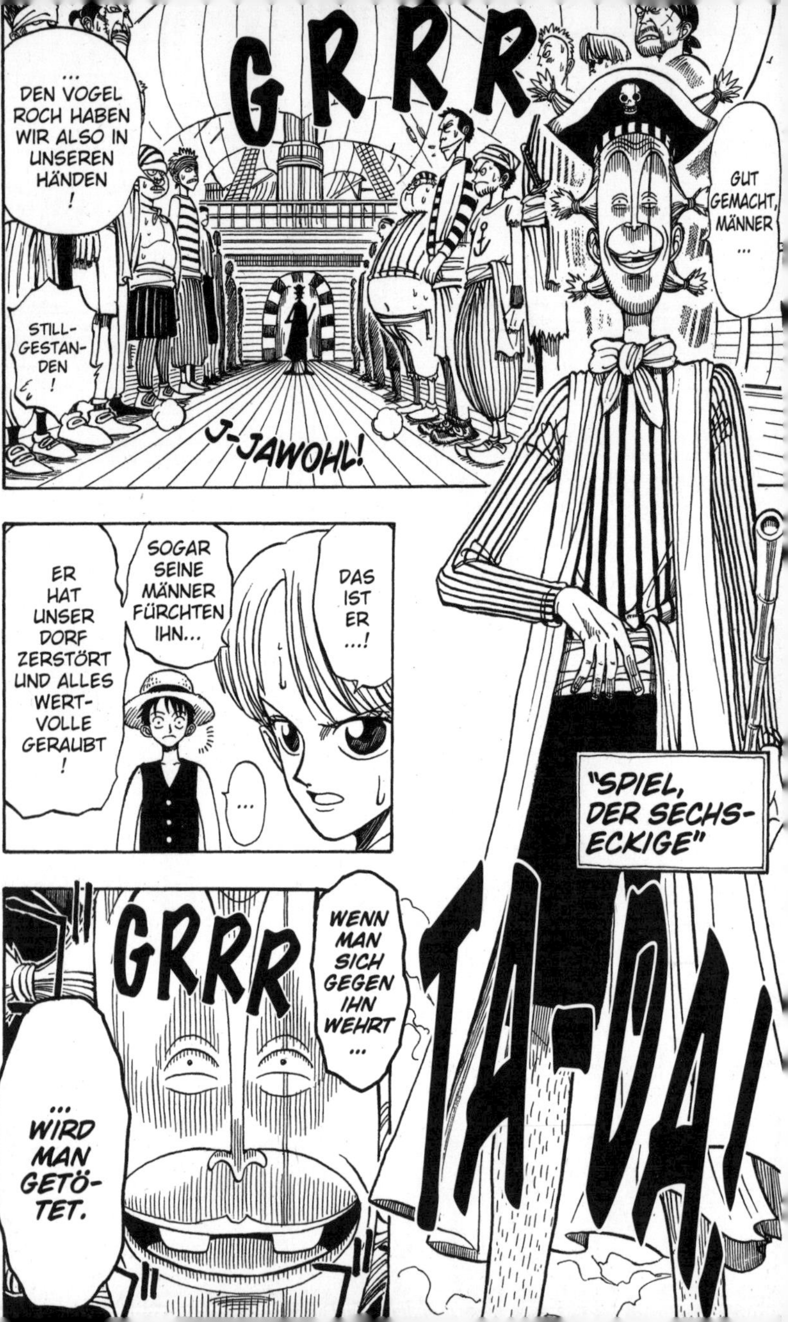
GRRR
GUT GEMACHT, MÄNNER ...
... DEN VOGEL ROCH HABEN WIR ALSO IN UNSEREN HÄNDEN !
STILL-GESTAN-DEN !
J-JAWOHL!
"SPIEL, DER SECHS-ECKIGE"
DAS IST ER ...!
SOGAR SEINE MÄNNER FÜRCHTEN IHN...
ER HAT UNSER DORF ZERSTÖRT UND ALLES WERT-VOLLE GERAUBT !
...
TA-DA!
GRRR
WENN MAN SICH GEGEN IHN WEHRT ...
... WIRD MAN GETÖ-TET.

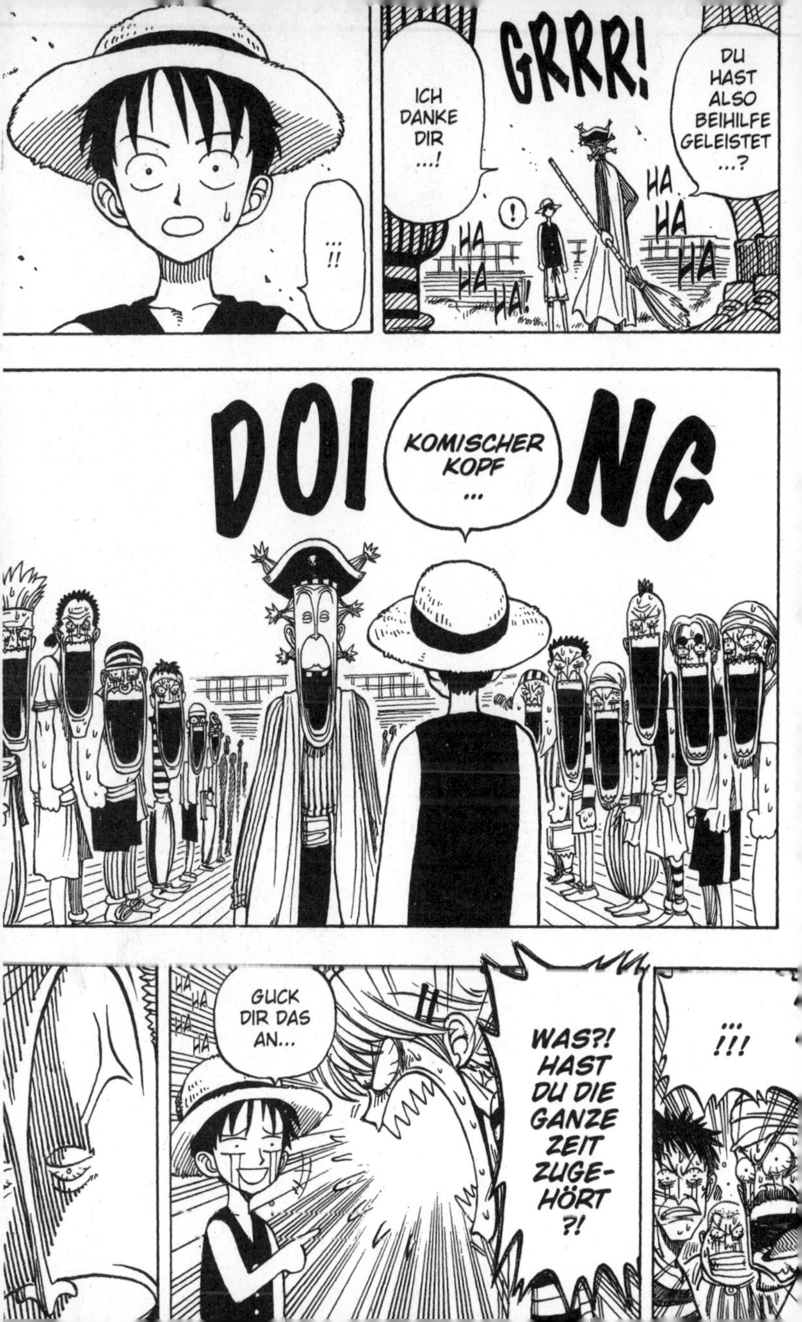
DU HAST ALSO BEIHILFE GELEISTET ...?
GRRR!
HA HA HA
ICH DANKE DIR ...!
!
HA HA HA!
...!!
DOI NG
KOMISCHER KOPF ...
...!!!
WAS?! HAST DU DIE GANZE ZEIT ZUGE-HÖRT?!
GUCK DIR DAS AN...
HA HA HA HA

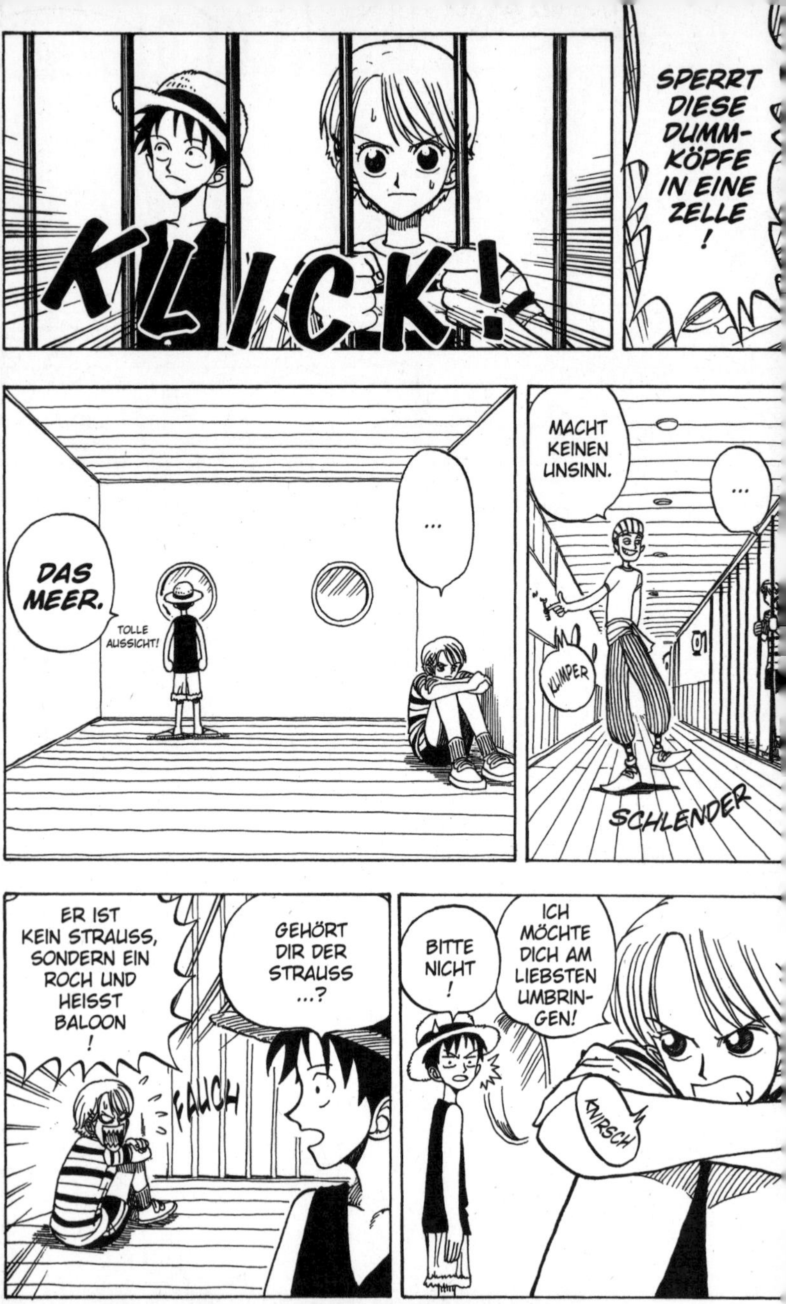
SPERRT DIESE DUMMKÖPFE IN EINE ZELLE!
KLICK!
MACHT KEINEN UNSINN.
...
KLIMPER
SCHLENDER
...
DAS MEER.
TOLLE AUSSICHT!
ICH MÖCHTE DICH AM LIEBSTEN UMBRINGEN!
BITTE NICHT!
KNIRSCH
GEHÖRT DIR DER STRAUSS ...?
ER IST KEIN STRAUSS, SONDERN EIN ROCH UND HEISST BALOON!
FAUCH

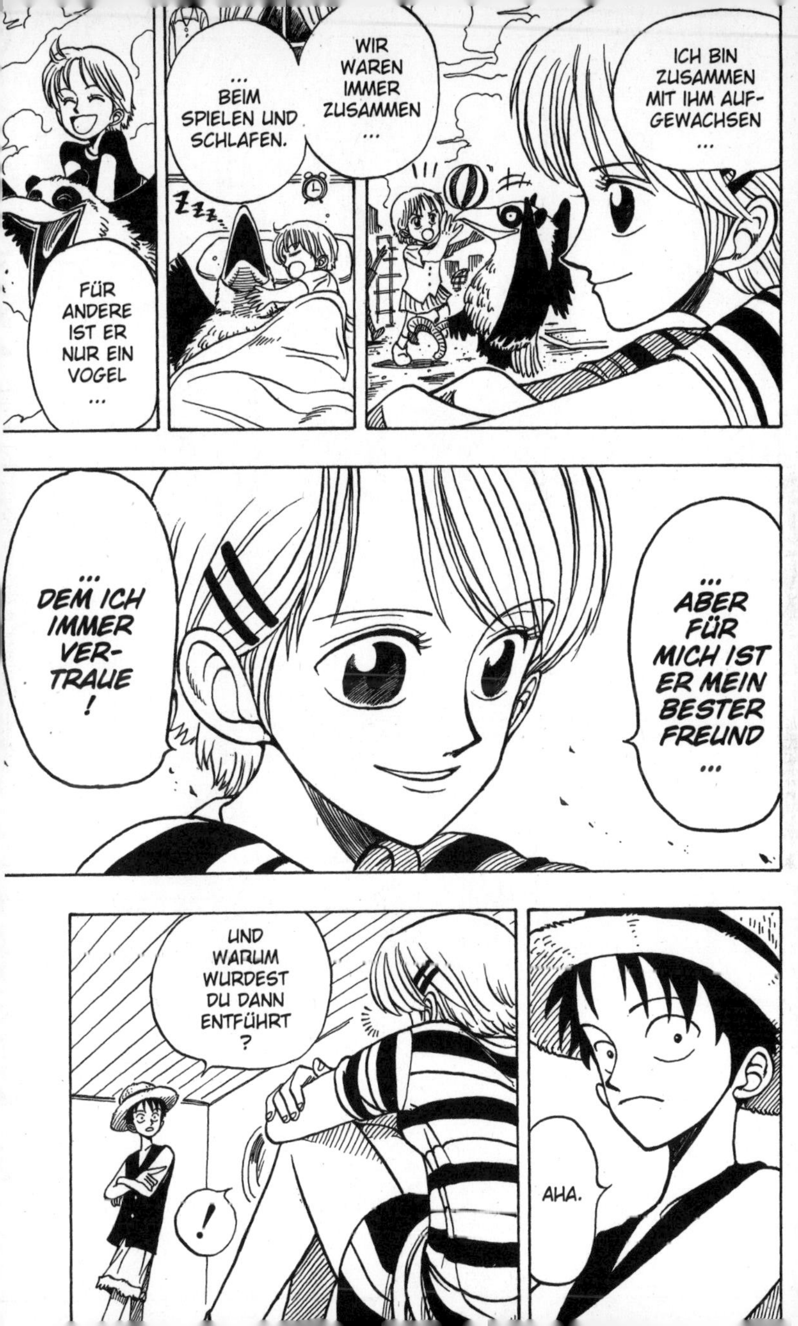
ICH BIN ZUSAMMEN MIT IHM AUF-GEWACHSEN ...
WIR WAREN IMMER ZUSAMMEN ...
... BEIM SPIELEN UND SCHLAFEN.
FÜR ANDERE IST ER NUR EIN VOGEL ...
... ABER FÜR MICH IST ER MEIN BESTER FREUND ...
... DEM ICH IMMER VER-TRAUE!
AHA.
UND WARUM WURDEST DU DANN ENTFÜHRT?
!

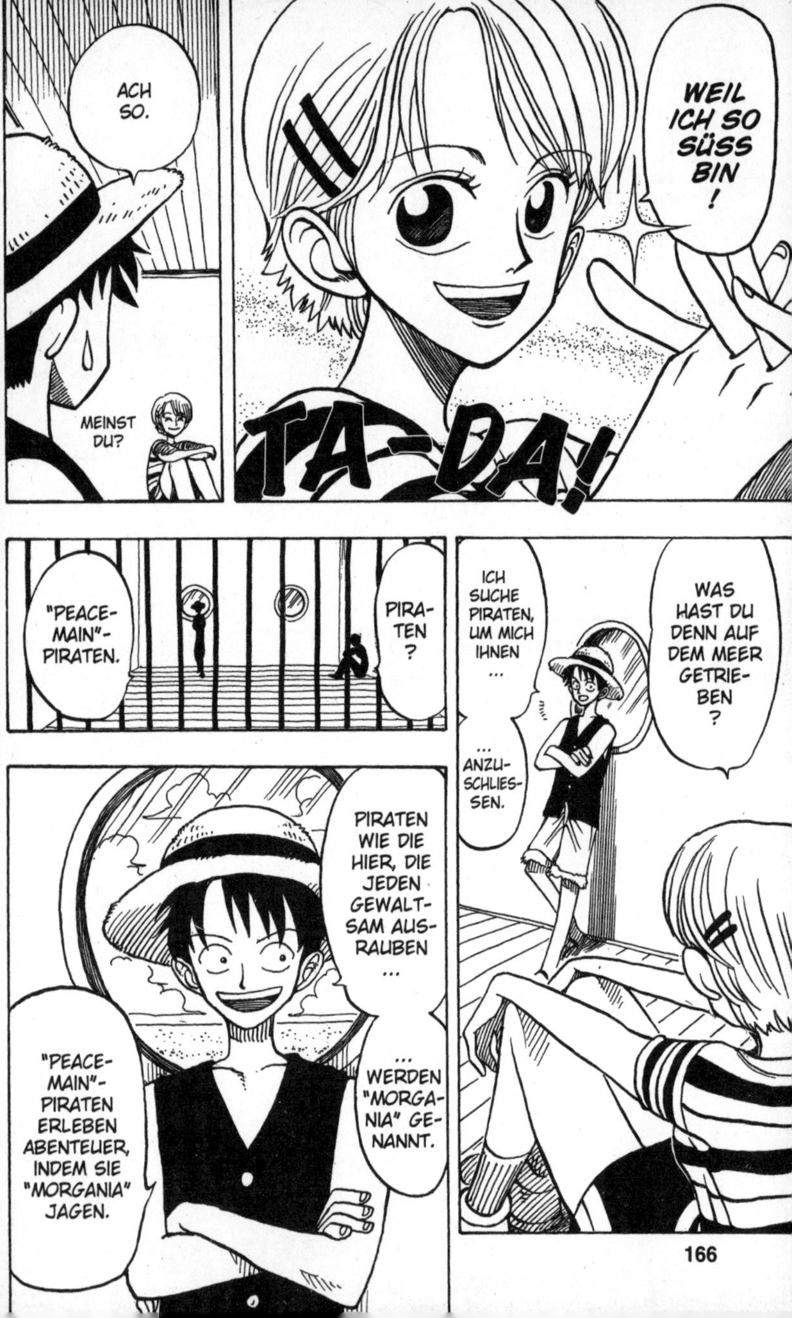
WEIL ICH SO SÜSS BIN!
TA-DA!
ACH SO.
MEINST DU?
WAS HAST DU DENN AUF DEM MEER GETRIEBEN?
ICH SUCHE PIRATEN, UM MICH IHNEN ...
... ANZUSCHLIESSEN.
PIRATEN?
"PEACE-MAIN"-PIRATEN.
PIRATEN WIE DIE HIER, DIE JEDEN GEWALTSAM AUSRAUBEN ...
... WERDEN "MORGANIA" GENANNT.
"PEACE-MAIN"-PIRATEN ERLEBEN ABENTEUER, INDEM SIE "MORGANIA" JAGEN.

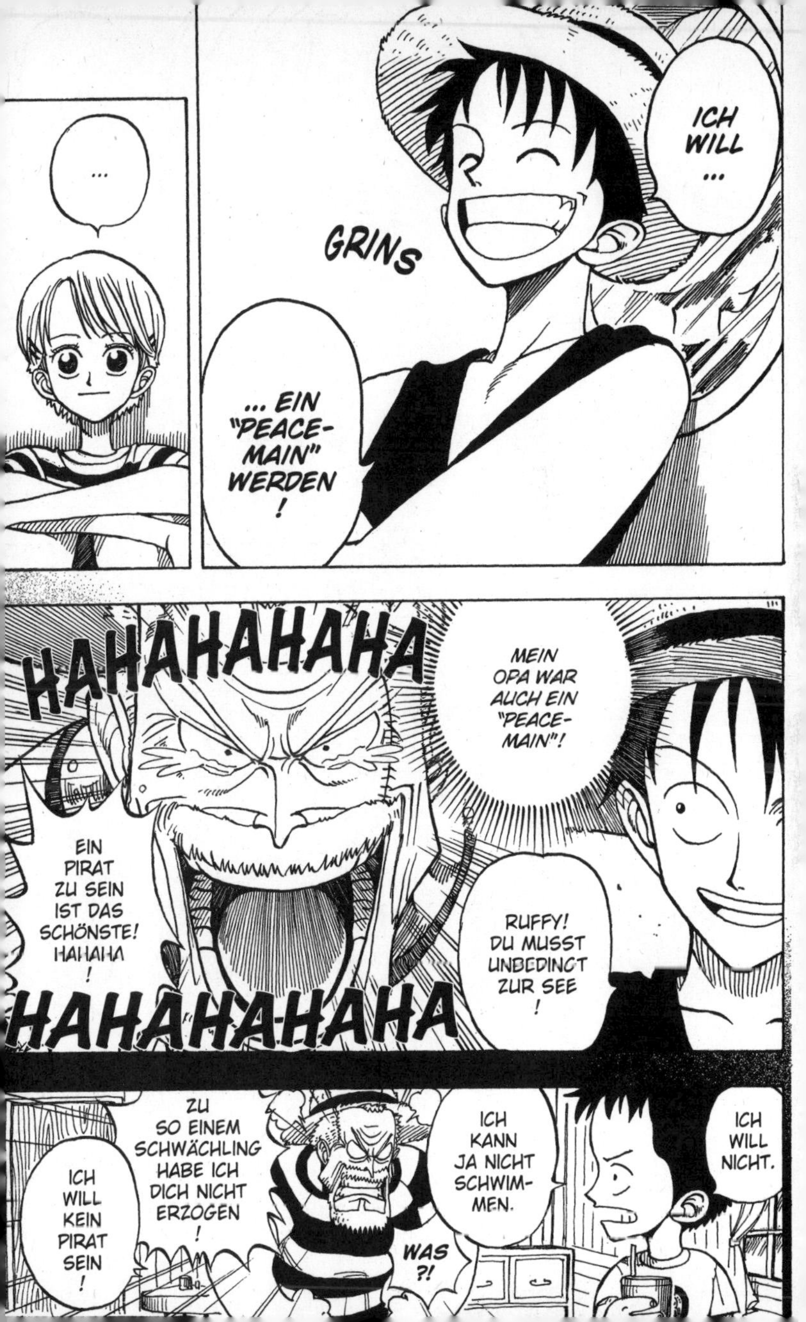
ICH WILL ...
GRINS
... EIN "PEACE-MAIN" WERDEN !
...
MEIN OPA WAR AUCH EIN "PEACE-MAIN"!
RUFFY! DU MUSST UNBEDINGT ZUR SEE !
HAHAHAHAHA
EIN PIRAT ZU SEIN IST DAS SCHÖNSTE! HAHAHA !
HAHAHAHAHA
ICH WILL NICHT.
ICH KANN JA NICHT SCHWIMMEN.
WAS ?!
ZU SO EINEM SCHWÄCHLING HABE ICH DICH NICHT ERZOGEN !
ICH WILL KEIN PIRAT SEIN !

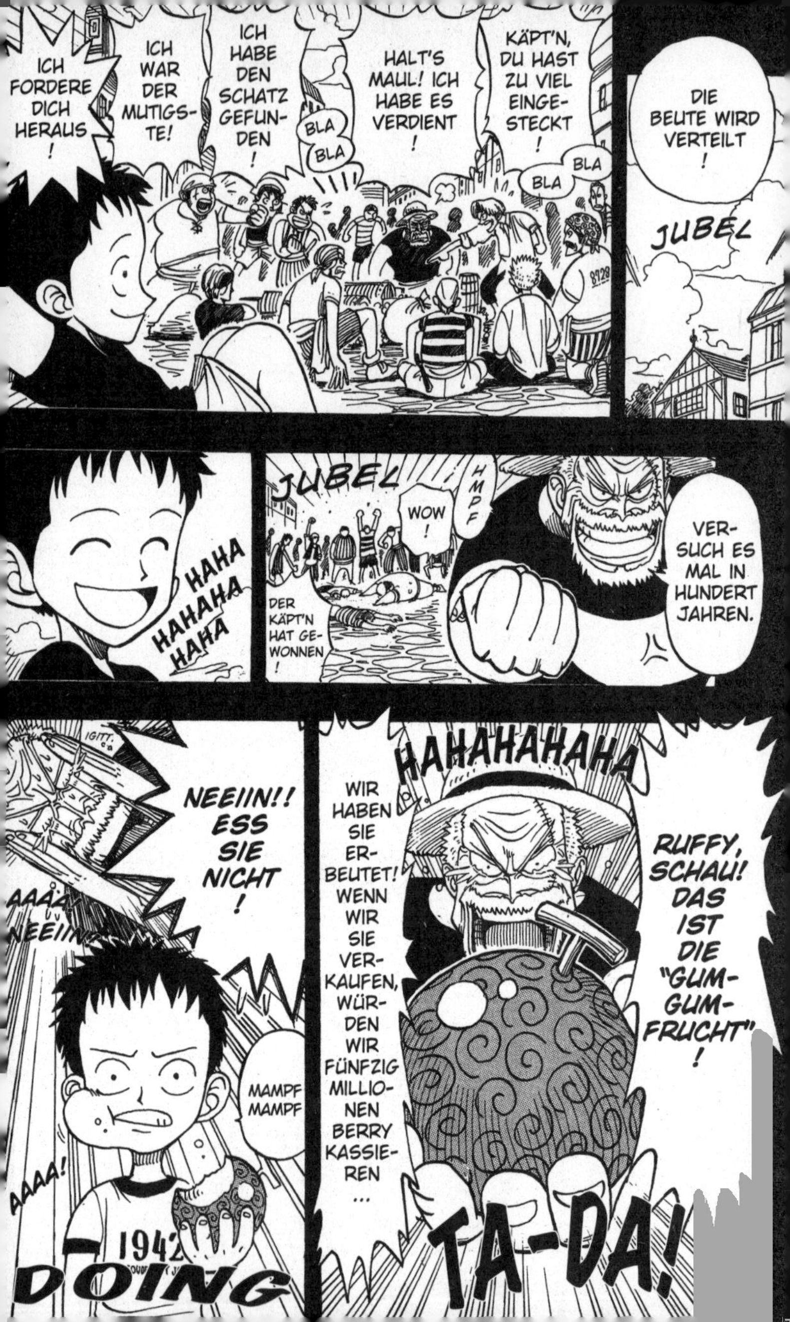
DIE BEUTE WIRD VERTEILT!
JUBEL
KÄPT'N, DU HAST ZU VIEL EINGESTECKT!
BLA BLA
HALT'S MAUL! ICH HABE ES VERDIENT!
BLA BLA
ICH HABE DEN SCHATZ GEFUNDEN!
ICH WAR DER MUTIGSTE!
ICH FORDERE DICH HERAUS!
VERSUCH ES MAL IN HUNDERT JAHREN.
HMPF
WOW!
JUBEL
DER KÄPT'N HAT GEWONNEN!
HAHA HAHAHA HAHA
RUFFY, SCHAU! DAS IST DIE "GUM-GUM-FRUCHT"!
HAHAHAHAHA
WIR HABEN SIE ERBEUTET! WENN WIR SIE VERKAUFEN, WÜRDEN WIR FÜNFZIG MILLIONEN BERRY KASSIEREN ...
TA-DA!
NEEIIN!! ESS SIE NICHT!
IGITT.
AAAA NEEIIN
MAMPF MAMPF
AAAA!
1942
DOING

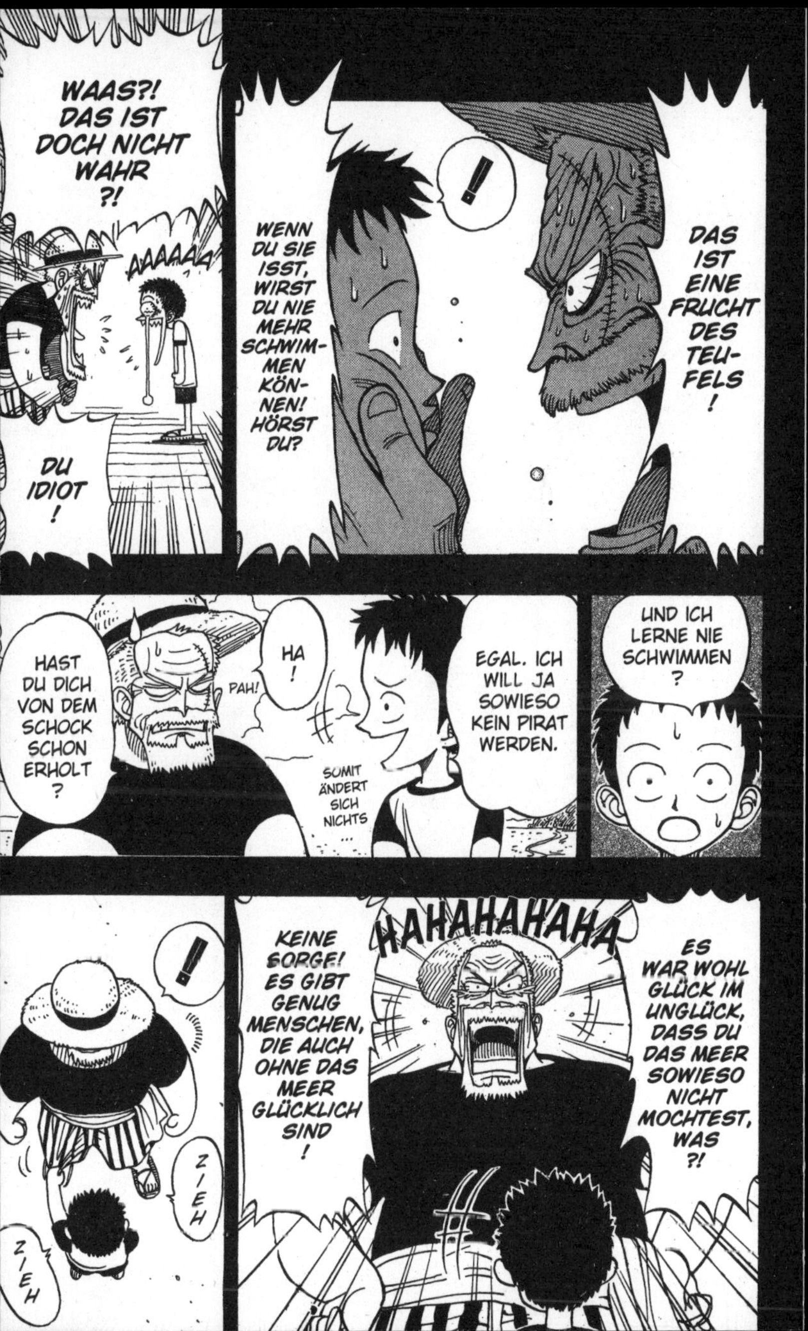
DAS IST EINE FRUCHT DES TEUFELS!
!
WENN DU SIE ISST, WIRST DU NIE MEHR SCHWIMMEN KÖNNEN! HÖRST DU?
WAAS?! DAS IST DOCH NICHT WAHR?!
AAAAAA
DU IDIOT!
UND ICH LERNE NIE SCHWIMMEN?
EGAL. ICH WILL JA SOWIESO KEIN PIRAT WERDEN.
SOMIT ÄNDERT SICH NICHTS ...
HA!
PAH!
HAST DU DICH VON DEM SCHOCK SCHON ERHOLT?
HAHAHAHAHAHA
ES WAR WOHL GLÜCK IM UNGLÜCK, DASS DU DAS MEER SOWIESO NICHT MOCHTEST, WAS?!
KEINE SORGE! ES GIBT GENUG MENSCHEN, DIE AUCH OHNE DAS MEER GLÜCKLICH SIND!
!
ZIEH
ZIEH

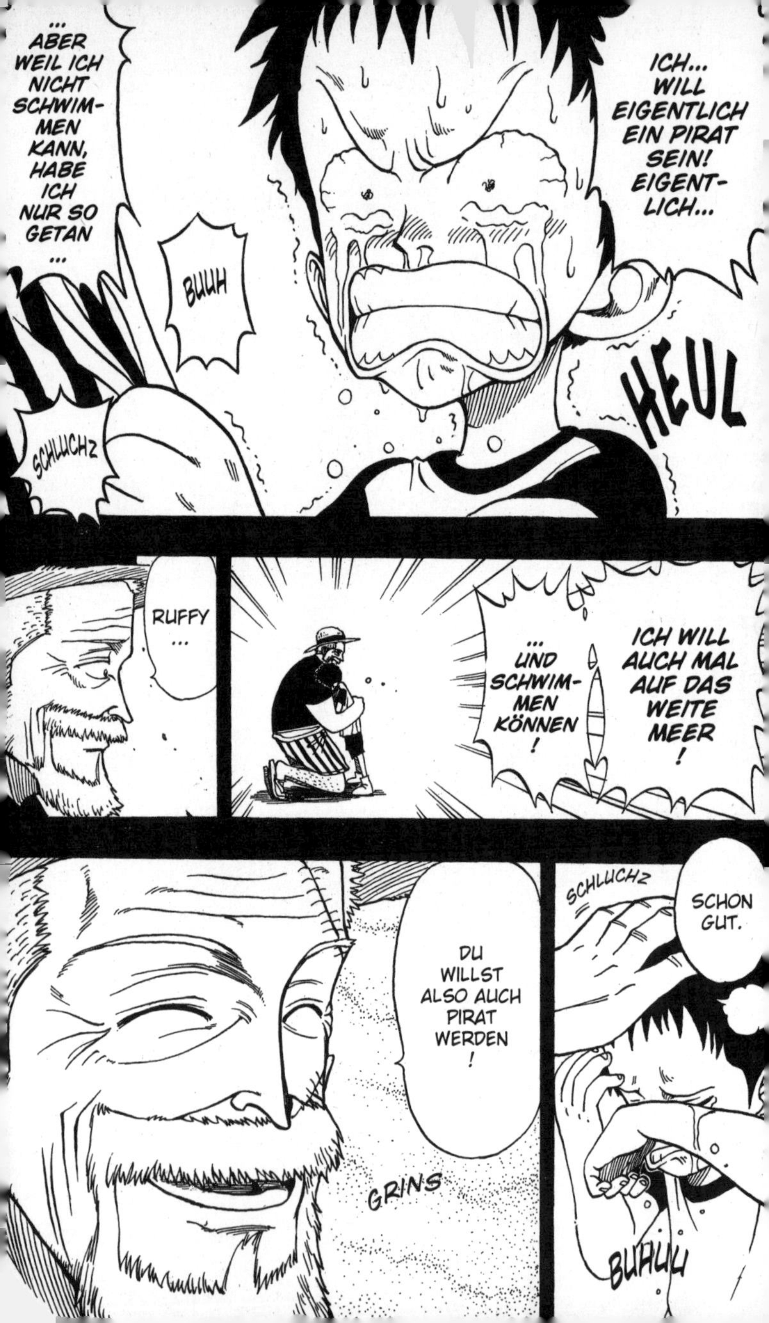
ICH... WILL EIGENTLICH EIN PIRAT SEIN! EIGENTLICH...
... ABER WEIL ICH NICHT SCHWIMMEN KANN, HABE ICH NUR SO GETAN ...
BUUH
HEUL
SCHLUCHZ
ICH WILL AUCH MAL AUF DAS WEITE MEER!
... UND SCHWIMMEN KÖNNEN!
RUFFY ...
SCHON GUT.
SCHLUCHZ
DU WILLST ALSO AUCH PIRAT WERDEN!
GRINS
BUHUU

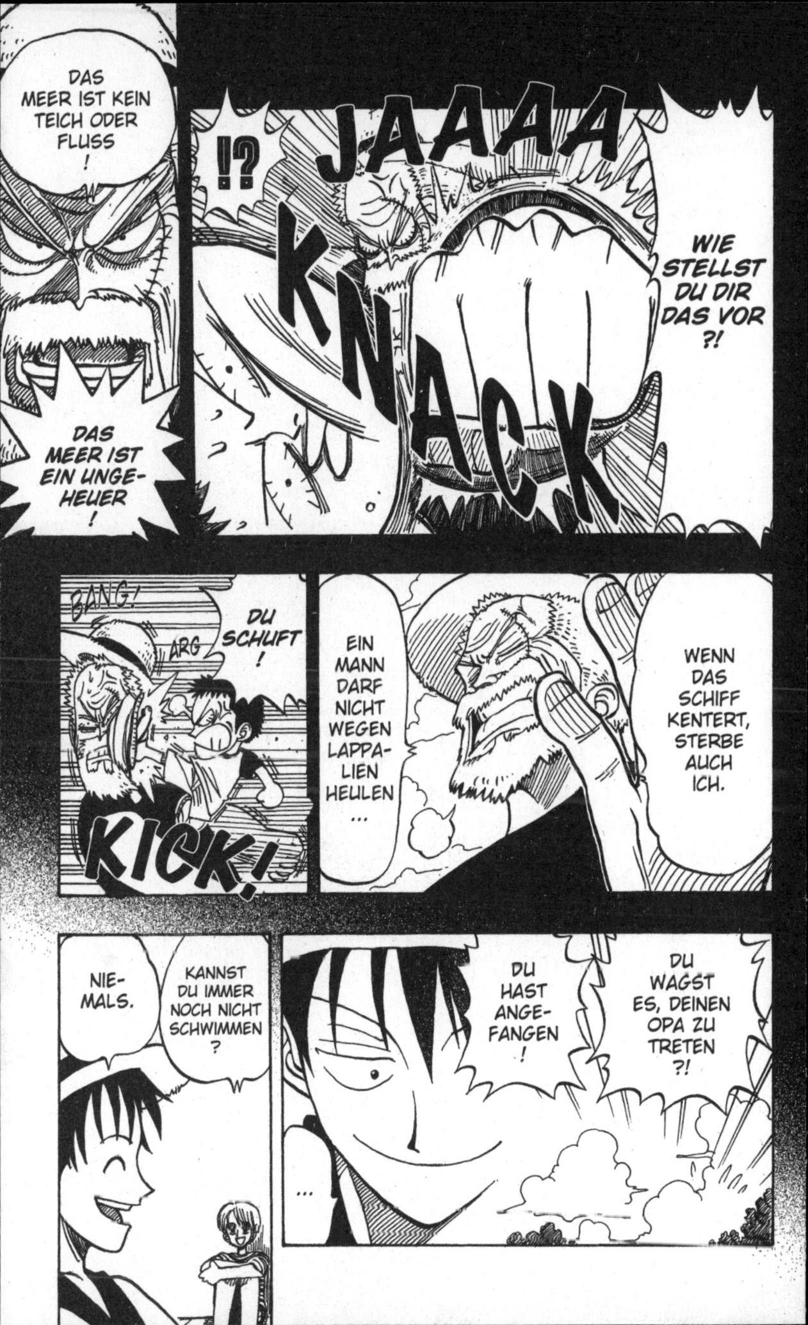

JAAAA
WIE STELLST DU DIR DAS VOR ?!
!?
KNACK
DAS MEER IST KEIN TEICH ODER FLUSS !
DAS MEER IST EIN UNGEHEUER !
WENN DAS SCHIFF KENTERT, STERBE AUCH ICH.
EIN MANN DARF NICHT WEGEN LAPPALIEN HEULEN ...
BANG!
DU SCHUFT !
ARG
KICK!
DU WAGST ES, DEINEN OPA ZU TRETEN ?!
DU HAST ANGEFANGEN !
...
KANNST DU IMMER NOCH NICHT SCHWIMMEN ?
NIEMALS.

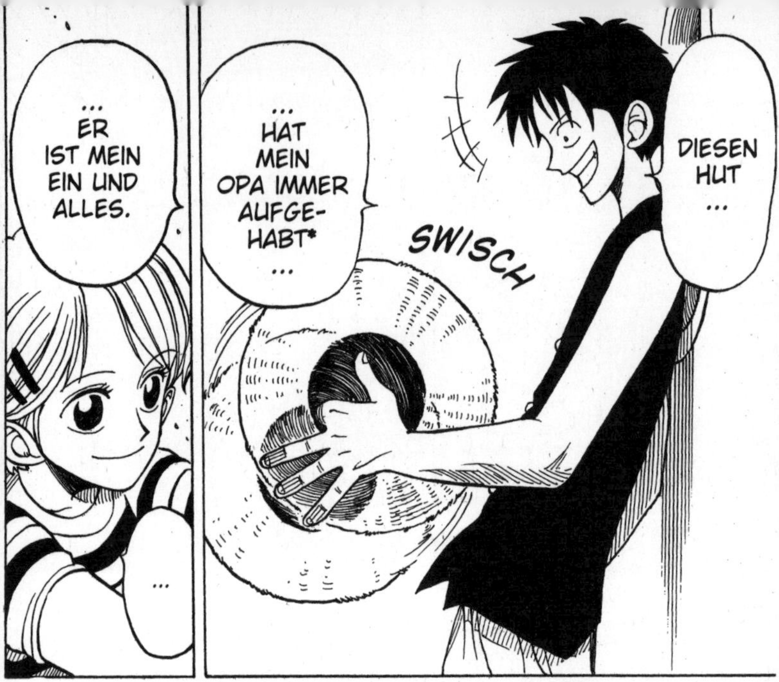

*IN DIESER GESCHICHTE. BEI "ONE PIECE" VERHÄLT ES SICH ANDERS.

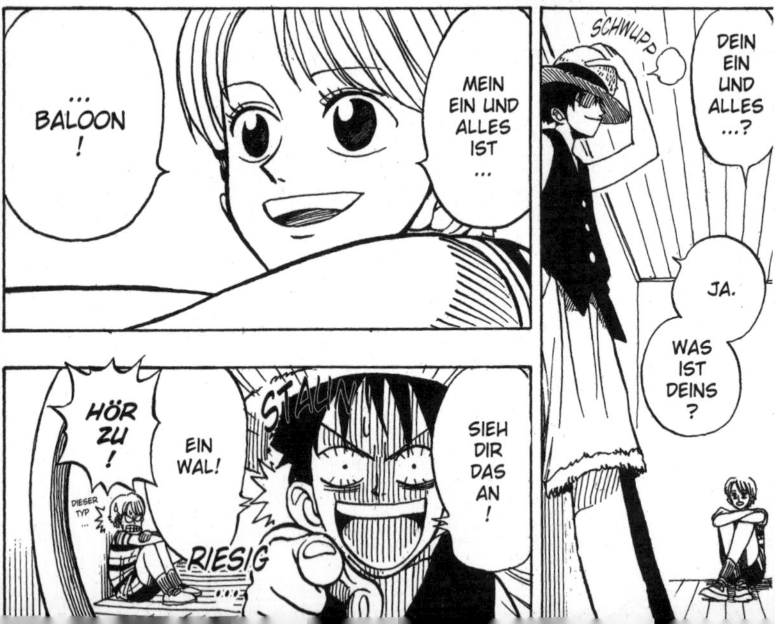

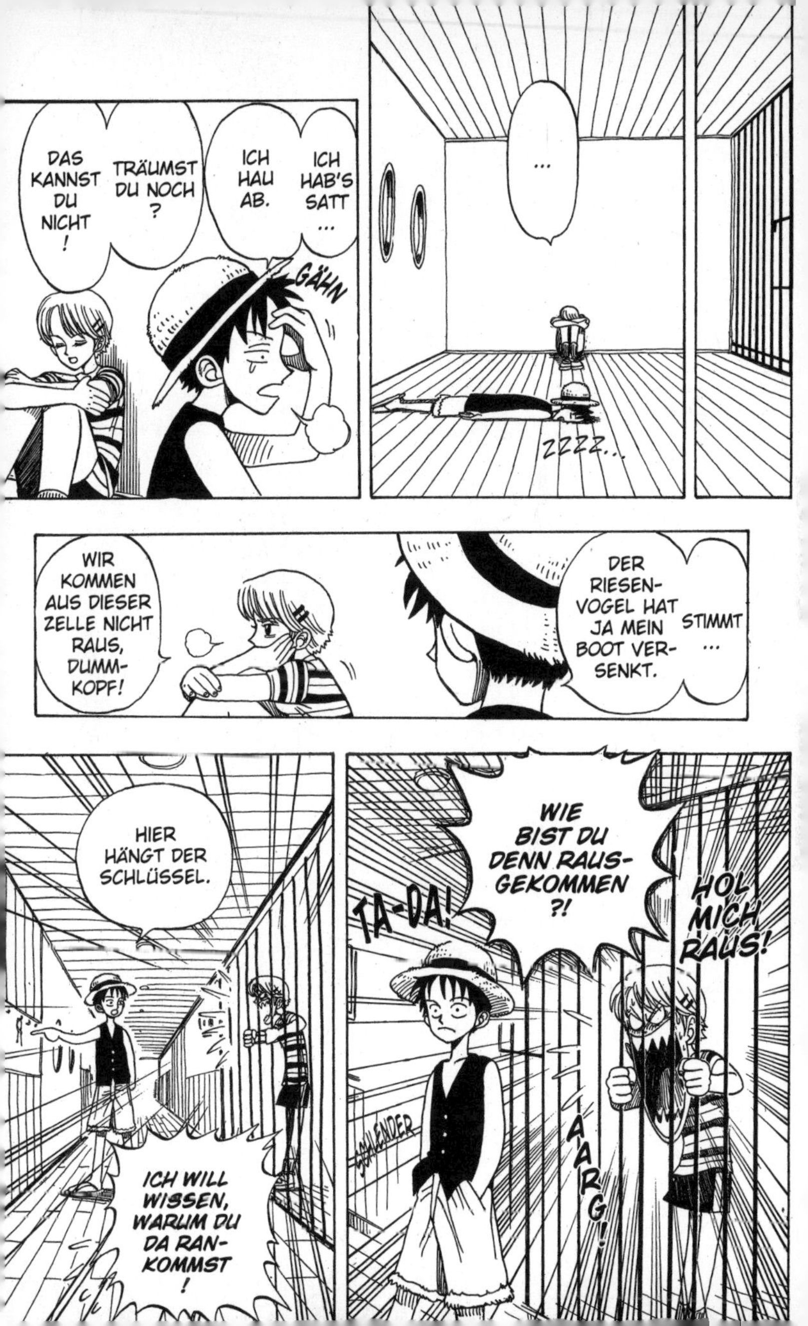
...
ICH HAB'S SATT ...
ICH HAU AB.
TRÄUMST DU NOCH?
DAS KANNST DU NICHT!
GÄHN
ZZZZ...
STIMMT ...
DER RIESENVOGEL HAT JA MEIN BOOT VERSENKT.
WIR KOMMEN AUS DIESER ZELLE NICHT RAUS, DUMMKOPF!
HOL MICH RAUS!
WIE BIST DU DENN RAUSGEKOMMEN?!
TA-DA!
AARG!
SCHLENDER
HIER HÄNGT DER SCHLÜSSEL.
ICH WILL WISSEN, WARUM DU DA RANKOMMST!

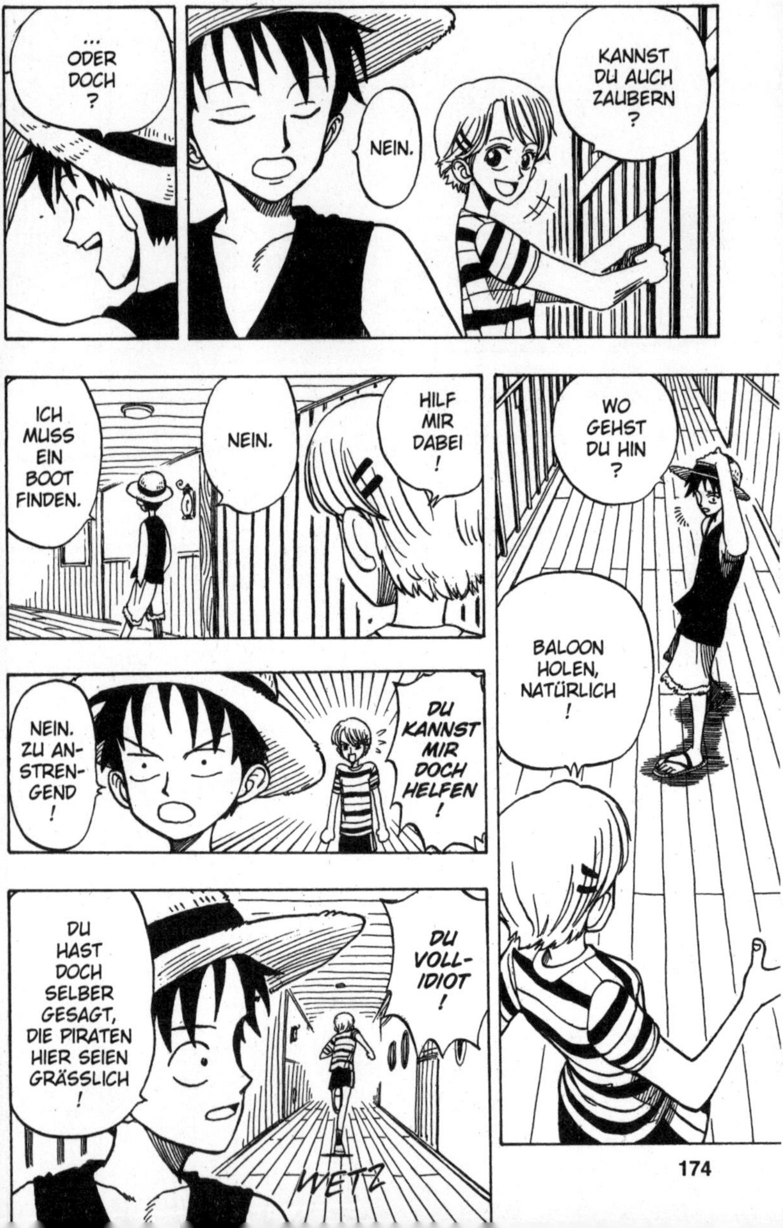
KANNST DU AUCH ZAUBERN ?
NEIN.
... ODER DOCH ?
WO GEHST DU HIN ?
BALOON HOLEN, NATÜRLICH !
HILF MIR DABEI !
NEIN.
ICH MUSS EIN BOOT FINDEN.
DU KANNST MIR DOCH HELFEN !
NEIN. ZU AN-STRENGEND !
DU VOLL-IDIOT !
DU HAST DOCH SELBER GESAGT, DIE PIRATEN HIER SEIEN GRÄSSLICH !
WETZ

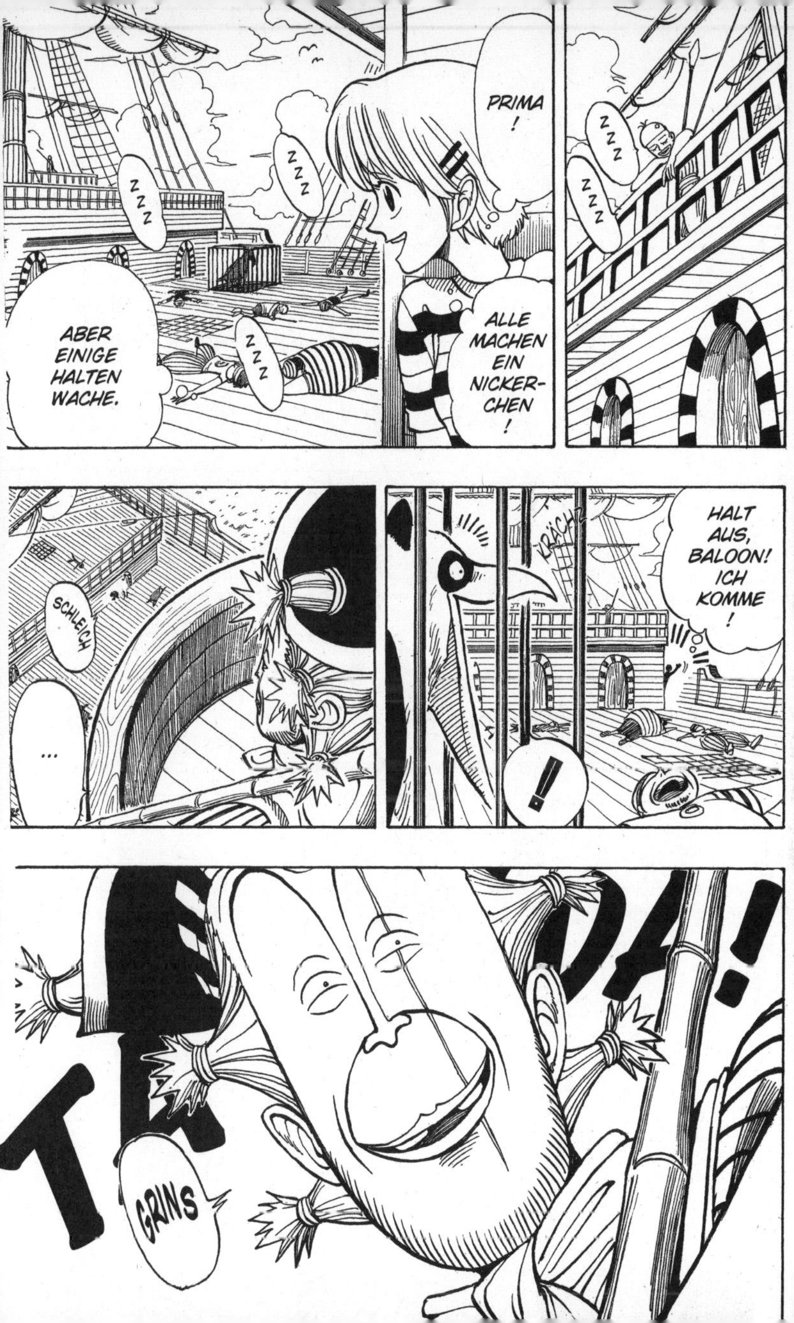
Z Z Z
Z Z Z
PRIMA!
Z Z Z
ALLE MACHEN EIN NICKERCHEN!
Z Z Z
Z Z Z
ABER EINIGE HALTEN WACHE.
KRÄCHZ
HALT AUS, BALOON! ICH KOMME!
!
SCHLEICH
...
TA DA!
GRINS

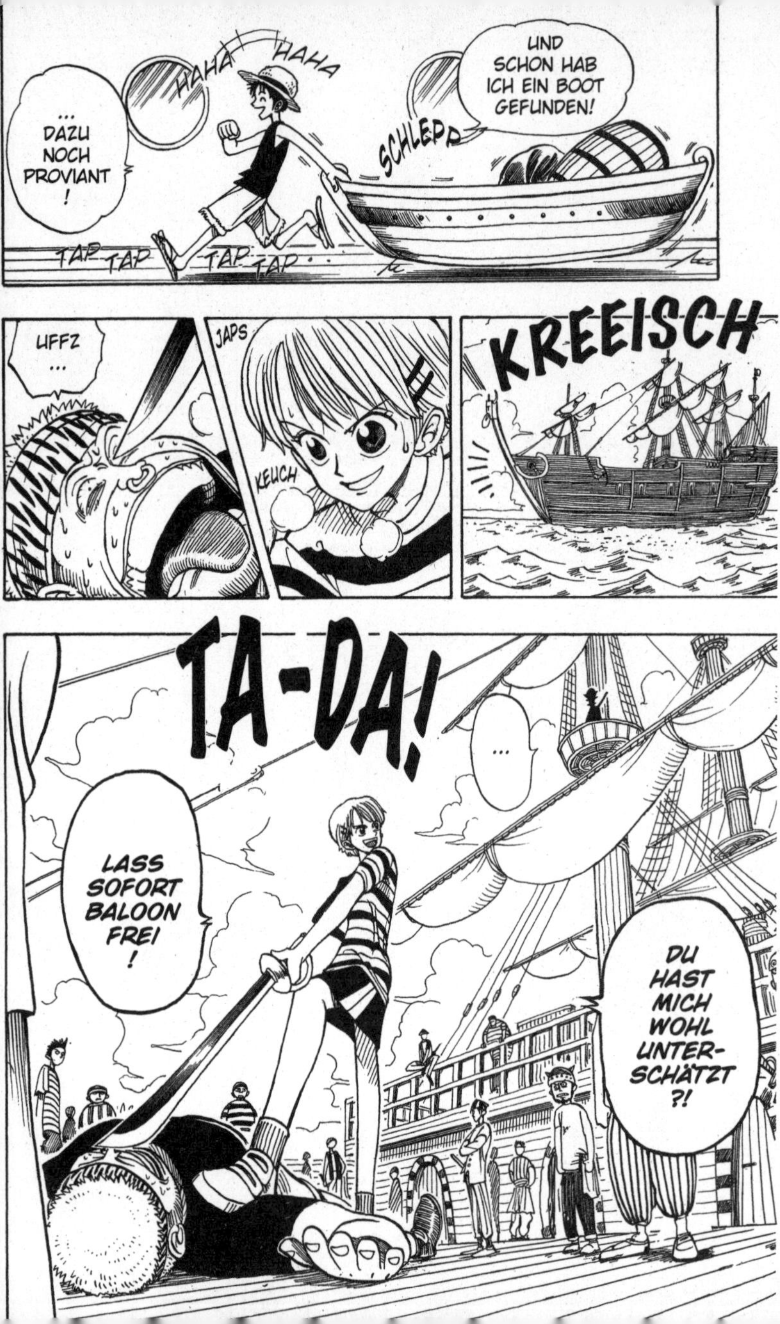
HAHA HAHA
UND SCHON HAB ICH EIN BOOT GEFUNDEN!
... DAZU NOCH PROVIANT!
SCHLEPP
TAP TAP TAP TAP
KREEISCH
JAPS
KEUCH
UFFZ ...
TA-DA!
...
DU HAST MICH WOHL UNTER-SCHÄTZT?!
LASS SOFORT BALOON FREI!

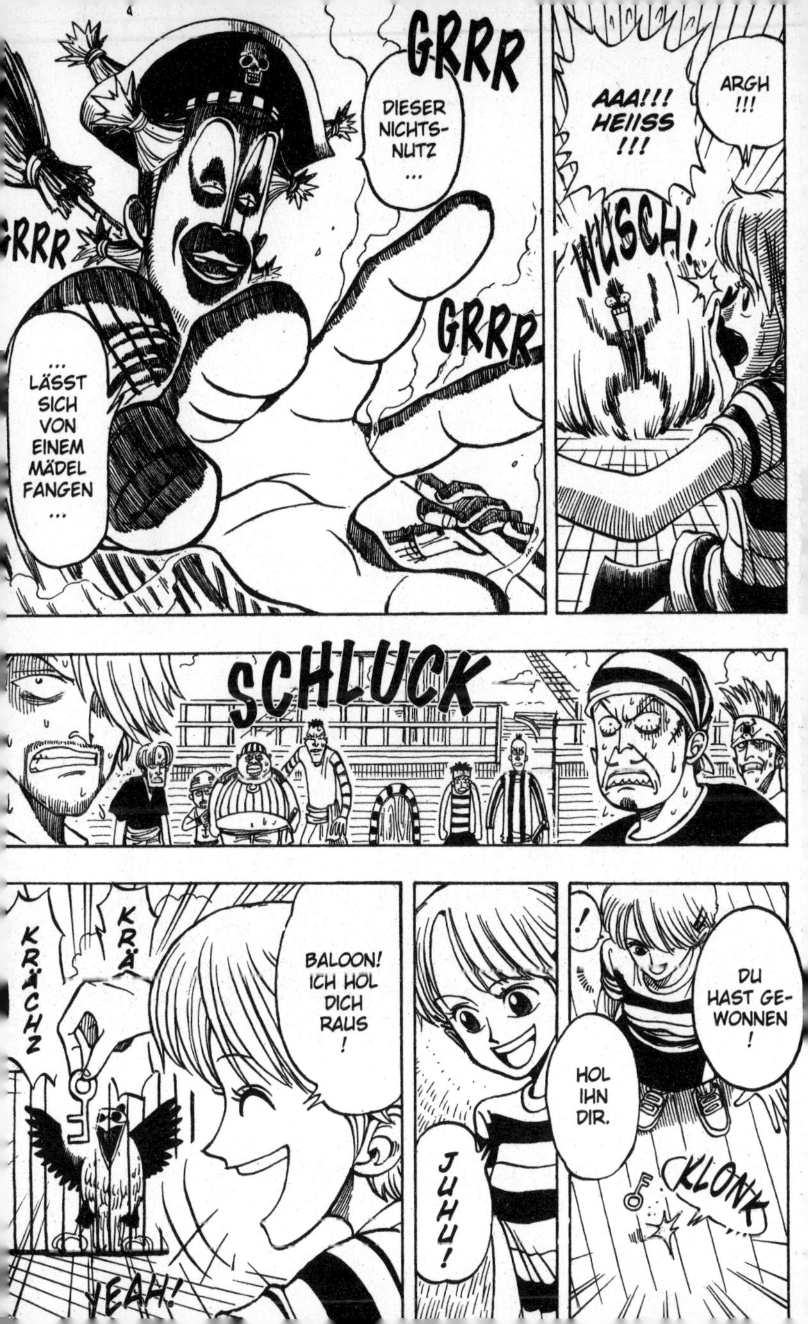
ARGH !!!
AAA!!! HEIISS !!!
WUSCH!
GRRR
DIESER NICHTS-NUTZ ...
GRRR
GRRR
... LÄSST SICH VON EINEM MÄDEL FANGEN ...
SCHLUCK
DU HAST GE-WONNEN !
!
HOL IHN DIR.
KLONK
JUHU!
BALOON! ICH HOL DICH RAUS !
KRÄ
KRÄCHZ
YEAH!

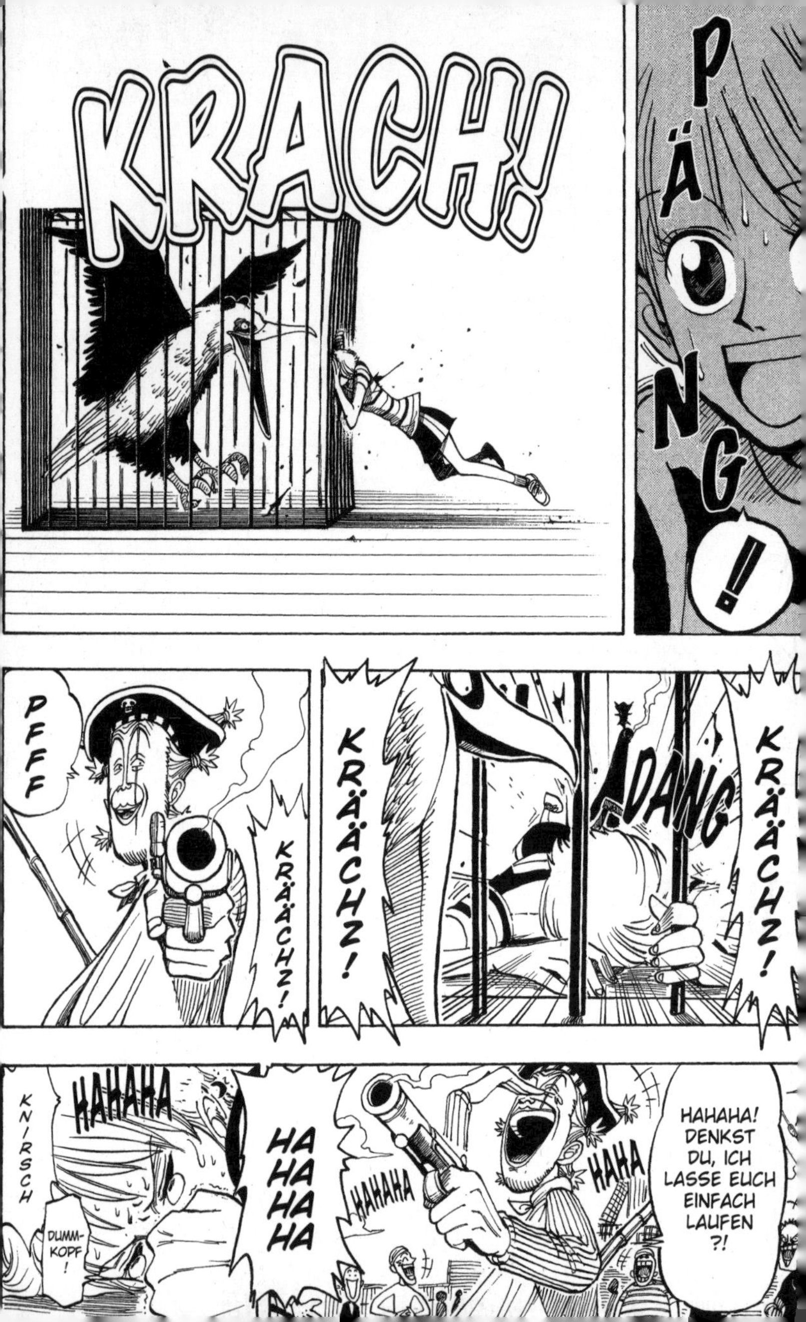
PÄNG!
KRACH!
KRÄÄCHZ!
DANG
KRÄÄCHZ!
PFFF
HAHAHA! DENKST DU, ICH LASSE EUCH EINFACH LAUFEN?!
HAHA
HAHAHA
HA HA HA HA
HAHAHA
KNIRSCH
DUMMKOPF!

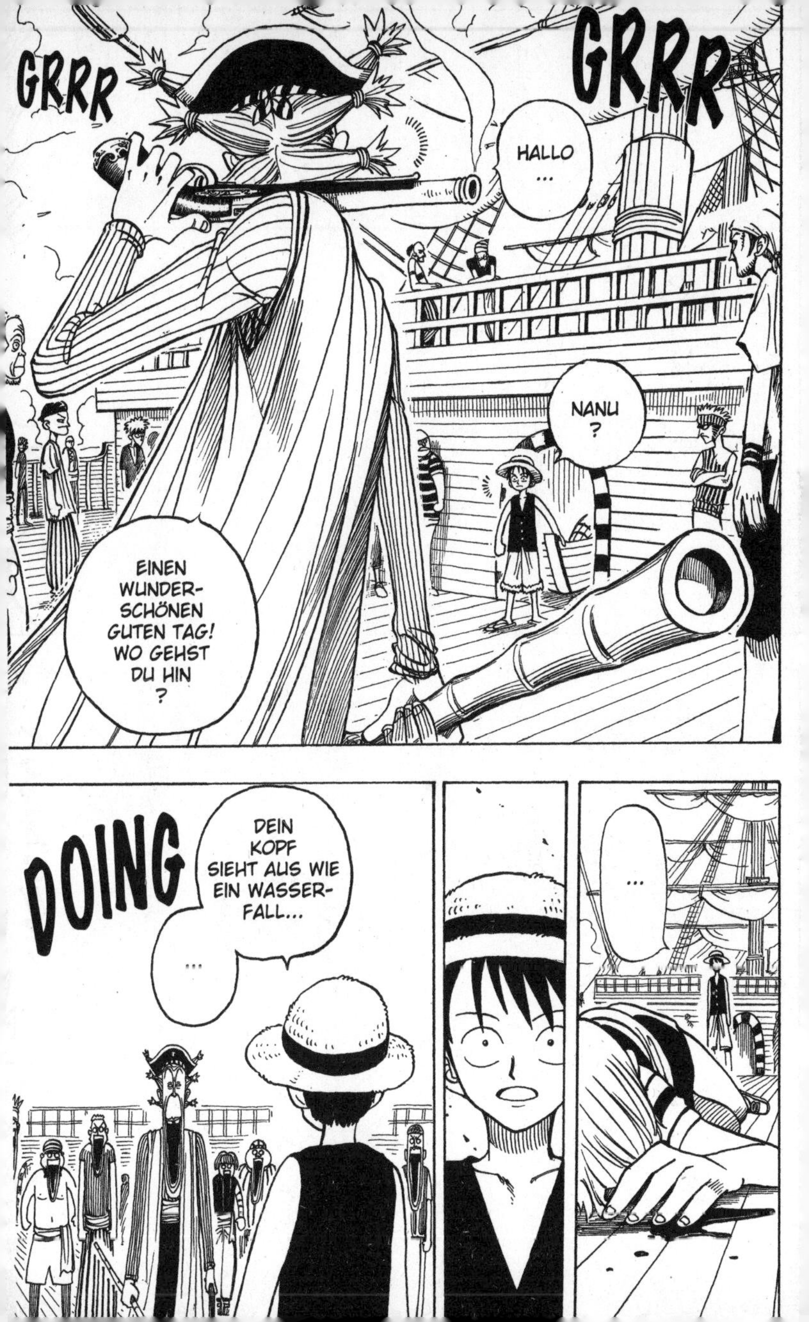
GRRR
HALLO ...
NANU ?
GRRR
EINEN WUNDER-SCHÖNEN GUTEN TAG! WO GEHST DU HIN ?
...
DOING
DEIN KOPF SIEHT AUS WIE EIN WASSER-FALL...
...

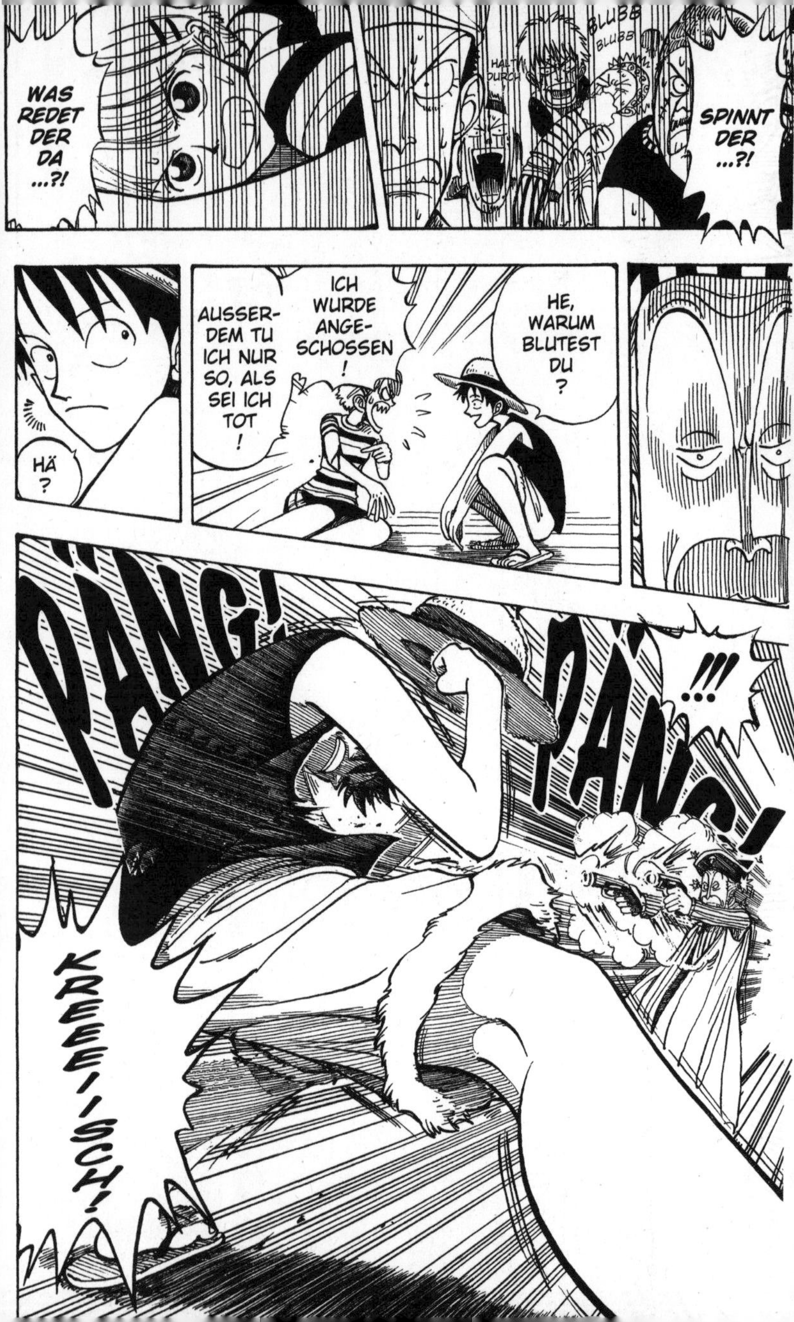
SPINNT DER ...?!
BLUBB BLUBB
HALT DURCH
WAS REDET DER DA ...?!
HE, WARUM BLUTEST DU ?
ICH WURDE ANGE-SCHOSSEN !
AUSSER-DEM TU ICH NUR SO, ALS SEI ICH TOT !
HÄ ?
PÄNG!!!
PÄNG!
KREEEIISCH!

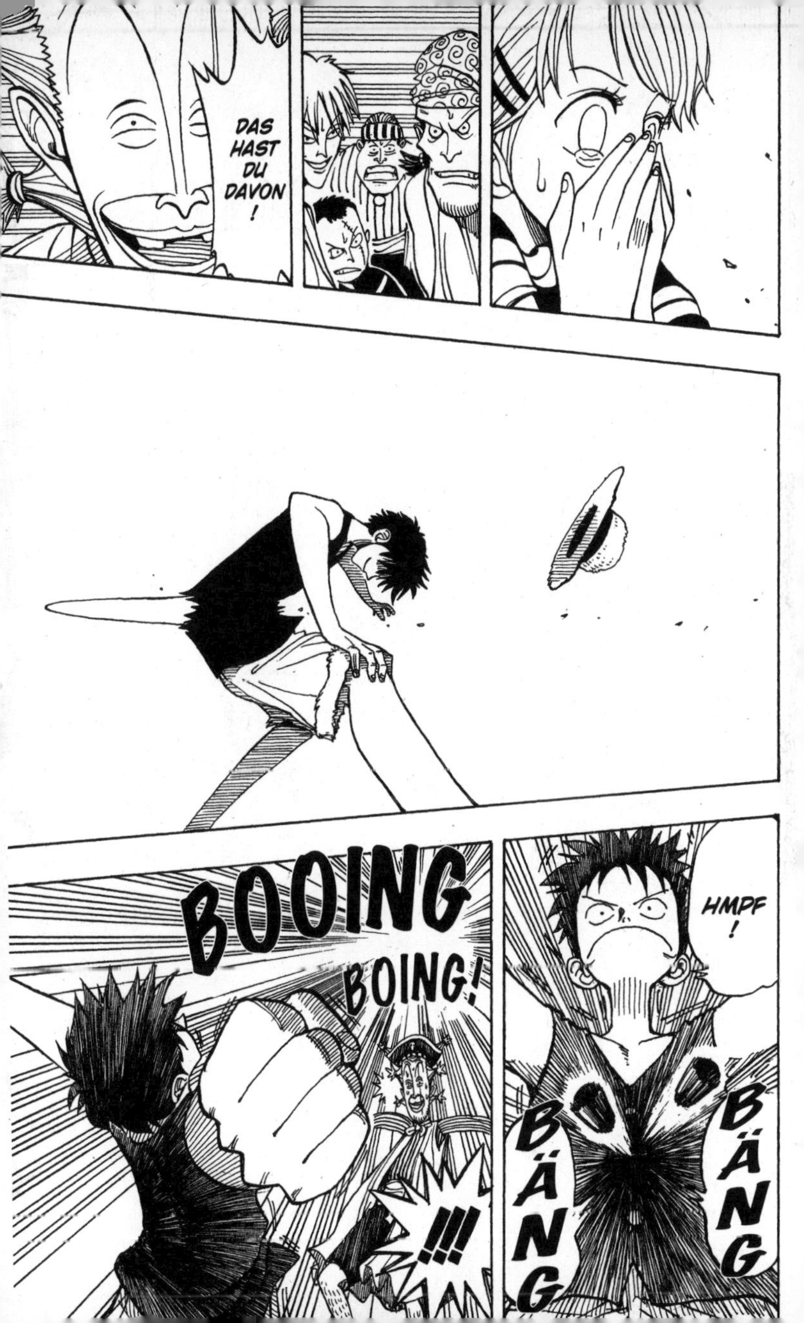
DAS HAST DU DAVON !
BOOING
BOING!
!!!
HMPF !
BÄNG
BÄNG

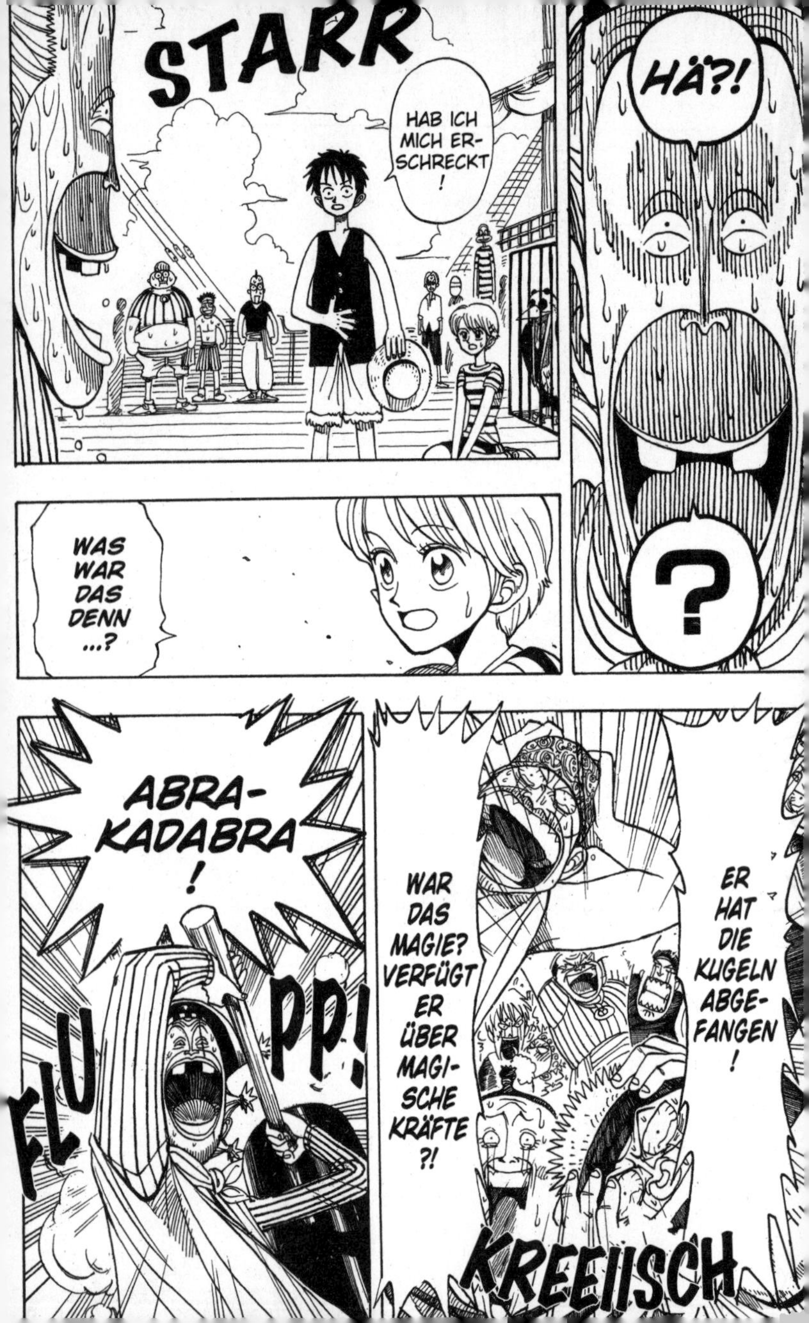
STARR
HAB ICH MICH ERSCHRECKT!
HÄ?!
?
WAS WAR DAS DENN ...?
ER HAT DIE KUGELN ABGEFANGEN!
WAR DAS MAGIE? VERFÜGT ER ÜBER MAGISCHE KRÄFTE?!
KREEIISCH
ABRA-KADABRA!
FLUPPP!

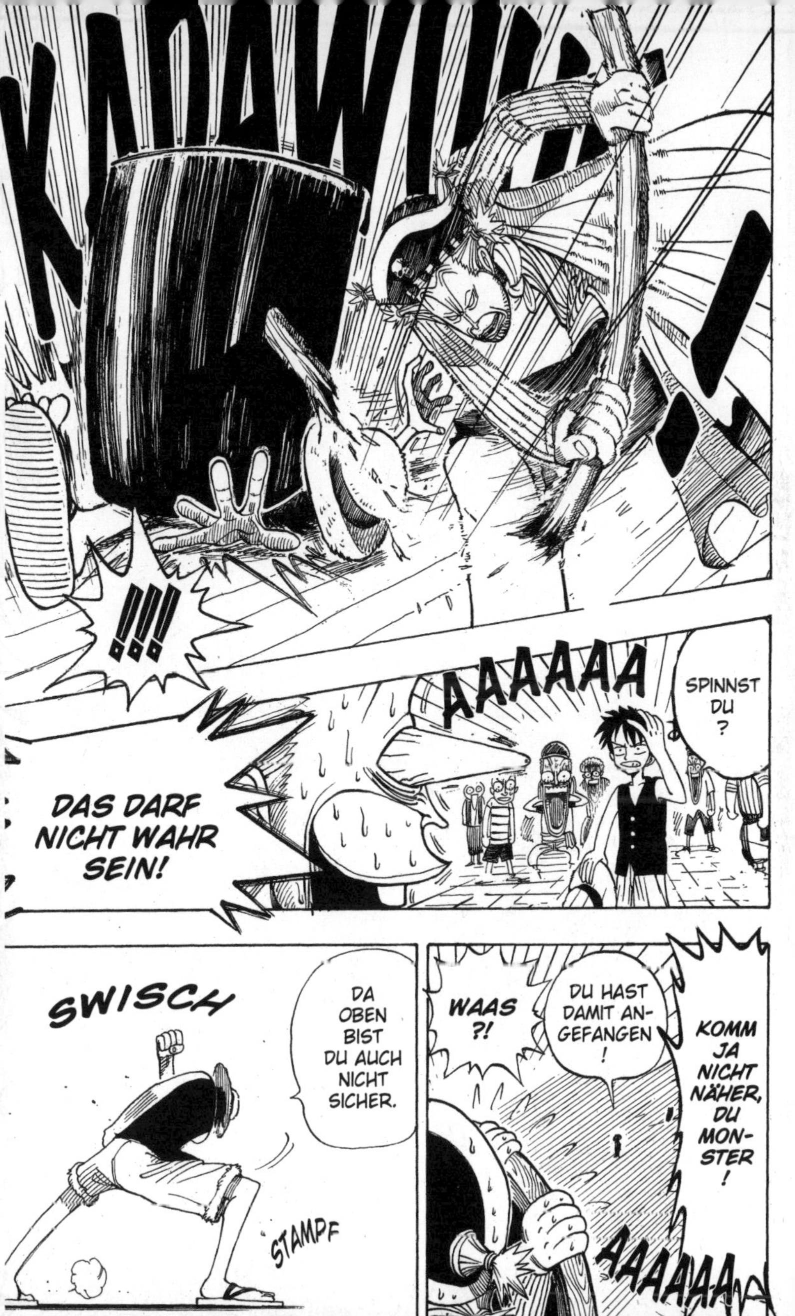
!!!!
SPINNST DU ?
AAAAAA
DAS DARF NICHT WAHR SEIN!
KOMM JA NICHT NÄHER, DU MONSTER !
DU HAST DAMIT AN-GEFANGEN !
WAAS ?!
AAAAAAA
DA OBEN BIST DU AUCH NICHT SICHER.
SWISCH
STAMPF

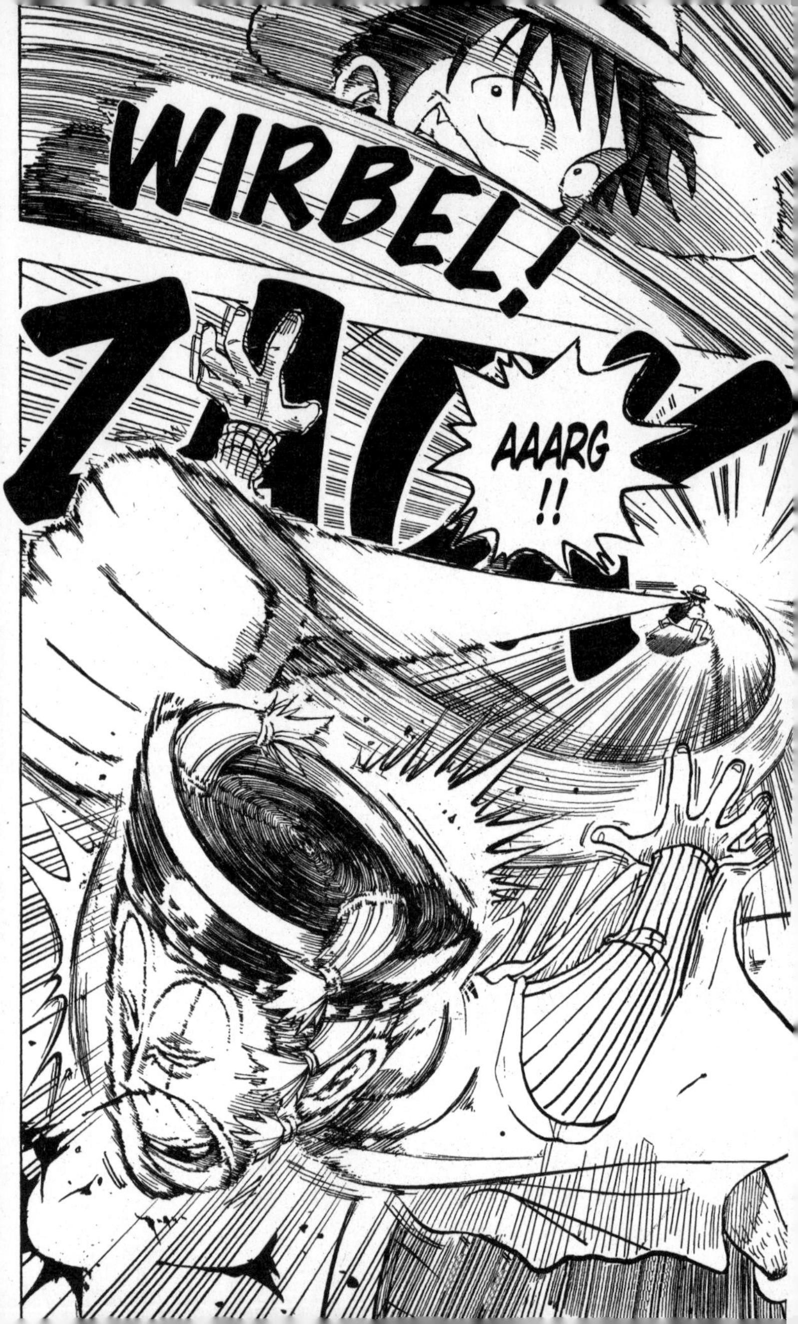

WIRBEL!
AAARG !!

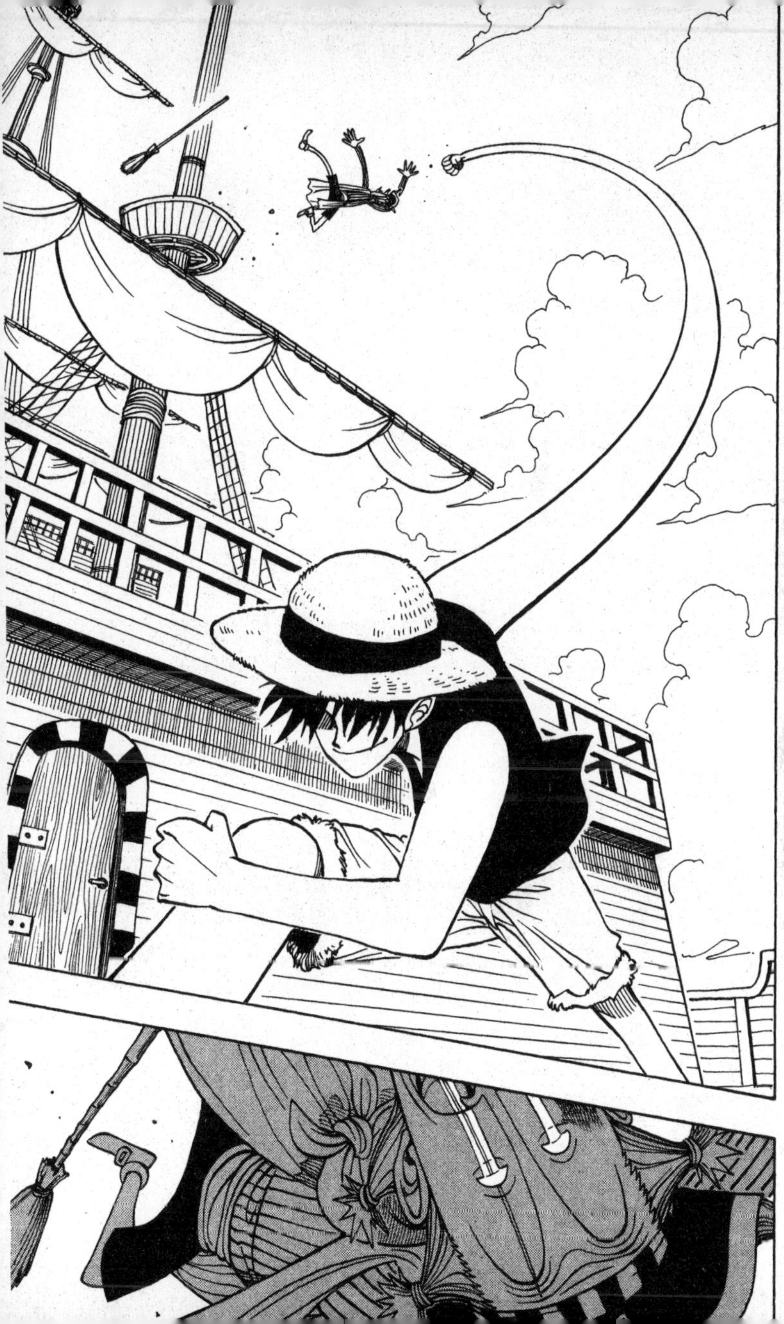

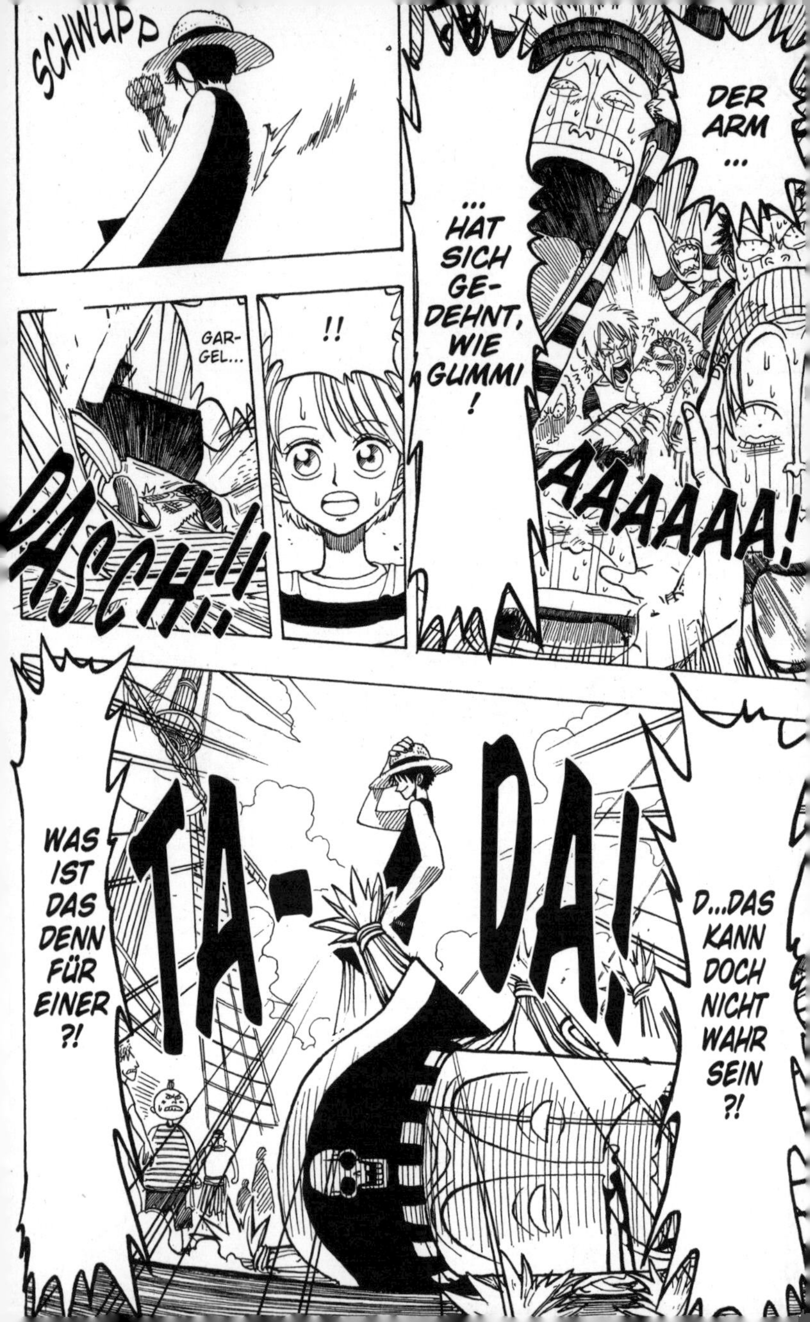
DER ARM ...
... HÄT SICH GE-DEHNT, WIE GUMMI !
AAAAAAA!
SCHWUPP
!!
GAR-GEL...
DASCH!!
D...DAS KANN DOCH NICHT WAHR SEIN ?!
TA-DA!
WAS IST DAS DENN FÜR EINER ?!

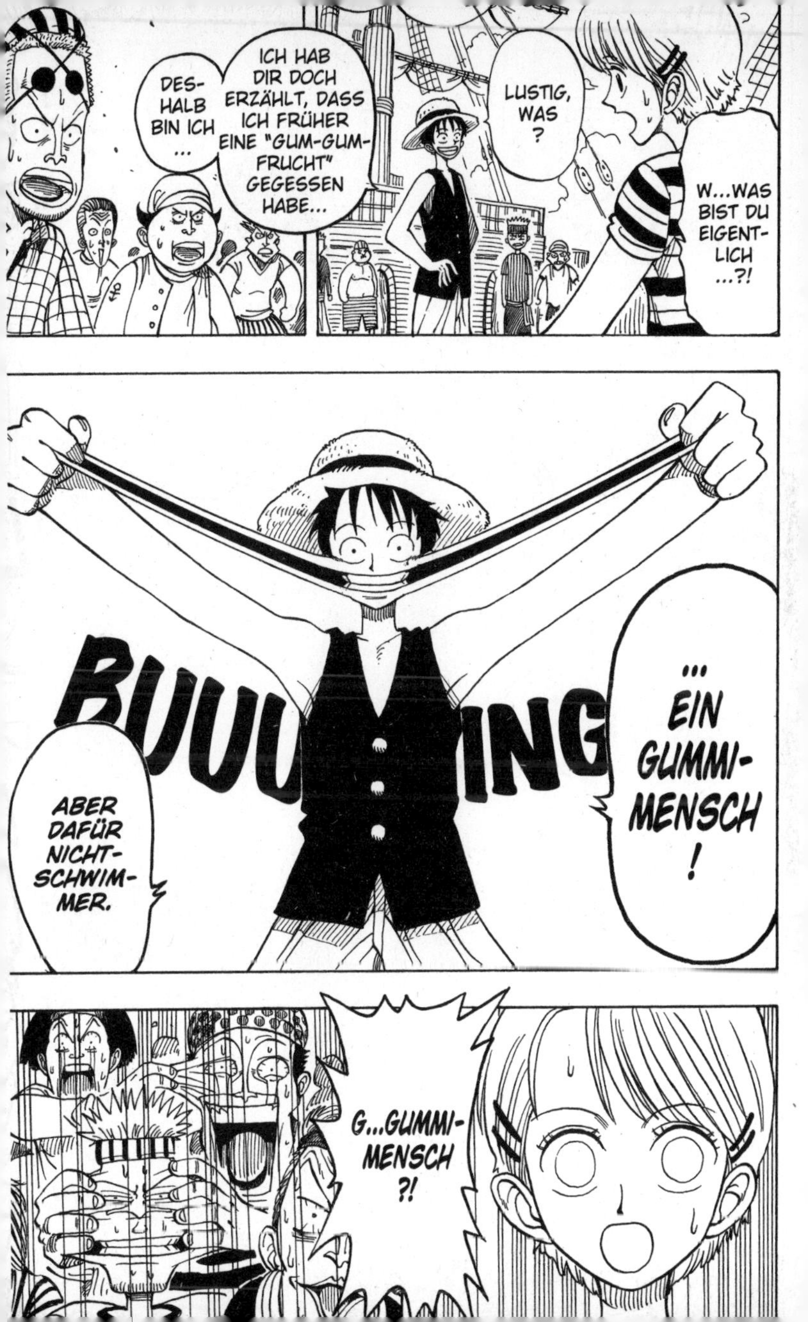
W...WAS BIST DU EIGENT-LICH ...?!
LUSTIG, WAS?
ICH HAB DIR DOCH ERZÄHLT, DASS ICH FRÜHER EINE "GUM-GUM-FRUCHT" GEGESSEN HABE...
DES-HALB BIN ICH ...
BUUUING
... EIN GUMMI-MENSCH!
ABER DAFÜR NICHT-SCHWIM-MER.
G...GUMMI-MENSCH?!

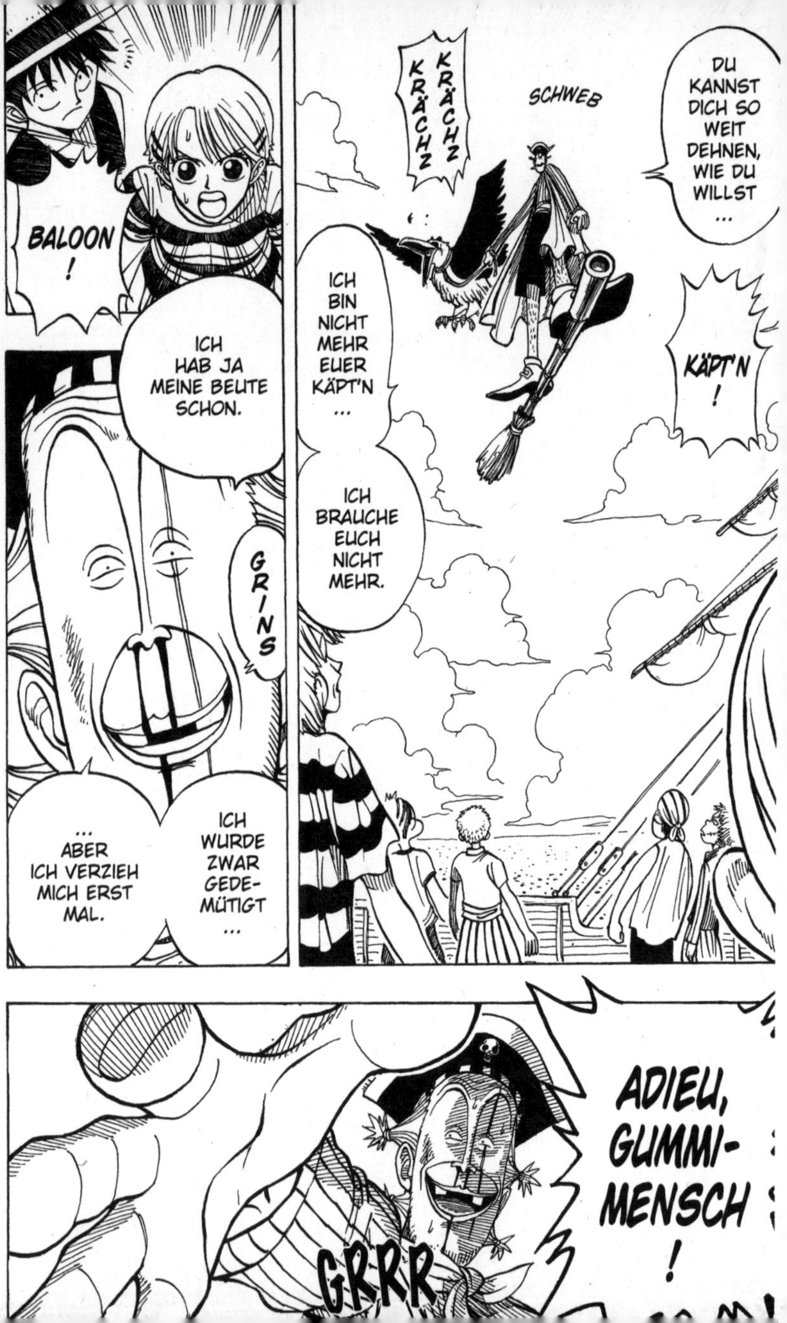
DU KANNST DICH SO WEIT DEHNEN, WIE DU WILLST ...
SCHWEB
KRÄCHZ KRÄCHZ
KÄPT'N !
ICH BIN NICHT MEHR EUER KÄPT'N ...
ICH BRAUCHE EUCH NICHT MEHR.
BALOON !
ICH HAB JA MEINE BEUTE SCHON.
GRINS
ICH WURDE ZWAR GEDE-MÜTIGT ...
... ABER ICH VERZIEH MICH ERST MAL.
ADIEU, GUMMI-MENSCH !
GRRR

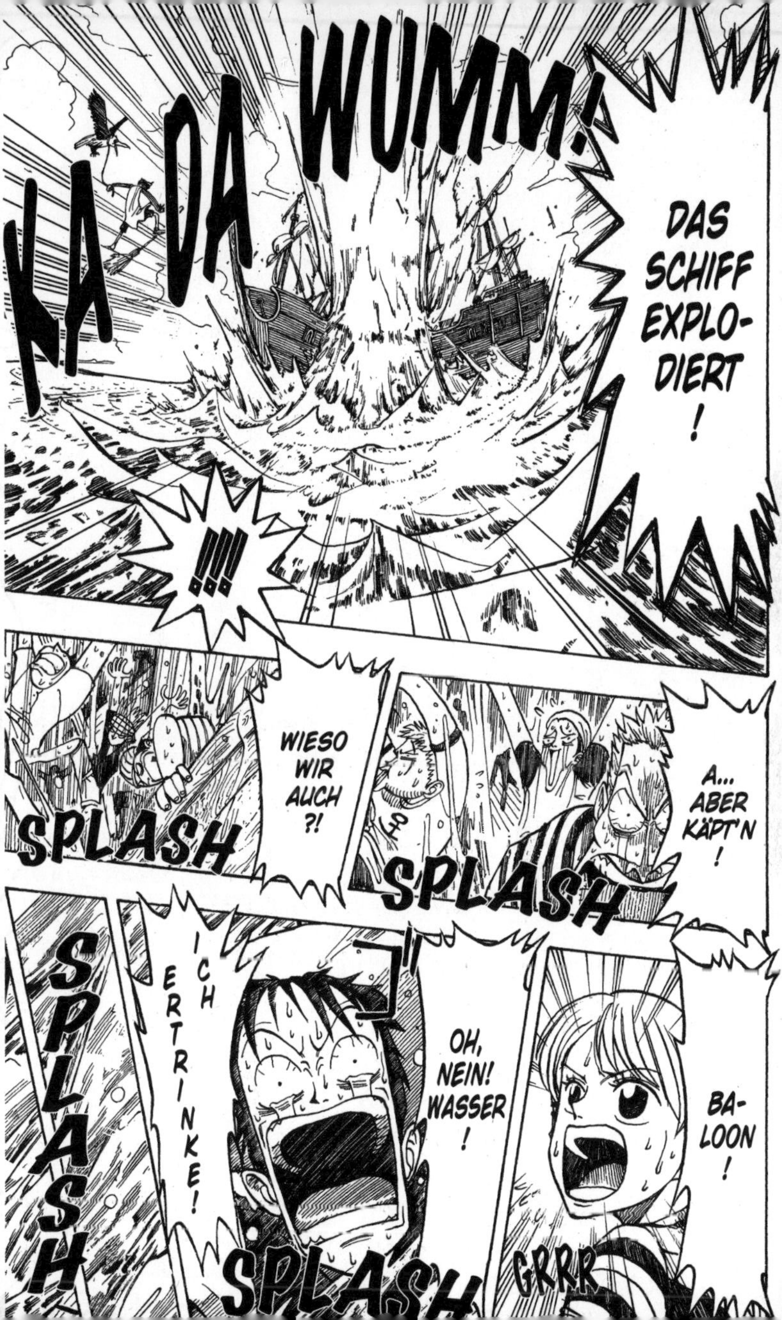

KA DA WUMM!
DAS SCHIFF EXPLO-DIERT!
!!!!
A... ABER KÄPT'N!
SPLASH
WIESO WIR AUCH?!
SPLASH
BA-LOON!
GRRR
OH, NEIN! WASSER!
ICH ERTRINKE!
SPLASH
SPLASH

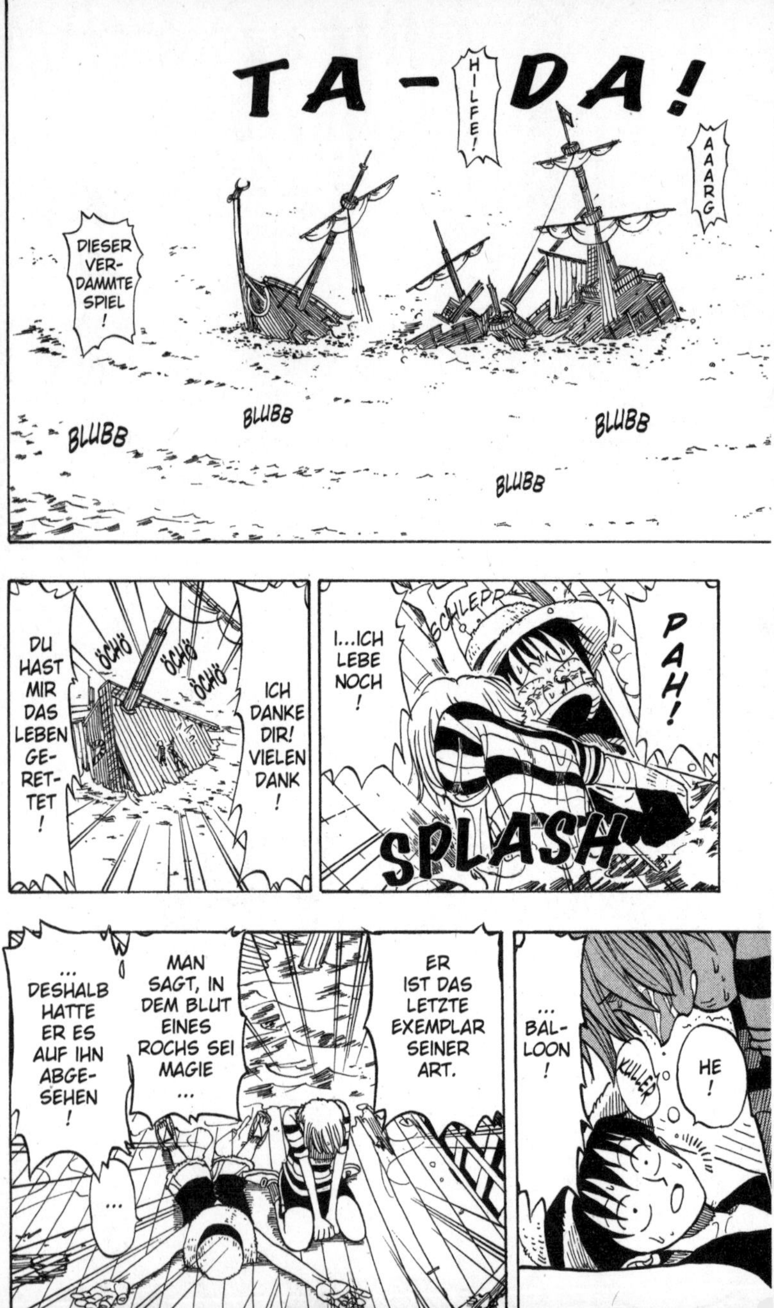
TA-DA!
HILFE!
AAARG
DIESER VERDAMMTE SPIEL!
BLUBB
BLUBB
BLUBB
BLUBB
PAH!
SCHLEPP
I...ICH LEBE NOCH!
SPLASH
ICH DANKE DIR! VIELEN DANK!
DU HAST MIR DAS LEBEN GERETTET!
ÖCHÖ
ÖCHÖ
ÖCHÖ
HE!
KULLER
... BALLOON!
ER IST DAS LETZTE EXEMPLAR SEINER ART.
MAN SAGT, IN DEM BLUT EINES ROCHS SEI MAGIE ...
... DESHALB HATTE ER ES AUF IHN ABGESEHEN!
...

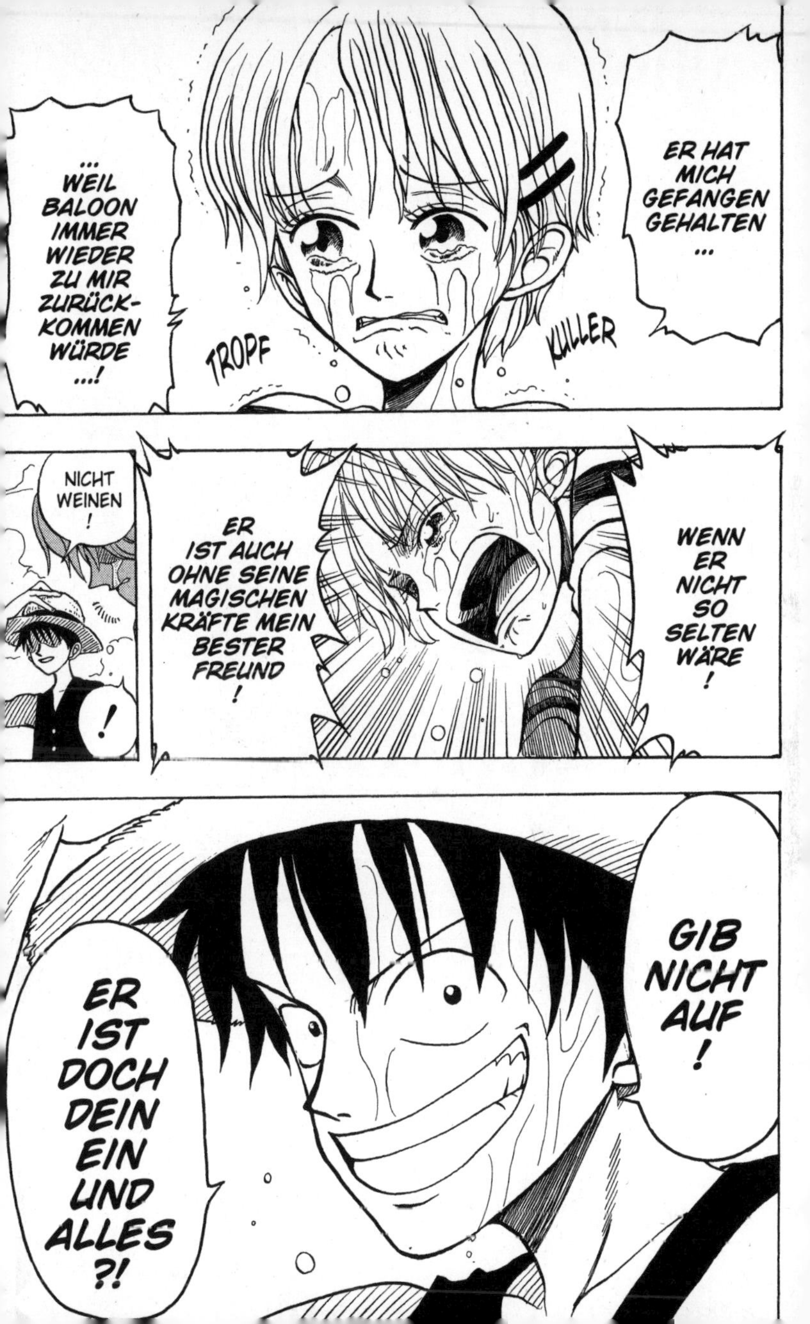
ER HAT MICH GEFANGEN GEHALTEN ...
... WEIL BALOON IMMER WIEDER ZU MIR ZURÜCK-KOMMEN WÜRDE ...!
KULLER
TROPF
WENN ER NICHT SO SELTEN WÄRE !
ER IST AUCH OHNE SEINE MAGISCHEN KRÄFTE MEIN BESTER FREUND !
NICHT WEINEN !
!
GIB NICHT AUF !
ER IST DOCH DEIN EIN UND ALLES ?!

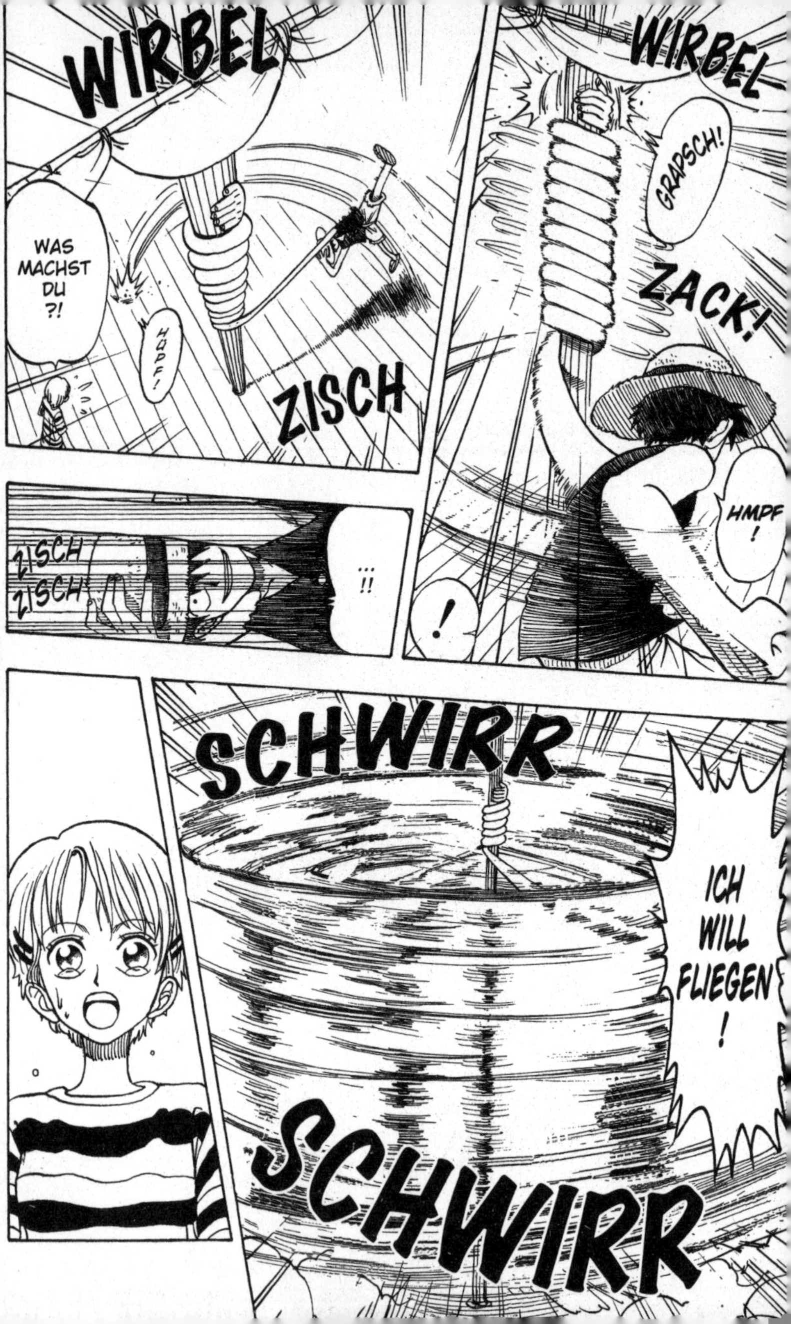
WIRBEL
GRAPSCH!
WIRBEL
WAS MACHST DU ?!
HÜPF!
ZISCH
ZACK!
HMPF !
!
…!!
ZISCH ZISCH
SCHWIRR
ICH WILL FLIEGEN !
SCHWIRR

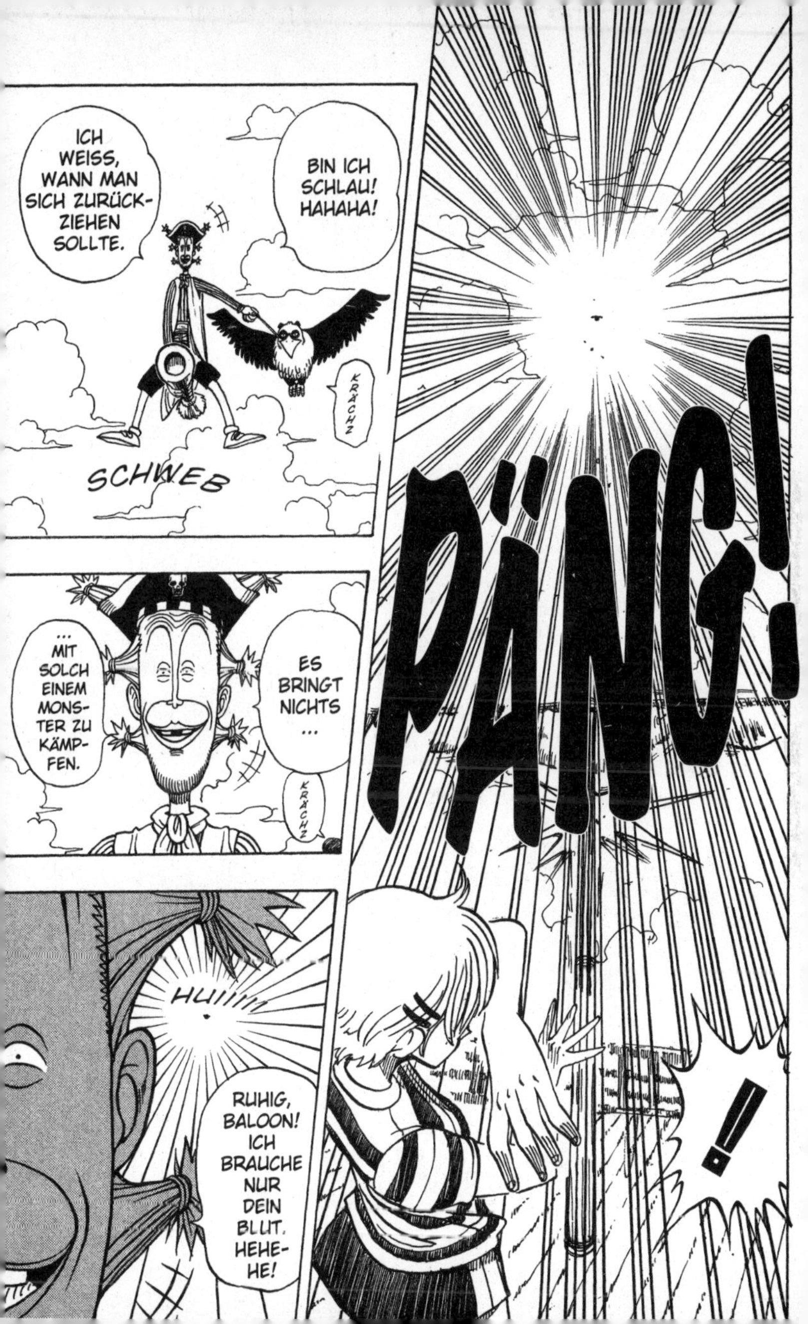
ICH WEISS, WANN MAN SICH ZURÜCK-ZIEHEN SOLLTE.
BIN ICH SCHLAU! HAHAHA!
KRÄCHZ
SCHWEB
ES BRINGT NICHTS ...
... MIT SOLCH EINEM MONS-TER ZU KÄMP-FEN.
KRÄCHZ
HUIIIII
RUHIG, BALOON! ICH BRAUCHE NUR DEIN BLUT. HEHEHE-HE!
PÄNG!
!

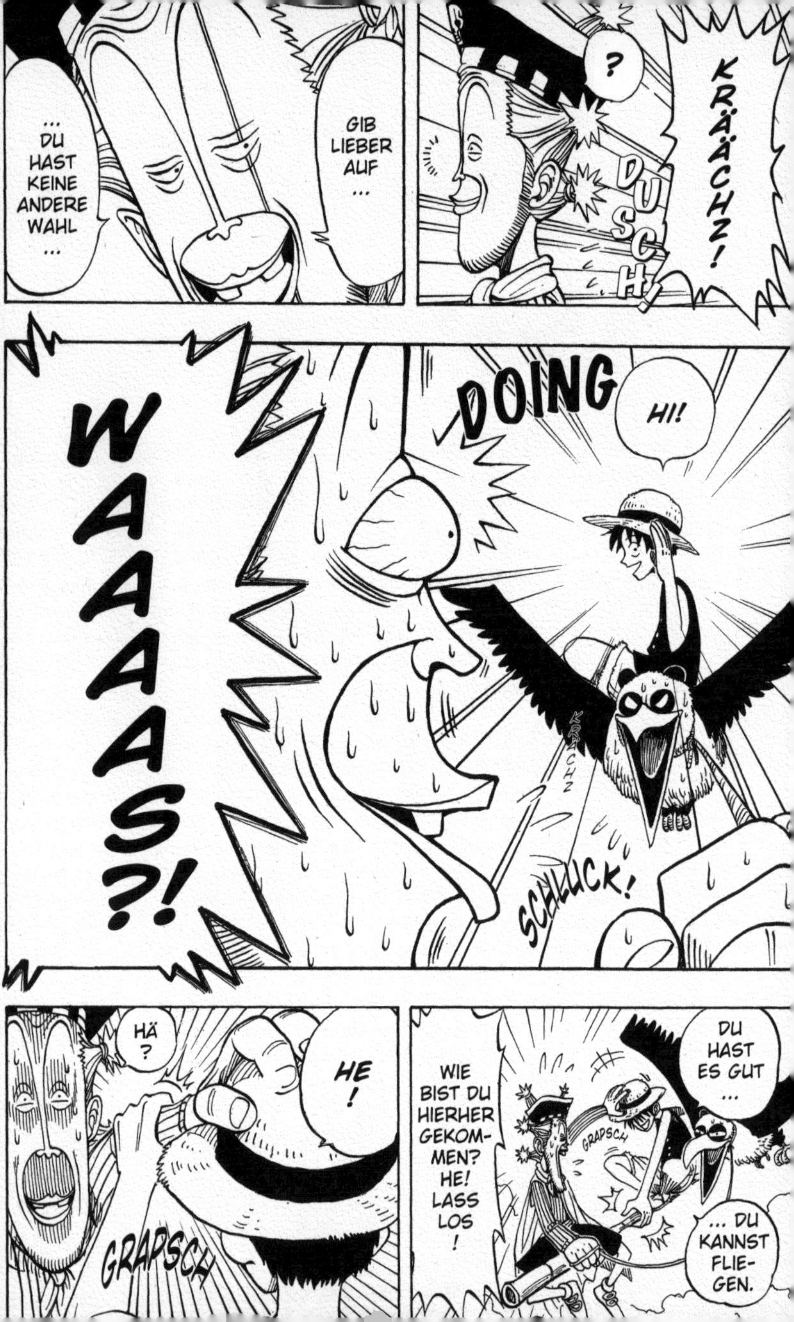
?
KRÄCHZ!
DUSCH!
GIB LIEBER AUF ...
... DU HAST KEINE ANDERE WAHL ...
HI!
DOING
KRÄCHZ
SCHLUCK!
WAAAAS?!
DU HAST ES GUT ...
... DU KANNST FLIE-GEN.
GRAPSCH
WIE BIST DU HIERHER GEKOM-MEN? HE! LASS LOS!
HE!
HÄ?
GRAPSCH

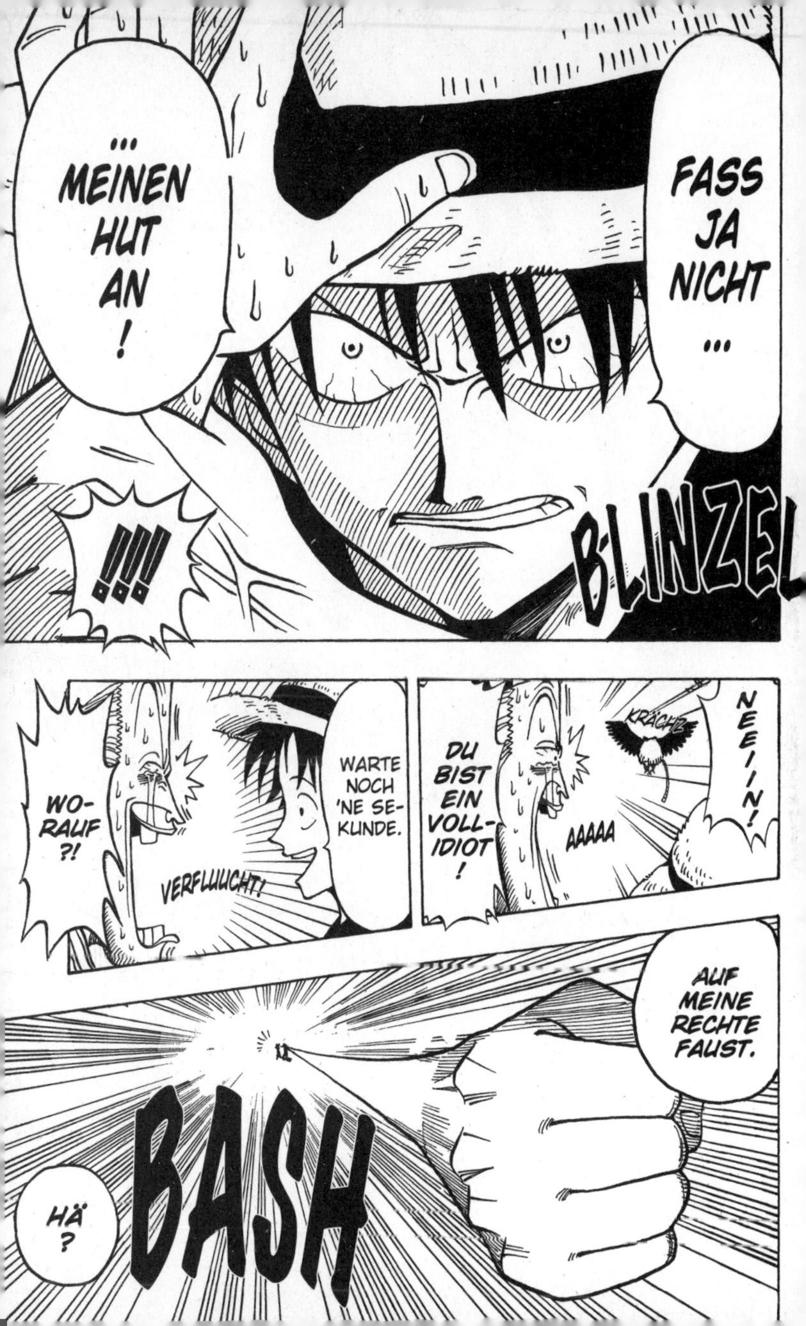

FASS JA NICHT ...
... MEINEN HUT AN !
!!!!
BLINZEL
NEEIIN!
KRÄCHZ
AAAAA
DU BIST EIN VOLL-IDIOT !
WARTE NOCH 'NE SE-KUNDE.
VERFLUUCHT!
WO-RAUF ?!
AUF MEINE RECHTE FAUST.
BASH
HÄ ?

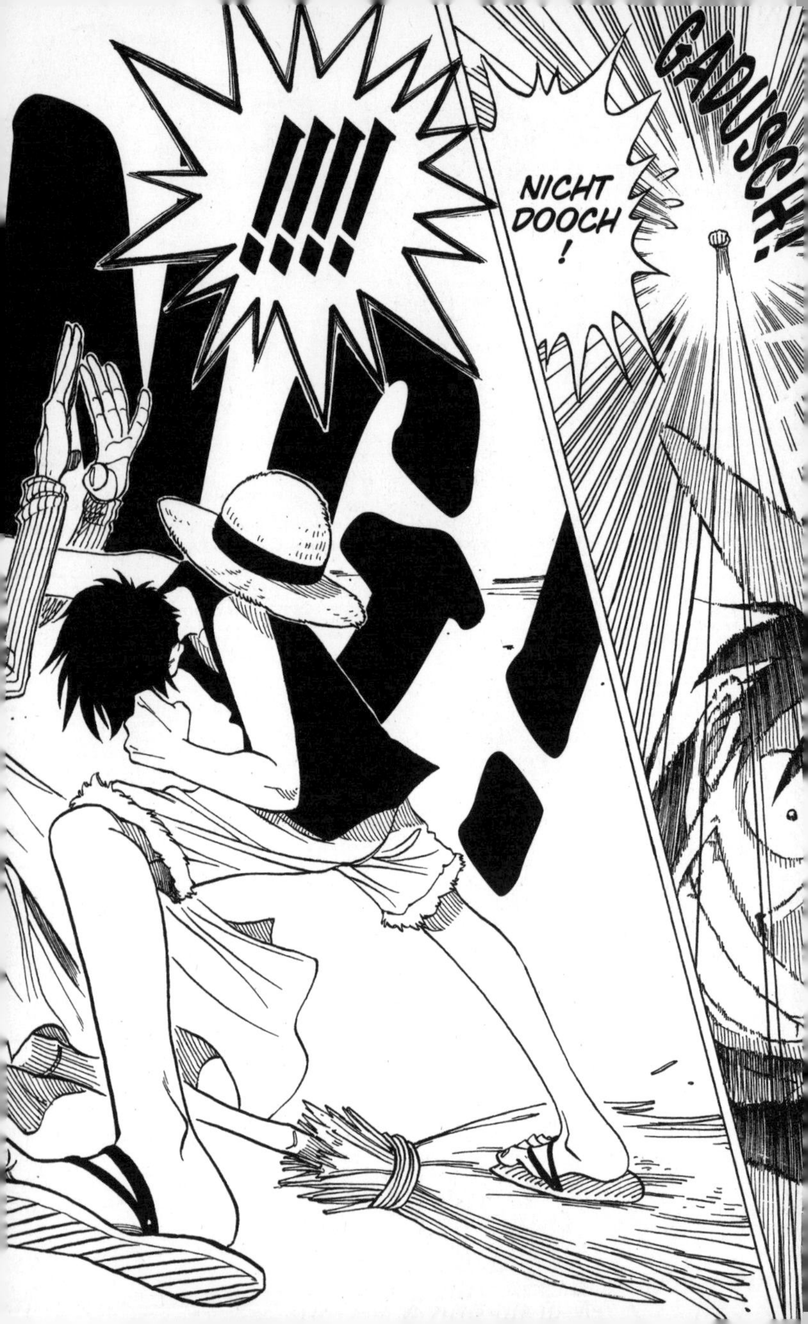
GADUSCH!!
NICHT DOOCH !
!!!!

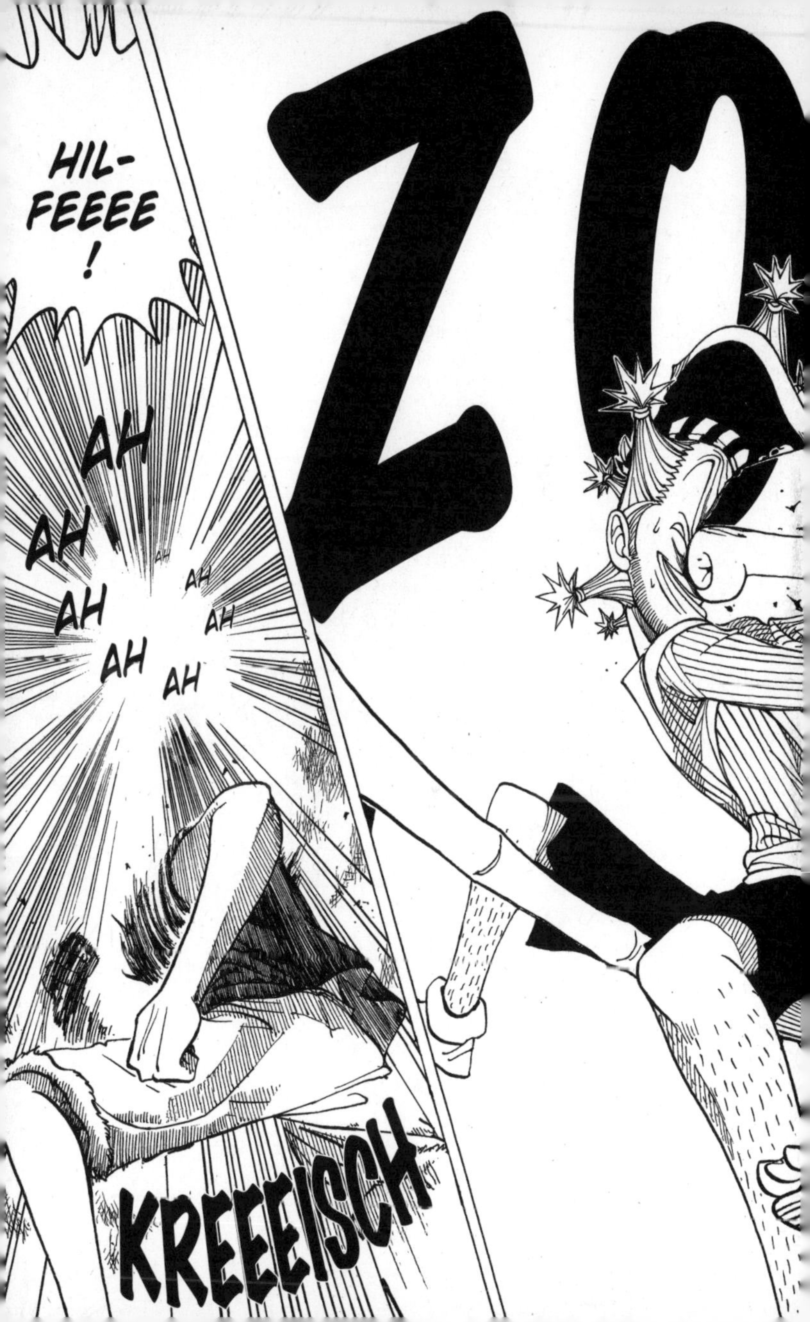

HIL-
FEEEEE
!
AH
AH
AH
AH
AH
AH
AH
AH
KREEEISCH
ZO

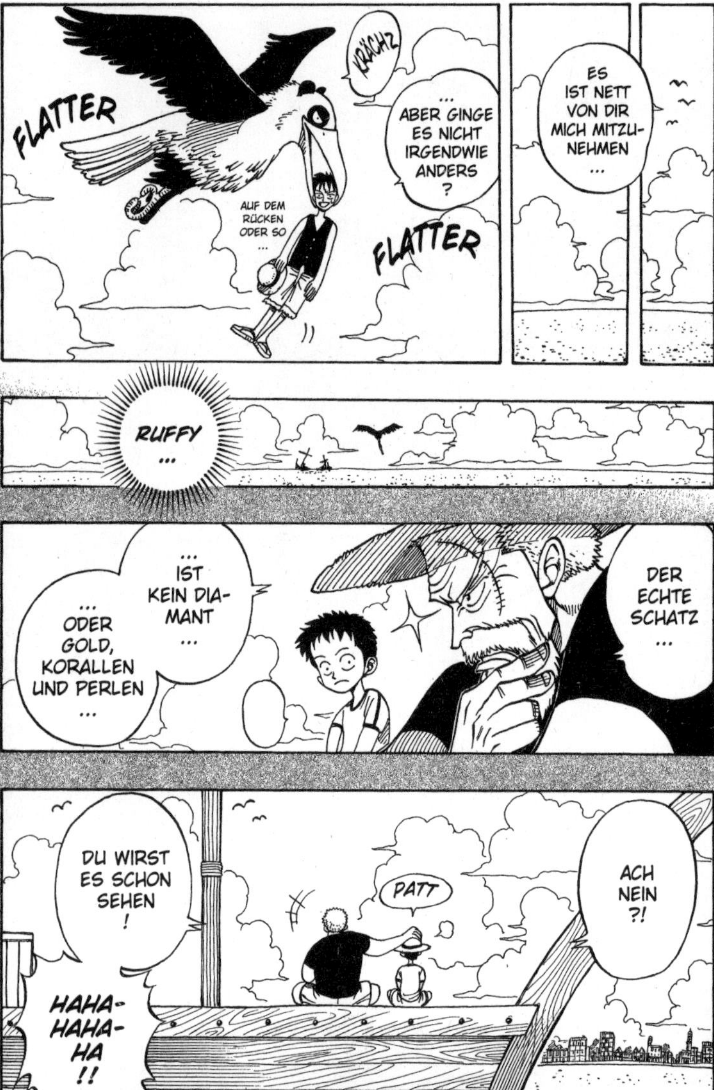
ES IST NETT VON DIR MICH MITZUNEHMEN …
KRÄCHZ
… ABER GINGE ES NICHT IRGENDWIE ANDERS?
FLATTER
AUF DEM RÜCKEN ODER SO …
FLATTER
RUFFY …
DER ECHTE SCHATZ …
… IST KEIN DIAMANT …
… ODER GOLD, KORALLEN UND PERLEN …
ACH NEIN?!
PATT
DU WIRST ES SCHON SEHEN!
HAHAHAHAHA!!

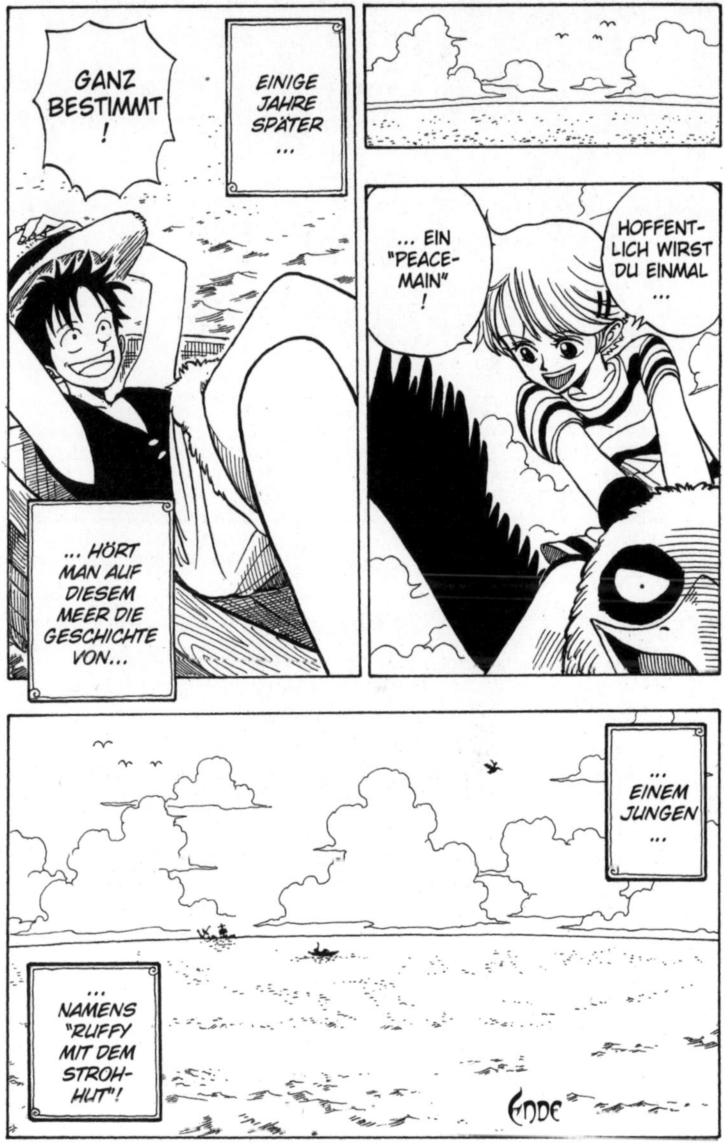
HOFFENT-LICH WIRST DU EINMAL ...
... EIN "PEACE-MAIN" !
GANZ BESTIMMT !
EINIGE JAHRE SPÄTER ...
... HÖRT MAN AUF DIESEM MEER DIE GESCHICHTE VON...
... EINEM JUNGEN ...
... NAMENS "RUFFY MIT DEM STROH-HUT"!
ENDE

Anmerkungen von Eiichiro Oda

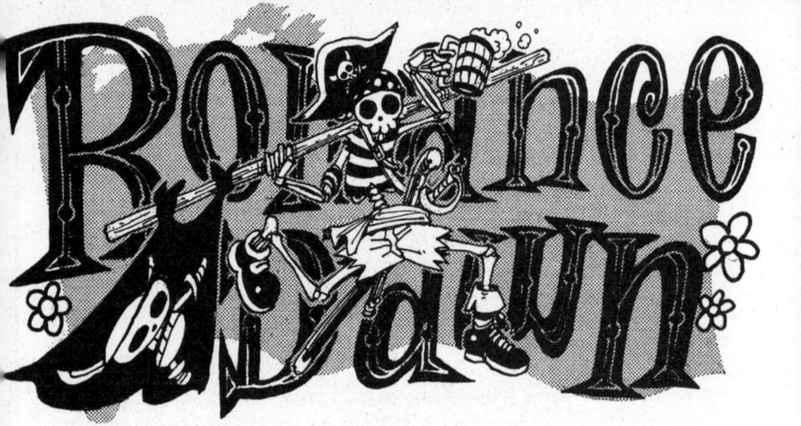

- PIRATEN-MANGA HABE ICH ZUM ERSTEN MAL GEZEICHNET, ALS ICH ETWA ZWÖLF JAHRE ALT WAR. ZUNÄCHST ZEICHNETE ICH EINFACH MIT BLEISTIFT IN EIN HEFT. ICH FING AN, EINE GESCHICHTE ÜBER PIRATEN ZU ZEICHNEN, DA ICH VON "TEAMWORK" BEGEISTERT WAR UND PIRATEN SCHON IMMER MOCHTE. BALD JEDOCH BEGRIFF ICH, DASS MEINE VORSTELLUNG VON "PIRATEN-ABENTEUERN" SO VIELFÄLTIG WAR, DASS GAR NICHT ALLES IN EIN HEFT PASSTE UND DIE STORY FÜR EINE KURZGESCHICHTE ZU LANG WAR. DAMALS DACHTE ICH: "WENN, DANN ALS SERIE IN EINEM MAGAZIN."

- DIESE KURZGESCHICHTE ENTSTAND ALSO MIT DEM ZIEL, IRGENDWANN EINE GANZE SERIE ÜBER PIRATEN ZU ZEICHNEN. EIGENTLICH HATTE ICH ZUVOR NOCH EINEN ANDEREN MANGA MIT DEM TITEL "ROMANCE DAWN" GEZEICHNET. LEIDER HATTE ER ZU VIELE SEITEN UND WAR AUSSERDEM "ONE PIECE" ZU ÄHNLICH. DIE SERIE "ONE PIECE" IST ALSO DIESELBE GESCHICHTE, ABER VIEL AUSFÜHRLICHER. DA DIE NEUE "ROMANCE DAWN"-GESCHICHTE VOM INHALT HER ETWAS ANDERS IST, HABE ICH SIE NUN VERÖFFENTLICHT. DIE ALTE "ROMANCE DAWN" TAUCHT WAHRSCHEINLICH IRGENDWANN IN "ONE PIECE" AUF.

- NACHDEM ICH DIE BEIDEN "ROMANCE DAWN"-GESCHICHTEN GEZEICHNET HATTE, HABE ICH ÜBRIGENS AUFGEHÖRT, BEI HERRN NOBUHIRO WATSUKI ALS ASSISTENT ZU ARBEITEN UND MACHTE MICH MIT "ONE PIECE" ANS WERK.

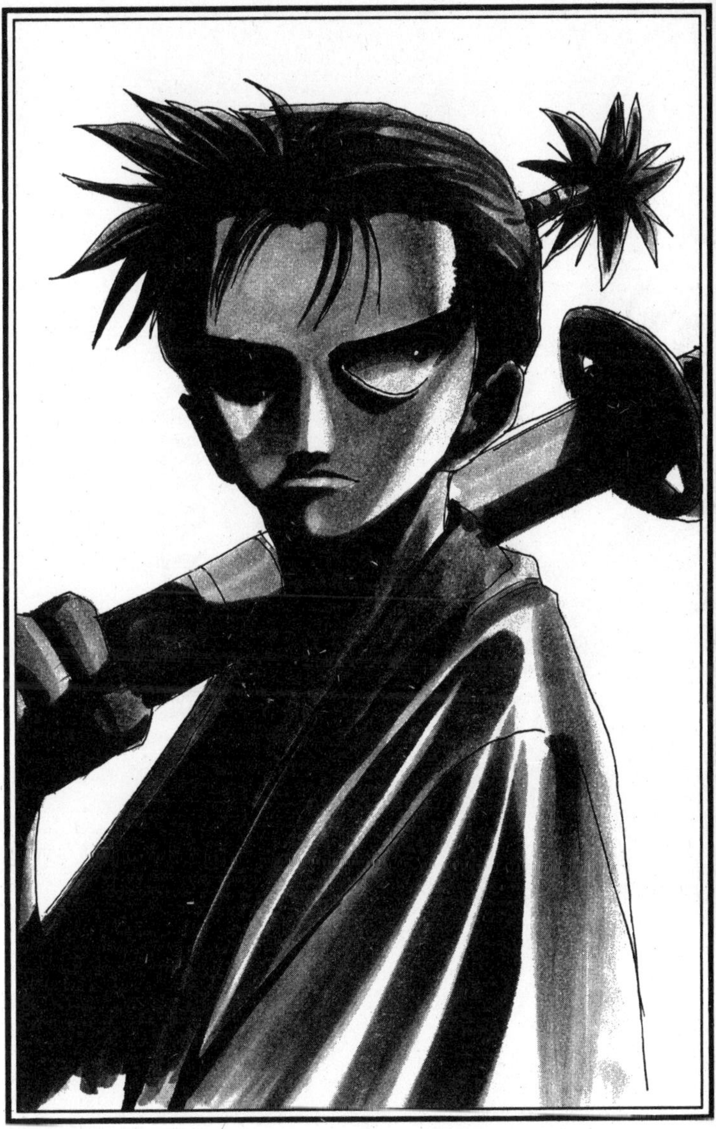

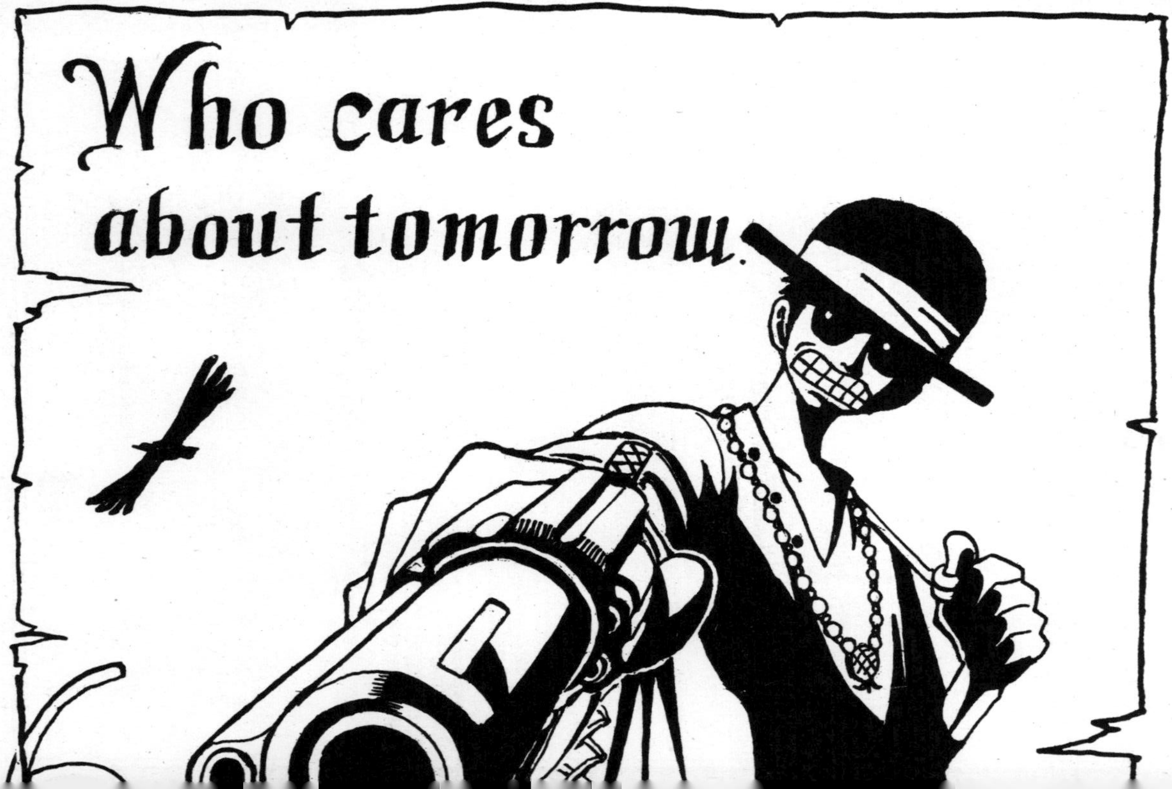
Who cares
about tomorrow.

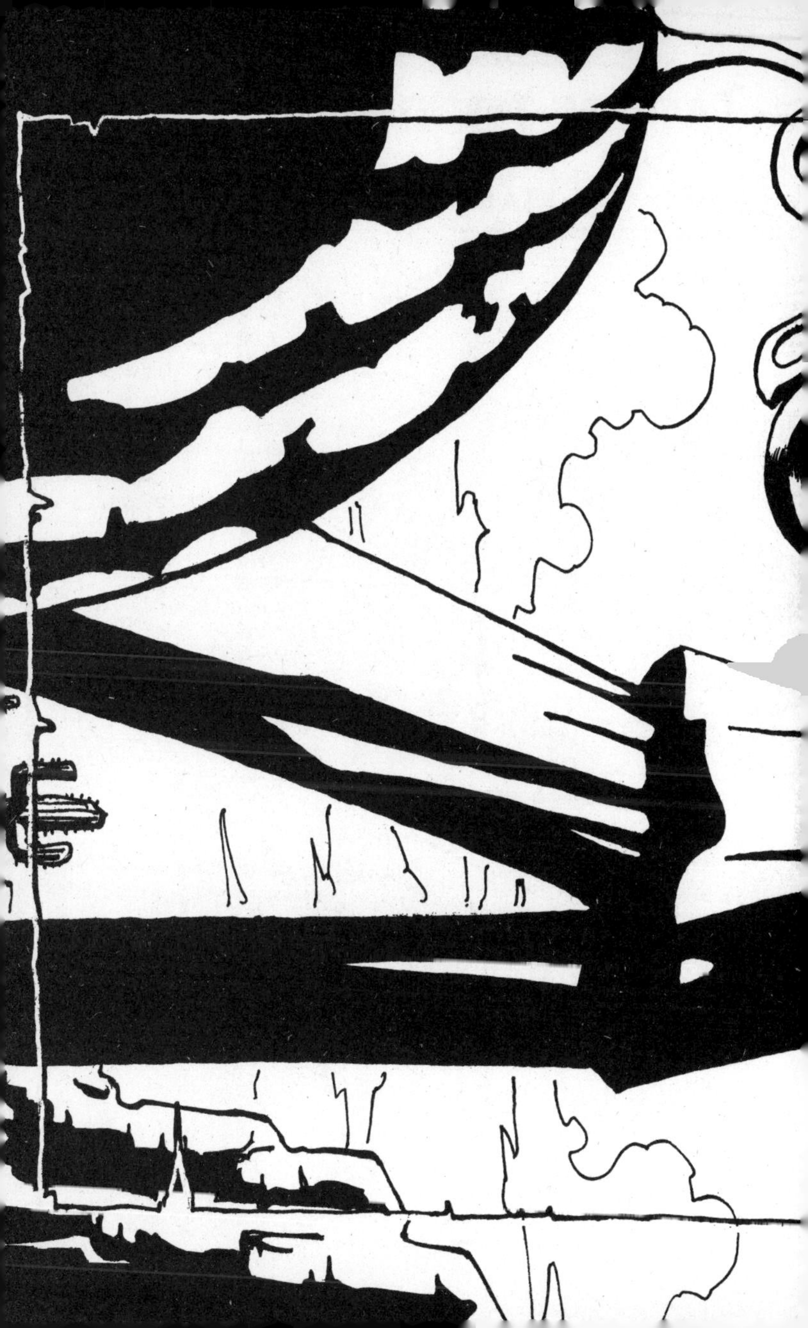

Und natürlich gibt's noch viel mehr
Oda-Action bei Carlsen Manga:

ONE PIECE Bände 1–100 (wird fortgesetzt!)
ONE PIECE RED, ONE PIECE BLUE, ONE PIECE BLUE DEEP, ONE PIECE YELLOW & ONE PIECE GREEN (alles, was man wissen muss!)
ONE PIECE QUIZ BOOK (feine Rätsel)
u.v.m.!

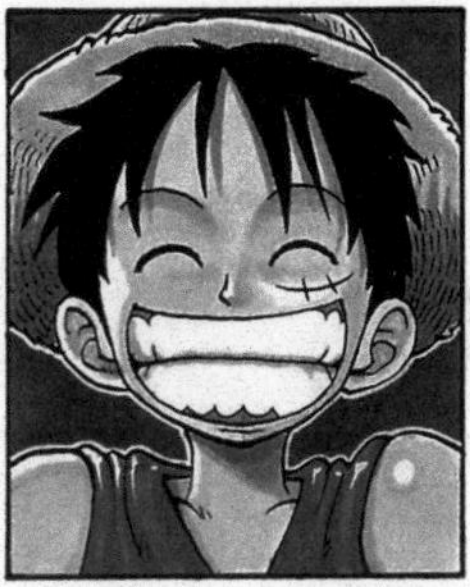

CARLSEN MANGA
Deutsche Ausgabe / German Edition

Aus dem Japanischen von Dorothea Überall

First published in Japan in 1998 by SHUEISHA Inc., Tokyo
German translation rights in Germany, Austria, Luxembourg and Switzerland arranged by SHUEISHA Inc. through VME PLB SAS, France.

Redaktion: Petra Lohmann
Textbearbeitung: Steffen Haubner
Lettering: Michael Möller
Herstellung: Tobias Hametner

ISBN 978-3-551-76269-6

Bei Fragen zum Produkt: carlsen.de/kontakt

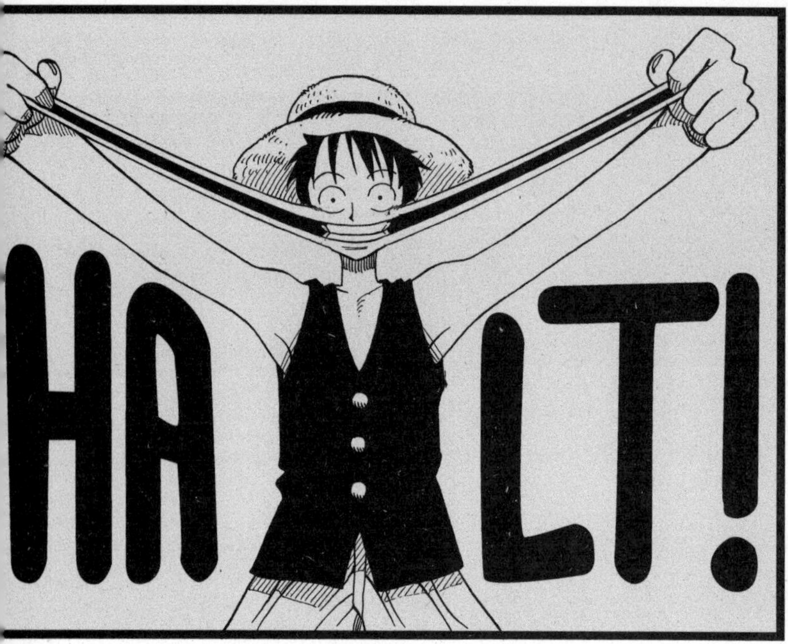

Dieser Comic beginnt nicht auf dieser Seite. WANTED! ist ein japanischer Comic. Da in Japan von "hinten" nach "vorn" gelesen wird und von rechts nach links, müsst ihr auch diesen Comic auf der anderen Seite aufschlagen und von "hinten" nach "vorn" blättern. Auch die Bilder und Sprechblasen werden von rechts oben nach links unten gelesen, so wie es die Grafik hier zeigt. Schwer? Zuerst ungewohnt, doch es bringt richtig Spaß.

Probiert es aus!

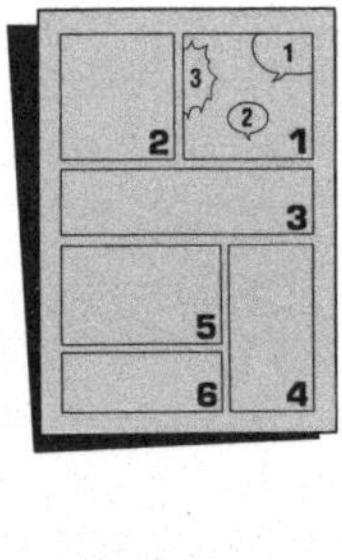